逻辑学通识课

杜国平 著

中共中央党校出版社

图书在版编目（CIP）数据

逻辑学通识课 / 杜国平著 . -- 北京 : 中共中央党校出版社 , 2022.8
（新时代领导干部通识读物）
ISBN 978-7-5035-7349-1

Ⅰ . ①逻… Ⅱ . ①杜… Ⅲ . ①逻辑学 Ⅳ . ① B81

中国版本图书馆 CIP 数据核字（2022）第 124568 号

逻辑学通识课

责任编辑 蔡锐华　吴容华
版式设计 张　敏
责任印制 陈梦楠
责任校对 王明明
出版发行 中共中央党校出版社
地　　址 北京市海淀区长春桥路 6 号
电　　话 （010）68922815（总编室）　（010）68922233（发行部）
传　　真 （010）68922814
经　　销 全国新华书店
印　　刷 北京文昌阁彩色印刷有限责任公司
开　　本 710 毫米 ×1000 毫米　1/16
字　　数 256 千字
印　　张 22.5
版　　次 2022 年 8 月第 1 版　2022 年 8 月第 1 次印刷
定　　价 68.00 元

微 信 ID：中共中央党校出版社　**邮　箱：**zydxcbs2018@163.com

总 序

领导干部要有通识通学通才

得知中共中央党校出版社准备出版一套领导干部通识教育读物，深受鼓舞。这一套系列丛书，涵盖文学、历史、哲学、经济、政治、军事、管理、科学、艺术等各个主要学科领域。它们将能丰富我们的知识，拓宽我们的眼界，推动我们的思维认知、选择决策，延伸发展我们的执政能力、教化能力、全面深化改革能力，优化领导干部素质，提高领导干部的境界和威信。

为了完成党领导全国各族人民，统揽伟大斗争、伟大工程、伟大事业、伟大梦想，推动中国特色社会主义伟大事业的历史使命，我们的领导干部，不但必须掌握既有的专门学科知识与技能，更要具备统揽大局、统筹全局的通识通学通才。

新中国成立前夕，在毛泽东提议下，党中央重新编审了一套12本干部要学习的马列主义著作，毛泽东专门把这套书定名为“干部必读”。这12本“干部必读”，也是一套马列主义著作的通识课，许多老同志至今对此记忆犹新，感奋不已。改革开放初期，邓小平提出了实现干部队伍革命化、年轻化、知识化、专业化的战略方针。其中的知识化，既包括了专业教育，也包括了通识教育、通才教育。习近平总书记十分重视对领导干部的本领和能力的培养教育，他提出“领导干部要爱读书读好书善读书”，领导干部要增强“八大本领”，年轻干部要提升“七种能力”。习近平总书记强调，经济、政治、历史、文化、社会、科技、军事、外交等方面的知识，领导干部要结合工作需要来学习，不断提高自己的知识化、专业化水平。要坚持干什么学什么、缺什么补什么，有针对性地学习掌握做好领导工作、履行岗位职责所必备的各种知识，努力使自己真正成为行家里手、内行领导。这样才能成为一个复合型领导干部，也就是一个通才。

作为复合型领导干部，还要善于汲取世界先进文明成果。文明因多样而交流，因交流而互鉴，因互鉴而发展。马克思主义和社会主义思想传入中国，再到改革开放以来全方位对外开放，中华文明始终在兼收并蓄中历久弥新。我们只有张开双臂拥抱世界，才能不断扩大对外开放，社会主义市场经济才能取得高质量发展。

孔子提出了“君子不器”的观点，就是说，君子的使命感责任感在于修齐治平，大任在于家国天下，不能仅仅满足于技能性操作，更要把握天命天道，以及多方面的追求规范，用今天的话来说，就是要把握历史的发展规律，要树立正确的“三观”与科学的价值体系，从而更好、更全面地推动中国的进步与发展。

我们常说，博观约取，厚积薄发。通识教育就是一个“博观”“厚积”的过程，这个过程做扎实了，就能“约取”“薄发”。领导干部要做到通识，要融会贯通多学科、跨学科与人民历史性实践的方方面面的文明成果。这样一个成果的获得，也正是马克思提出的实现人的全面发展的理想在中国特色社会主义现代化中的体现。经过摸索探寻研讨总结，希望这套丛书的出版能有助于领导干部自我教育的努力，有利于我们的干部通识教育的发展与完善。

王蒙，著名作家、学者，曾任文化部部长，2019年9月被授予“人民艺术家”国家荣誉称号。

前 言

人之为人，最重要的能力是理性思考能力，而逻辑思维能力无疑是理性思考能力的核心。人类的文明进步，由表及里地看，呈现为物质的不断丰富、技术的不断进步、生产能力的不断提高、理论的不断创新，其实最为根本的是逻辑思维能力的不断进步。

为什么这么说呢？仅以近代科学的产生为例，爱因斯坦说："西方科学的发展是以两个伟大的成就为基础，那就是：希腊哲学家发明形式逻辑体系（在欧几里得几何学中），以及通过系统的实验发现有可能找出因果关系（在文艺复兴时期）。"[①] 这里，"希腊哲学家发明形式逻辑体系"主要指的是以亚里士多德三段论为代表的演绎逻辑体系，跟思维相关的就是演绎思维；"通过系统的实验发现有可能找出因果关系"主要指的是归纳方法和类比方法等，跟思维相关的就是归纳思维和类比思维。它们都属于逻辑思维。因此，根据爱因斯坦的论述可以认为，近现代科学的产生和发展的根本动因追溯到最底层的思维层面就是逻辑思维。

可以说，逻辑思维能力的发展进步是推动人类文明进步的根本力量。

---

① 《爱因斯坦文集》第一卷，许良英、范岱年等编译，商务印书馆 1976 年版，第 574 页。

所谓逻辑思维能力，就是澄清概念、准确判断、严密推理、合理论证等方面的能力，其核心是推理能力，主要包括演绎推理能力、归纳推理能力和类比推理能力等。逻辑思维能力的高低取决于其思维是否符合逻辑以及符合逻辑的程度，因为逻辑是正确思维所应遵循的最一般的规律。以逻辑为对象，研究正确思维所应遵循的最一般规律的学问就是逻辑学。提高逻辑思维能力有多种途径，学习逻辑学显然是其中最直接也是最重要的一个途径。

本书结合大量生动有趣的案例，系统地阐述了逻辑学的基本知识和基本方法。主要内容包括：（1）如何明确概念之间的不同关系，通过定义、划分、概括和限制等方法澄清概念；（2）如何通过明确不同种类的命题来进行准确的判断；（3）如何通过掌握三段论、充分条件肯定前件式、否定后件式、二难推理等一些基本的推理方法进行严密的逻辑推理；（4）如何运用“穆勒五法”探求事物之间的因果联系，从而提高归纳推理的可靠性；（5）如何运用反证法、归谬法等方法进行合理的逻辑论证；（6）如何掌握并运用同一律、不矛盾律和排中律等逻辑三大规律进行严密的逻辑思维；（7）如何识别偷换概念、转移论题、轻率概括、机械类比等各种逻辑谬误和诡辩。

学习本书，将有助于读者做到概念清晰、判断准确、推理有效、论证合理，并能提高识别和破斥各种谬误和诡辩的能力，一言以蔽之，就是可以帮助读者提高逻辑思维能力，使其思维更加符合逻辑，或者说“更讲逻辑”。

“更讲逻辑”之于个人，一方面，因为遵守思维规律，可以使其减少错误思维；另一方面，自觉运用思维规律，可以使其思维更缜密，做事更高效。“更讲逻辑”之于社会，一方面，因为大家都讲逻辑，共同的话语前提可以使得彼此的交流和沟通更加顺畅；另一方面，因为大家都遵守逻辑，可以帮助彼此消除隔阂、化解矛盾，使社会对成功者多一分理解，对挫折者多一分尊重。唯其如此，我们的社会才能更加和谐，社会运作才能更有效率。

任何人都需要不断提高逻辑思维能力，领导干部尤其需要。这是因为，领导干部是实现国家治理的基本单元。不管是依法治国，还是以德治国，抑或是以礼治国，核心都是以规则治国。依规治国的前提是思想上依规治国，养成规则思维无疑是实现思想上依规治国的基本保证。不断学习逻辑知识，进行逻辑思维训练是养成规则思维的有效途径。

关于这一点，我国两千多年前的伟大先哲也有非常清晰的认识。中国古代虽然没有产生像西方那样的形式逻辑，但是也有与之相关的学问，那就是名辩之学。子路曾经问孔子："卫君待子而为政，子将奚先？"孔子说："必也正名乎！"并且论证道："名不正，则言不顺；言不顺，则事不成；事不成，则礼乐不兴；礼乐不兴，则刑罚不中；刑罚不中，则民无所措手足。"[①] 孔子非常明确地指出"正名"是治国理政的首要事务，并且给出了充分的论证。先秦诸子思想的集大成者荀子也非常重视"正名"之于社会治理的作用，他认为："期、命、辨、说也者，用之大文也，而王业之始也。"[②] 可以说，在中国先秦名辩思想中，治国理政是名辩的主要功能之一，"正名"甚至是社会治理的首要之务。

如何"正名"？逻辑学为此提供了诸如定义、划分、概括、限制等一系列的理论和方法。通过学习逻辑学，领导干部可以获得"正名"的专业技能。不仅如此，领导干部通过学习逻辑学，还可以提高其理论思

① 《论语 · 子路》。
② 《荀子 · 正名》。

维水平，提高其沟通、协调能力。毫无疑问，这将有助于领导干部更好地服务于国家治理，实现良政善治，进而构建更加和谐、更加文明的社会！

杜国平

2022年6月

目 录

第一讲
逻辑学鸟瞰

据说，有人问爱因斯坦“什么是逻辑”，爱因斯坦就说了下面这个故事。

课堂上，老师问：“有两位工人修补工厂一个老旧的烟囱，当他们从烟囱里爬出来的时候，一位很干净，另一位却满脸煤灰，请问你们认为谁会去洗脸呢？”

一位学生说：“当然是那位满脸煤灰的工人会去洗脸喽。”

老师说：“你说得对。可是，请你们注意，干净的工人看见另一位满脸的煤灰，他会觉得从烟囱里爬出来真是很脏；另一位看到对方脸上很干净，他反而不这么想了。我现在再问你们，谁会去洗脸？”

这时，有一位学生很兴奋地发现了答案：“噢！我知道了！干净的工人看到很脏的工人时，觉得他自己必定也是很脏的；但是很脏的工人看到干净的工人时，却觉得自己并不脏啊！所以一定是那位干净的工人跑去洗脸了。”

老师看了看其他的学生，说：“你说得对。但是那个干净的工人走在路上，一定在想，对方脸上明明很脏，为什么他不去洗脸呢？他可能是看到我的脸上很干净；同样，那位站在原处脸上很脏的工人也会想，对方脸上明明很干净，为什么他要去洗脸呢？他可能是看到我的脸上很脏。”

这时，最先回答的学生抢着说：“还是那位满脸煤灰的工人会去洗脸。”

老师看了看其他的学生，所有的学生似乎都同意这个答案。

只见老师慢条斯理地说：“这个答案是错的。两个人同时从老旧的烟囱里爬出来怎么可能一个脸上是干净的，另一个脸上是脏的呢？”

爱因斯坦说，这就是逻辑！

第一节　何谓逻辑学

一、什么是逻辑

由开篇的例子可以看出，逻辑是讲究推理的。

汉语中的“逻辑”一词是英语单词“logic”的音译，而“logic”则来源于古希腊语“λόγος”（逻各斯）。在古希腊语中，“λόγος”指的是蕴藏于宇宙之中、支配宇宙并使宇宙具有形式和意义的绝对的神圣之理。古希腊关于逻各斯的概念至迟在公元前 6 世纪即已由哲学家赫拉克利特（Heraclitus）提出，其后的斯多葛学派（Stoic school）哲学家认为，逻各斯是蕴藏在宇宙万物之中的理性、灵性之本元，是智慧、自然、神和宇宙的灵魂。

“logic”一词传入中国可以追溯到明末。明末学者李之藻曾经将 17 世纪初葡萄牙人耶稣会传教士傅汎际（Franciscus Furtado，1587—1653）译义的逻辑学讲义《亚里士多德辩证法概论》之上编翻译到中国，译名为《名理探》，这开启了西方逻辑学传入中国的先河。在其中，李之藻将“logic”一词音译为“络日伽”，意译为“推论名理”“辩艺”等。“logic”一词传入中国，还曾被译为名学、名辩学、名理学、理则学、论理学等，现在人们一般将其译为“逻辑”。

“逻辑”一词在日常语言中被非常广泛地使用，其含义也非常丰富。

概括起来，主要有以下几种用法:（1）思维规律。如，他的想法符合逻辑。（2）客观规律。如，事物发展有其自身的逻辑。（3）看问题的特殊方法或者视角。如，这是强盗的逻辑。（4）一种强调推理的思维方式。如，他的论证富有逻辑性。（5）一门研究推理的规律和方法的学问，即逻辑学。

开篇故事中的“逻辑”指的主要是一种讲究推理的思维方式。

在本书中，我们通常在（4）（5）的意义上使用“逻辑”一词，相信读者能够识别两者的不同使用。

二、什么是逻辑学

逻辑学是一门研究推理有效性的学问，是研究如何区分正确推理和不正确推理的方法和原理的学问。

一个完整的推理是由若干判断构成的，其中作为推理出发点的判断称为推理的前提，作为推理结果的判断称为推理的结论；一个完整的判断是由若干概念构成的，其中包括判断的主项、判断的谓项和判断的联项。同时，若干推理又可以构成一个论证或者反驳。正因如此，逻辑学在重点研究推理的同时，还研究与之相关的概念、判断、论证和反驳等。

逻辑学按其发展历程，大体可以分为传统逻辑和现代逻辑两个阶段。传统逻辑主要指的是由亚里士多德（Aristotle）于公元前4世纪所创立的，经过中世纪和近代的发展演变而逐渐形成的，直至19世纪中期的欧洲逻辑体系；现代逻辑主要指的是19世纪末20世纪初发展起来的用形式化方法研究思维形式的结构及其规律的各种逻辑系统的总称。传统逻辑主要使用自然语言或表意符号来研究推理问题，现代逻辑主要使用形式语言来研究推理问题。尽管研究的手段有所不同，但其核心都是研究推理的有效性问题。

三、什么是推理的有效性

例 1.1.1

（1）若曹操是曹丕的父亲，

　　则曹丕是曹操的儿子。

（2）若曹操是政治家，

　　曹操是诗人，

　　则曹操既是政治家，又是诗人。

上例中的两个推理，其前提和结论都是真实的。但是这两个推理的有效性不同，那么它们在推理的有效性上存在什么不同呢？

在上例（1）中，前提和结论之间的推理关系依赖于具体的历史事实和通常的伦理关系，一旦将其中的具体内容替换了，则推理就不成立了。如，将前提中的“曹丕”替换为“曹节”，其推理就不成立了，因为曹节不是曹操的儿子，而是他的女儿。

而在上例（2）中，前提和结论之间的推理关系仅仅依赖的是形式上的联系，即使其中的内容换了，其推理还是成立的。如，将前提中的“曹操”替换为“王安石”，其推理仍然成立；甚至将“曹操”替换为历史上并不存在的“子虚公”，其推理仍然成立！

逻辑学所研究的推理有效性，不是推理内容上的有效性，而是推理形式上的有效性。

1. 什么是推理形式

所谓推理形式，指的是推理的前提和结论在形式上的联系方式。

例 1.1.2

（1）如果 9 是 6 的倍数，那么它能被 2 整除，

所以，如果 9 不能被 2 整除，那么它不是 6 的倍数。

（2）如果空想能获得财富，那么空想家都成了大富翁，

所以，如果空想家并没有都成为大富翁，那么空想不能获得财富。

如果我们不考虑基本句子的内部结构，只以基本句子为单位来进行分析，那么上例中的两个推理，尽管内容上有所差异，但是它们的推理形式是相同的，都是如下的推理形式：

如果 p，那么 q，

所以，如果并非 q，那么并非 p。

2. 什么是推理的形式有效性

所谓推理的形式有效性（以下简称“推理有效”），指的是对于任一具有该形式的推理，假设其前提是真的，则其结论一定也是真的。

例 1.1.2 的推理形式就是有效的，因为不论其中的 p、q 是什么内容，只要其前提是真的，则其结论一定也是真的。

例 1.1.3

如果 10 大于 6，那么 10 大于 5，

所以，如果 10 大于 5，那么 10 大于 6。

例 1.1.3 的推理就不是有效的，因为其推理形式不是有效的。

例 1.1.3 的推理形式是：

如果 p，那么 q，

所以，如果 q，那么 p。

在下述例 1.1.4 中，前提是真的，但是其结论是假的。而例 1.1.4 中的推理和例 1.1.3 的推理形式是相同的。

例 1.1.4

如果 21 能被 14 整除，那么 21 能被 7 整除，

所以，如果 21 能被 7 整除，那么 21 能被 14 整除。

逻辑学研究的核心内容就是要区分哪些推理是形式有效的，哪些推理不是形式有效的。

第二节 为何学习逻辑学

在现代社会生活中，逻辑受到了人们越来越充分的认识和重视。国外的 GRE、GMAT、LSAT 等各类人才选拔综合能力考试以及国内的公务员招录考试、全国硕士研究生入学统一考试管理类专业、经济类专业等学位联考综合能力考试都安排了大量的逻辑测试内容。作为一名现代公民，学好逻辑学对于提高个人逻辑思维素质、提升个人的未来发展空间都具有非常重要的作用。

具体说来，学习逻辑学的意义主要包括如下几个方面。

一、为获得新知识建立合理、坚实的基础平台

人类的知识包罗万象，这些知识是分为不同层次的。其中有些知识的获得必须以比之更为基本的知识的获得为前提。1974 年，联合国教科文组织公布的七大基础学科依次为数学、逻辑学、天文学和天体物理学、地球科学和空间科学、物理学、化学、生命科学。由此可见，逻辑学在人类整个知识结构中的基础地位。哥德尔（Gödel）说，逻辑是一门优先于所有其他科学的科学，它包含所有其他科学的基本观念和原理。

同时，由于逻辑学主要研究推理的有效性问题，因此它也非常有利

于人们发现矛盾、消除矛盾，从而建立合理的知识系统。爱因斯坦说，科学家的目的是要得到关于自然界的一个逻辑上前后一贯的摹写。逻辑学之对于他，有如比例和透视规律之对于画家一样。怀特海（Whitehead）也说，没有逻辑就没有科学。

严复在其译著《穆勒名学》的引论中指出，“本学之所以称逻辑者，以如贝根（即培根）言，是学为一切法之法、一切学之学”[①]。

二、帮助人们提高推理能力

奎因（Quine）说过，逻辑学最显著的目的是推论的辩护和批判。逻辑学不仅是一门科学，它还是一种艺术。我们通过对逻辑学的学习，一旦掌握了推理的方法和技能，就可以建构巧妙的、富有说服力的论证。同时，通过对逻辑学的学习，可以进一步提高我们的分析能力，从而识别、驳斥形形色色的诡辩。

三、有助于提高人们的创新能力

逻辑学不仅有助于我们学习新知，而且有助于我们发现新知、创立新知。1953 年，爱因斯坦在致斯威泽（Switzer）的信中谈到科学的起源时指出：“西方科学的发展是以两个伟大的成就为基础，那就是：希腊哲学家发明形式逻辑体系（在欧几里得几何学中），以及通过系统的实验发现有可能找出因果关系（在文艺复兴时期）。”近代科学的产生离不开逻辑学，现代科学的发展同样也离不开逻辑学。科学的生命力在于不断地创新，逻辑学是科学创新不可或缺的基石之一。

① ［英］约翰·穆勒著：《穆勒名学》，严复译，商务印书馆 1981 年版，第 2 页。

四、有利于进行合乎理性的人际交流

逻辑是理性的基础和核心之一，逻辑素养的普遍提高有利于人们更加理性地交流思想。塔尔斯基（Tarski）明确指出，逻辑知识的广泛传播可以积极地加速人类关系的正常化过程。因为，一方面，为使概念的意义在其自身范围内精确并一致起来，以及由于强调这样的精确性和一致性在任何其他领域中的必要性，逻辑就使得所有愿意交流的人们都可能彼此很好地交流。另一方面，由于思想工具的完全化与敏锐化，它使人们更有批判性——因而他们就不大容易被似是而非的推论引入歧途，但是现在他们不断有被这种似是而非的推论引入歧途的危险。

逻辑学是一门比较抽象但是也非常有趣的学问，学习逻辑如果你在开始时下一番认真、细致的功夫，待到渐入堂奥，你就会逐渐体味到它的妙趣。

具体说来，学习好逻辑学，需要注意以下几点。

1. 要准确把握逻辑学的要义

逻辑学是一门专业性、技术性都比较强的学问，一些名词术语都有严格、精确的定义。学习逻辑学，切忌望文生义，或者以自然语言的使用习惯来理解专业术语。如作为性质判断之一的特称肯定命题“有的S是P”，在逻辑学中根据特称肯定命题的定义，它表示的仅仅是“至少有些S是P”。切不可像在自然语言中理解的那样，说“有的人是好人”，还意味着“有的人不是好人”；说“有的人很谦虚”，还可能意味着指桑骂槐地批评“有的人不谦虚”。

因为逻辑学是研究推理有效性的，这就需要其表述的内容精确、无歧义，而自然语言中的很多词汇都至少存在两种或者两种以上的意义，为了不与自然语言的使用习惯相混淆，对于重要的概念，逻辑学术语都会给出严格的定义。学习逻辑学，要养成根据定义、规则来进行思考的好习惯。

2. 学会形式思维

逻辑学是从形式的角度来研究推理有效性的，学习逻辑学要养成撇开具体内容聚焦一般形式的思维习惯。

3. 注意循序渐进，力求融会贯通

逻辑学是一门系统性很强的学问，要一步一个脚印，稳步推进。如果前面的学习不求甚解，后面往往就会甚不得解。另外，学习时要注意前后关联，相互参照。

4. 养成良好的逻辑思维品质

逻辑学既是一门理论性很强的学问，也是一门应用性很强的技术。学习逻辑学，一方面可以提高我们的理论思维素养，另一方面可以帮助我们养成逻辑思维的习惯。学习逻辑学，一方面我们要养成自觉遵循逻辑进行正确思维的好习惯；另一方面，也要留意运用学习到的逻辑知识，识别谬误、驳斥诡辩！

第三节　逻辑学简史

一、早期：逻辑学的萌芽

逻辑思想的发源地主要有三个，即古代中国、古印度和古希腊。

1. 古代中国

中国早在春秋战国时期，就有了逻辑思想的萌芽。当时周王室逐渐衰微、各诸侯国之间征战不休，中国社会正经历着巨大的变动。不同地域、不同阶层、不同利益集团的人们纷纷提出解决社会变乱的主张，学术上也出现了“百家争鸣”的局面。各家各派为了宣传自己的主张、驳斥别派的观点，必然要对论辩的原则、方法等进行探讨、总结。当时将讨论名实关系、论辩析理的学问称为名辩之学，其时甚至出现了一个专门从事名辩学研究的学派——名家。中国古代的名辩之学包含着非常丰富的逻辑思想，先秦名辩之学是中国逻辑思想的萌芽。

名家的创始人是邓析，他提出“刑名之治”[①]和“两可之说”[②]，是中国古代名辩思想的开拓者。儒家创始人孔子提出著名的“正名学说”[③]，强调“名不正，则言不顺；言不顺，则事不成；事不成，则礼乐不兴；礼乐不兴，则刑罚不中；刑罚不中，则民无所措手足”[④]。这标志着中国古代名辩之学的萌芽。墨家创始人墨子把“谈辩”列为一门专门的学问和职业，进一步推动了名辩之学的发展。

名家代表人物惠施、公孙龙则进一步把名辩研究引上了纯理论的轨

① 刑名之治主张循名责实，慎赏明罚；罪犯应处以何种刑罚，应因其罪而定其刑罚。邓析主张制定竹刑，主张刑法公开化。

② 《吕氏春秋·离谓》载：“洧水甚大，郑之富人有溺者。人得其死者，富人请赎之。其人求金甚多，以告邓析。邓析曰：‘安之，人必莫之卖矣。’得死者患之，以告邓析。邓析又答之曰：‘安之，此必无所更买矣。’”故事大意是：洧河发大水，郑国有一个富人被大水冲走淹死了。有人打捞起尸体，其家人请求赎回尸体，但捞尸者要价甚高。于是，富人家属就来找邓析，请他出主意。邓析说：“放心吧，他只能将尸体卖给你，别人是不会买的。”如此一来，捞尸者着急了，也来请邓析出主意。邓析又对他说：“放心吧，富人家属除了向你，再无他处可以赎回尸体了。”

③ 《论语·子路》载，子路曰：“卫君待子而为政，子将奚先？”子曰：“必也正名乎！”

④ 《论语·子路》。

道。惠施提出了著名的“历物十事”[①]“天下之辩者相与乐之”[②]。公孙龙在《指物论》中非常精细地分析了名称与所指之间的关系，在《白马论》中论证了著名的辩题“白马非马”[③]。

先秦时期，名辩之学的主要内容比较集中地表现在后期墨家、荀子、韩非子等人的著作中。后期墨家比较全面地总结了前人的名辩成果，写出了中国历史上第一部名辩学著作《墨经》，建构了一个完整的名辩学体系，这标志着中国古代名辩学的创立。《墨经》一书总结了辩的六项作用[④]；提出了或[⑤]、假[⑥]、效、辟、侔[⑦]、援、推等七种不同的判断、推理形式，并具体地说明了这些推论形式可能发生的谬误及其原因。荀子的《正名》篇则详细论述了“约定俗成”等制名的各项原则；区分了名实混淆的不同类型并给出了相应的揭露诡辩的方法[⑧]。韩非子在形名问题上强调“用一之道。以名为首。名正物定，名倚物徙”[⑨]，提出了“形名

① （一）至大无外，谓之大一；至小无内，谓之小一。（二）无厚不可积也，其大千里。（三）天与地卑，山与泽平。（四）日方中方睨，物方生方死。（五）大同而与小同异，此之谓小同异；万物毕同毕异，此之谓大同异。（六）南方无穷而有穷。（七）今日适越而昔来。（八）连环可解也。（九）我知天下之中央，燕之北，越之南是也。（十）泛爱万物，天地一体也。

② 《庄子·天下》。

③ 《公孙龙子·白马论》：“马者，所以命形也。白者，所以命色也。命色者，非命形也，故曰‘白马非马’。”

④ 夫辩者，将以明是非之分，审治乱之纪，明同异之处，察名实之理，处利害，决嫌疑。

⑤ 《墨经·经说上》：“或也者，不尽也。”（意谓“或”表示“部分是，但不全是”）《墨经·小取》：“马或白者，二马而或白也，非一马而或白。”《墨经·经说上》：“或不容尺，有穷；莫不容尺，无穷也。”“或谓之牛，或谓之非牛，是争彼也，是不俱当。不俱当，必或不当。”

⑥ 《墨经·小取》：“假者，今不然也。”

⑦ 《墨经·小取》：“侔也者，比辞而俱行也。”“白马，马也；乘白马，乘马也。骊马，马也；乘骊马，乘马也。获，人也；爱获，爱人也。臧，人也；爱臧，爱人也。此乃是而然者也。获之亲，人也；获事其亲，非事人也。其弟，美人也；爱弟，非爱美人也。车，木也；乘车，非乘木也。船，木也；入船，非入木也。盗人，人也；多盗，非多人也；无盗，非无人也……此乃是而不然者也。”

⑧ 《荀子·正名》：“凡邪说辟言之离正道而擅作者，无不类于三惑者矣。”“用名以乱名者”“用实以乱名者”“用名以乱实者”“‘见侮不辱’，‘圣人不爱己’，‘杀盗非杀人也’，此惑于用名以乱名者也。验之所为有名而观其孰行，则能禁之矣。‘山渊平’，‘情欲寡’，‘刍豢不加甘，大钟不加乐’，此惑于用实以乱名者也。验之所缘无以同异而观其孰调，则能禁之矣。‘非而谒楹有牛，马非马也’，此惑于用名以乱实者也。验之名约，以其所受悖其所辞，则能禁之矣。”

⑨ 《韩非子·扬权》。

参同”“参伍之验”的理论。他提出的“自相矛盾”之说，非常巧妙地揭示了矛盾律的实质。另外，韩非子在论证中对二难推理论式的运用也具有高度的自觉意识。

秦汉一统之后，中国名辩之学渐消沉寂，历经两千余年，几无大的创造性发展。梁启超在《墨经校释·自序》中对于中国学术曾经满怀感慨地说：“欧洲之逻辑，创自阿里士多德，后墨子可百岁。然代有增损改作，日益光大，至今治百学者咸利赖之。《墨经》则秦汉以降，漫漫长夜，兹学既绝，则学者徒以空疏玄渺肤廓模棱破碎之说相高，而智识界之榛塞穷饿，乃极于今日。吁！可悲已。”①

2. 古印度

古代印度教派林立，论辩之风盛行，产生了以论辩为主题的论究学。经过苏拉巴（Sulabh）等人的努力，树立了公允、合理的论辩精神。约公元前 550 年前后，美达悌西·乔达摩（Medhatithi Gautama）扩展了论究学中的逻辑方面，使之逐渐成为一门论辩的艺术。因明是古代印度逻辑的一个主要流派。因，指原因或理由；明，指学问或学说；因明，即指关于原因或理由的学问。400 年左右，弥勒（Maitreya）口述了一部涉及论辩术的著作《瑜伽师地论》，该书被称为因明的“第一部正式论著”。弥勒的学生无著（Asanga）、无著的兄弟世亲（Vasubandhu）都写了大量有价值的因明著作。他们认为一个证明可分为八个部分，即宗、因、喻、合、结、现量、譬喻和圣教量。其中前五个部分构成一个比量，也被称为五支论式。五支论式的形式如下：

① 梁启超：《墨经校释·自序》，商务印书馆 1922 年版。

（1）宗：声是无常；

（2）因：所作性故；

（3）喻：譬如瓶等；

（4）合：瓶有所作性，瓶是无常；声有所作性，声亦无常；

（5）结：故声是无常。

古印度大乘佛教瑜伽行派论师陈那（Dignāga）（约440—520）被公认为是新因明的代表人物。他的因明思想体现在《因明正理门论》《集量论》等著作之中。其中《因明正理门论》尤为重要，它标志着新因明的建立，其主要特征之一是改五支论式为三支论式。三支论式的形式如下:

（1）宗：声是无常；

（2）因：所作性故；

（3）喻：若是所作，见彼无常，如瓶；若是其常，见非所作，如虚空。

陈那之后，对因明做出较大贡献的学者还有商羯罗主（Sankara－svamin）、法称（Dharmakirti）等。商羯罗主是陈那的弟子，主要因明著作有《因明入正理论》。法称继承并发展了陈那的理论，主要因明著作有《释量论》《正理滴论》等。

10世纪后，随着佛教在印度的衰落，因明研究也渐趋沉寂，几无大的发展。

唐初，玄奘将新因明传到我国内地；百余年之后，法称因明传入藏地。因明在中国的汉、藏等地又获得了发展。

3. 古希腊

公元前7至公元前6世纪，希腊建立了许多奴隶制的城邦国家。此时古希腊也处于“百家争鸣”的时期，当时辩论之风盛行，产生了论辩术。到公元前4世纪，古希腊哲学系家亚里士多德集前人之大成，创立了逻辑学。他最主要的逻辑著作是《工具论》，其中包括《范畴篇》《解释篇》《前分析篇》《后分析篇》《论题篇》《辩谬篇》等六篇。亚里士多德建立了系统的形式逻辑体系。其主要工作包括：（1）概念、范畴、定义理论；（2）判断及其种类，判断之间的对当关系理论；（3）判断的换位理论；（4）三段论系统；（5）模态逻辑，主要是模态三段论理论；（6）辩论的方法及驳斥诡辩的方法。在亚里士多德之后，泰奥弗拉斯托斯（Theophrastus）、盖伦（Galen）等人进一步发展了三段论理论。由于亚里士多德的逻辑理论主要以概念（词项）的研究为基础，人们也将他的逻辑理论称为“词项逻辑”。

泰奥弗拉斯托斯、麦加拉学派（Megarian school）和斯多葛学派比较深入地研究了命题逻辑[①]。麦加拉学派的欧布利德斯（Eubulides）研究了“说谎者”等悖论问题，狄奥多鲁斯（Diodorus Siculus）研究了时态命题，菲洛（Philo）首次对蕴涵做出了真值函项的解释，克利希波斯（Chrysippus）则进一步对蕴涵、合取、不相容析取和否定都做了真值函项的解释。

---

① 斯多葛学派命题逻辑公理系统的公理有五条：
公理一：如果第一则第二；第一；所以第二。
公理二：如果第一则第二；并非第二；所以并非第一。
公理三：并非既是第一又是第二；第一；所以并非第二。
公理四：要么第一要么第二；第一；所以并非第二。
公理五：要么第一要么第二；并非第二；所以第一。
这个系统的推理规则有四条：
规则一：如果由两个命题推演出第三个，那么由这两个命题的任一个和结论的否定一起得出另一个的否定。
规则二：如果我们具有推出某个结论的诸前提，那么我们也就潜在地具有包含在前提中的结论，虽然结论可以不明显地陈述出来。
规则三：如果两个命题推出第三个命题，而且这两个命题中有一个命题本身是由别的前提确立起来的，那么这两个命题中的另一个命题和那个前提一起就能推出原来的结论。
规则四：一个有效的推理形式可表述成一个假言命题。
定理包括：“如果第一，那么若第一则第二；第一；所以第二。”“如果第一和第二，那么第三；并非第三；另外，第一；所以并非第二。”等。

二、中期：逻辑学的发展

在欧洲中世纪，逻辑同语法、修辞、数学等学科一起，被列为学校教育的必修课程，例如，西班牙的彼得（Peter of Spain）著有《逻辑大全》，出了150版，使用了近300年。因此，这一时期，逻辑学在欧洲得到了广泛的传播，甚至成为一种学术传统。

不仅如此，中世纪的经院哲学家们进一步发展了逻辑学。他们的主要工作包括：（1）完善了三段论的四个格；（2）对复合命题做了真值函项的解释，发展了推论学说；（3）进一步发展了模态逻辑；（4）比较细致地研究了各种悖论问题。

文艺复兴之后，归纳逻辑得到了很大的发展。英国哲学家弗朗西斯·培根（Francis Bacon）在其著作《新工具》中，提出了“三表法”和“排除法”的归纳方法。所谓“三表”即“具有表”“缺乏表”“程度表”。运用“三表法”和“排除法”可以发现事物之间的因果联系。培根之后，英国哲学家穆勒（Mill）进一步发展了培根的归纳思想，提出了著名的“穆勒五法”，即探求事物与现象之间因果联系的五种方法：求同法、求异法、求同求异并用法、共变法和剩余法。

三、现代：现代逻辑的诞生和发展

17世纪末，德国哲学家莱布尼茨（Leibniz）提出了建立“普遍语言”和“思维演算”的思想。他说，“我将作出一种‘通用代数’，在其中，一切推理的正确性将化归为计算。它同时又将是通用语言，但却和目前现有的一切语言完全不同；其中的字母和字将由推理来确定；除却事实的错误之外，所有的错误将只由计算失误而来”[①]。莱布尼茨的这一思想标志着现代逻辑思想萌芽的诞生。此后，英国逻辑学家布尔（Boole）建立了布尔代数。布尔代数可以作命题逻辑的解释，这部分地实现了莱布尼茨的“思维演算”的思想。德·摩根（De Morgan）创立了关系逻辑理论。这些都为逻辑学的高度发展奠定了基础。1879年，德国逻辑学家弗雷格（Frege）发表了《概念文字——一种模仿算术语言构造的纯思维的形式语言》，在其中研发了量化理论和谓词演算，这标志着现代逻辑的诞生。

20世纪之后，现代逻辑获得了极大的发展。

（1）英国逻辑学家罗素（Russell）、怀特海等人进一步发展了弗雷格的工作，建立了命题演算和谓词演算系统。各种不同的现代逻辑公理系统也不断出现。

（2）逻辑元理论研究不断深入。特别是哥德尔在1930年证明了一阶谓词逻辑的完全性，标志着现代逻辑基础部分的完成。

（3）建立了各种各样的非经典逻辑系统。

（4）现代逻辑与计算机科学、人工智能、语言学等学科的交叉研究不断深入，逻辑应用研究也得到了广泛的开展。

今天，现代逻辑已经发展成为一个非常庞大的学科门类。它主要包括如下的学科分支：

1. 纯逻辑

主要包括：（1）基础理论，主要包括通常所说的“两算四论”，即命题演算、谓词演算，集合论、递归论、模型论、证明论等。（2）拓展研究，主要包括各种各样的变异逻辑系统，即直觉主义逻辑、弗协调逻辑、

① 转引自莫绍揆：《数理逻辑初步》，上海人民出版社1980年版，第9页。

多值逻辑、模糊逻辑、相干逻辑、自由逻辑等。

2. 应用逻辑

它主要研究某一学科领域的推理理论，主要有模态逻辑、时态逻辑、量子逻辑、道义逻辑、认知逻辑等。

3. 逻辑应用及其与其他学科的交叉等

主要包括逻辑与智能、逻辑与语言、逻辑与社会、逻辑哲学、逻辑思想史、逻辑教育与普及、逻辑思维能力培养等。

思考题

1. 老师拿来一个盒子，告诉甲、乙、丙三个学生："盒子中有三顶红帽子和两顶蓝帽子。"然后老师让三人闭上眼睛，将盒子中的三顶帽子分别戴在他们三人头上，再让他们睁开眼睛。他们每个人都只能看到其他两个人帽子的颜色，但看不到自己的，同时也不知道盒子中余下两顶帽子的颜色。老师让他们推断自己所戴帽子的颜色。

老师问甲，甲说："不知道。"

老师问乙，乙想了想也说："不知道。"

假设你是丙，你能推断出自己所戴帽子的颜色吗？

2. 阅读下文，结合具体实例，谈谈你所理解的逻辑的作用。

逻辑，让世界更理性——庆祝世界逻辑日

2019 年，来自数学、哲学、计算机科学、工程学、经济学和认知科学等领域的众多学者和机构联合发出倡议，以 2019 年 1 月 14 日作为第一个世界逻辑日。这得到了世界各地广泛的响应，很多国家和地区举行了庆祝活动。联合国教科文组织于 2019 年 11 月在巴黎举行第

40次大会，正式将每年的1月14日定为世界逻辑日。

1月14日在世界逻辑史上是一个值得纪念的日子：1901年1月14日塔尔斯基诞生，1978年1月14日哥德尔去世，他们两位都是人类历史上最伟大的逻辑学家。以1月14日作为世界逻辑日更加具有纪念意义。

人是思考的动物，是理性的动物。思考离不开逻辑，逻辑更是理性的核心。从这一意义上说，逻辑其实是人之为人的标志性特征。世界逻辑日的确立可以让当下某些狂热追求物质利益的人停下行色匆匆的脚步，冷静地进行更加理性的思考：个体该如何合理化生存，人类该如何开创更加文明的未来。

联合国教科文组织总干事奥德蕾·阿祖莱在致辞中强调，事实上，在21世纪，——相较于以往任何时代——逻辑对我们的社会和经济至关重要，更加为这个时代所需要。比如，计算机科学、信息与通信技术均根植于逻辑和算法推理。

在这个非常值得庆贺的世界性日子里，我们有必要重新认识逻辑的价值和功能。

（1）逻辑之于知识的奠基规范作用

人类知识依据其可靠性可以分为不同的层级：逻辑、数学、自然科学、哲学、经验常识，等等。逻辑在人类知识体系中处于最为基础的地位，任何知识体系一旦逻辑上出了问题，就将大厦倾覆。哥德尔认为，逻辑是一门优先于所有其他科学的科学，它包含所有其他科学的基本观念和原理。严复在《穆勒名学》中引用培根的话说，“是学为一切法之法、一切学之学”。著名学者王延直也明确提出“吾国人欲程度增高，必自政学两界始；而欲增高程度，又必自服从真理始；欲服从真理，又必自推求真理始；欲推求真理，又必自研究论理学始”[①]。而论理学即为逻辑学。

（2）逻辑之于消歧、社会的良序作用

塔尔斯基认为，逻辑的广泛传播可以积极地加快人类关系的正常化过程。因为，一方面，为使概念的意义在其自身范围内精确并一致起来，逻辑就使得凡是愿意很好地交流的人们都可能彼此很好地进行沟通；另一方面，由于思想工具的精确化，它使人们更有批判性——因而他们就不大容易为那些似是而非的推论误入歧途。逻辑有助于人们坚定信仰、辨明是非、增进对话、消弭分歧。一个缺乏逻辑的社会容易走向动荡、混乱、不公与争端。只有在逻辑的社会中，人们才能幸福、祥和地生活，才会对富有者多一分理解、对贫困者多一分尊重。只有在逻辑的社会中，人们才能尊重规则，崇尚道德。特别是在当下，只有基于逻辑的充分交流，人们才能消除各种暴力：语言的暴力、思想的暴力、行动的暴力……

（3）逻辑之于科学的发轫创新作用

爱因斯坦指出，西方科学的发展是以两个伟大的成就为基础的：古希腊哲学家发明的形式逻辑体系以及有可能找出因果关系的实验方法。可以说，没有逻辑，就没有近代科学的产生，更不可能有科学的飞速发展。改变人类生活的计算机与人工智能，正是以莱布尼茨的“普遍语言”“推理演算”这两个伟大的构想为基础的，而“普遍语言”和“推理演算”的建立不得不归功于现代逻辑的创立、发展及其诸多重大的奠基性成果。今天，人工智能等新一轮科技革命正在逻辑等基础理论根本性推进下高歌猛进，极大改变着人类的生产与生活。

在儒略历（凯撒大帝推广的历法，从公元前 45 年一直使用到

① 《普通应用论理学 · 自序》。

1582年，直至现在，有些地方还在使用）中，1月14日是元旦，是新一年的开始。“苟日新，日日新，又日新”，联合国教科文组织以1月14日作为世界逻辑日，祈盼人们在新的一年里能够更加理性，从而开启更加美好的新一年。

愿逻辑的光辉照彻世界，愿逻辑的光辉照彻每一个人的内心！愿逻辑越来越社会化，社会越来越逻辑化！愿人们遵循逻辑，澄清各种意见分歧，消除各种暴力纷争！共同推进世界文明进步，共同构建更加理性祥和的人类社会！

参考答案

1. 甲看到的乙、丙两人肯定不是都戴蓝帽子，否则，他就会知道自己戴的是红帽子，因此，甲看到的肯定是：乙、丙两人至少有一人戴的是红帽子。

乙也知道这一点，所以，他看到的丙肯定不是蓝帽子，因为，如果他看到丙戴的是蓝帽子，根据“乙、丙两人至少有一人戴的是红帽子”就可知自己戴的是红帽子。因此，乙看到的丙戴的肯定是红帽子。这样乙就不知道自己戴的是什么帽子。

所以，由此丙可以推断自己戴的是红帽子。

2. 略。

第二讲
澄清概念

一群哲学家在林间散步，这时一位哲学家发现在不远处的一棵杉树上，一只松鼠正趴在树干后面向他们张望。于是这位哲学家来到这棵杉树前，绕着这棵杉树想一探究竟，哪知，松鼠似乎发现了他的企图，总是躲着他。当这位哲学家来到杉树的东边，松鼠则躲到树干的西边；当这位哲学家来到杉树的南边，松鼠则躲到树干的北边；当这位哲学家来到杉树的西边，松鼠则躲到树干的东边；当这位哲学家来到杉树的北边，松鼠则躲到树干的南边。而且，不管这位哲学家绕树转得多么快，松鼠总是转得和他一样快。他始终只能看到松鼠窥视的头部，而看不到它的全身。

最后，这位哲学家只好回来，沮丧地对他的同事们抱怨："绕树转了好几圈，竟然没能绕松鼠一圈。"他的话立即遭到了一位同事的反驳："松鼠就在树上，你只要绕树转一圈不就是绕松鼠转了一圈吗？"他辩解说："可是松鼠始终面对着我啊，我怎么可能绕松鼠一圈呢?！"

他们的争论吸引了在此散步的所有哲学家，结果形成了势均力敌的两派，各方都坚持己见，谁也说服不了谁。

第一节　概念概述

一、什么是概念

概念是反映思维对象及其特有属性或者本质属性的思维形式。

自然界的日月星辰、山川草木，人世间的悲欢离合、喜怒哀乐都可以进入我们的认识领域，成为我们的思维对象。任何思维对象都具有各种各样的性质，如颜色、形状、动态等；思维对象与思维对象之间还存在着各种各样的关系，如大小、远近、同异等。思维对象的性质以及思维对象之间的关系统称为思维对象的属性。使得一（类）对象之所以成为该（类）对象并使其与其他对象相区别的属性称为该（类）对象的特有属性或者本质属性。如“毛笔”这个概念指的是“笔头用羊毛、鼬毛等制成的笔”。

概念是组成判断和推理的基本要素。

一般情况下，作为思维形式之一的概念是通过语词来表达的。有些概念通过一个词来表达，如“树”“琵琶”等；有些概念通过若干个词或词组来表达，如“中国的首都”“迅雷不及掩耳之势”等。语词是概念的语言形式，而概念是语词的思想内容。

第一，不是所有的语词都表达概念。一般而言，汉语中的实词，如名词、动词、形容词等是表达概念的；不能单独充当语法成分的虚词，如助词、叹词等，一般不表达概念。

例 2.1.1

（1）路曼曼其修远兮，吾将上下而求索。①

（2）上邪！我欲与君相知，长命无绝衰。山无陵，江水为竭，冬雷震震，夏雨雪，天地合，乃敢与君绝！②

在上述例子中，“路”“吾”“上”“欲”“君”等实词是表达概念的，而“兮”“邪”等虚词只是表达情感或者语气的语词，并不表达概念。

---

① 〔战国〕屈原：《离骚》。
② 《汉乐府·上邪》。

第二，尽管从理论上讲所有的概念都可以用语词来表达，但是实际上有些概念有时并没有恰当的语词来表达它。如，中国哲学中的“太极”一词所表达的概念在英语中就没有与之严格对应的语词。

第三，同一个概念可以使用不同的语词来表达。如英语“all men are created equal”和汉语“人人生而平等”两个句子中的“men”和“人”就表达同一个概念。即使在同一种语言中，同一个概念也可以由完全不同的语词来表达。

例 2.1.2

西红柿属茄科，为一年生蔬菜，在我国各地均有栽培。其果实营养丰富，具有特殊风味。可以生食、煮食，也可加工制成番茄酱。

在上述例子中，“西红柿”和“番茄”均表达相同的概念。

第四，同一个语词可以表达不同的概念。

例 2.1.3

（1）土地平旷，屋舍俨然，有良田、美池、桑竹之属。阡陌交通，鸡犬相闻。其中往来种作，男女衣着，悉如外人。①

（2）布已论输丽山，丽山之徒数十万人，布皆与其徒长豪杰交通，乃率其曹偶，亡之江中为群盗。②

（3）他抬头一看，是李大叔。李大叔是区上的交通员，常在雨来家落脚。③

（4）南京乃六朝古都，交通发达，经济繁荣。

由于时代的变化、语境的不同，同一个语词“交通”在上述四句话中表达着不同的概念：（1）往来通达；（2）结交，勾结；（3）抗日战争

① 〔晋〕陶渊明：《桃花源记》。
② 《史记·黥布列传》。
③ 《小英雄雨来》。

和解放战争时期的通信和联络工作；（4）各种运输事业的总称。

正因为如此，我们在谈论概念时，通常考虑的是一个特定语境中的语词所表达的概念。如我们不讨论单独的“道”这个语词所表达的概念，一般讨论的是“道可道，非常道”“道生一,一生二,二生三,三生万物”等句子中的“道”所表达的概念。

尽管概念是思维形式，语词是语言形式，但是为了叙述方便，在下文针对概念的有关论述中，我们将不再区分语词及其所表达的概念，例如不再说“‘令人心醉的绿’所表达的概念是一个属性概念”，而直接说“‘令人心醉的绿’是一个属性概念”。

二、概念的内涵和外延

任何概念都有两个基本的逻辑特征，即内涵和外延。要准确地理解一个概念，就必须准确地理解这个概念的内涵和外延。

1. 什么是概念的内涵

概念的内涵就是反映在概念中的对象的特有属性或者本质属性。如“△ ABC 与△ DEF 相似”中的“相似”这个概念的内涵包括“两个三角形的对应边成比例”“两个三角形的对应角相等”等关系。

2. 什么是概念的外延

概念的外延就是具有概念所反映的特有属性或者本质属性的对象所组成的集合（或者类）。如“五岳归来不看山，黄山归来不看岳”中的“黄山”这个概念的外延就只有一个对象；有些概念的外延有两个或者两个以上的事物，如“中国有很多世界著名的文化遗产”中的“世界著名的文化遗产”这个概念的外延就包括故宫、长城、苏州园林等。特别地，有些概念的外延为空集，即具有概念所反映的属性或者关系的对象并不存在，这类概念一般称为空概念。例如“小于100能被101整除的正整数”“2010年来自地球的载人火星飞船”等均为空概念。

第二节　概念的种类

依据不同的划分标准，从概念的内涵和外延方面可以将概念分为不同的种类。

一、空概念、单独概念和普遍概念

依据概念外延的大小，可以将概念分为空概念、单独概念和普遍概念。

1. 空概念

外延为空集的概念称为空概念。

例2.2.1

（1）大于5小于6的自然数能被2整除。

（2）方的圆具有非常优美的几何形状。

上例中的“大于5小于6的自然数”“方的圆”，其所描述的对象均不存在，因此都是空概念。

2. 单独概念

外延只有一个对象的概念称为单独概念。

例 2.2.2

（1）“天地有正气，杂然赋流形。下则为河岳，上则为日星。于人曰浩然，沛乎塞苍冥。”是文天祥《正气歌》中的诗句。

（2）埃菲尔铁塔设计新颖独特，是世界建筑史上的杰作。

（3）喜马拉雅山上的珠穆朗玛峰是世界最高的山峰。

（4）写作《沉思录》的罗马帝国皇帝是一位哲学家。

上例中的“文天祥”“《正气歌》”“埃菲尔铁塔”“珠穆朗玛峰”“世界最高的山峰”“写作《沉思录》的罗马帝国皇帝”等都是单独概念。

表达单独概念的语词有两种：一种是专有名词，如上例中的“文天祥”“埃菲尔铁塔”，等等；另一种是摹状词（以某一对象的特征性质来指称该对象的词语），如上例中的“世界最高的山峰”“写作《沉思录》的罗马帝国皇帝”，等等。

3. 普遍概念

外延包括一个以上对象的概念称为普遍概念。

例 2.2.3

（1）泰山是海拔超过 1000 米的山峰。

（2）大学之道，在明明德，在亲民，在止于至善。

上例中的“海拔超过 1000 米的山峰”“大学”“道”“明德（崇高显明的德性）”等都是普遍概念。

二、集合概念与非集合概念

依据概念所反映的对象是不是集合体，可以将概念分为集合概念和非集合概念。

1. 集合概念

所反映的对象是一个集合体的概念称为集合概念。

例 2.2.4

（1）西沙群岛风景优美、物产丰富。

（2）汉语可能是世界上词汇最丰富的语言。

（3）黑森林位于德国西南部，黑森林大部分被松树和杉木覆盖。

上例中的“西沙群岛”“词汇”“森林”等都是集合概念。

集合概念所反映的集合体，指的是由若干同类个体组成的统一整体。例如“西沙群岛”就是由“永兴岛”“东岛”“中建岛”等若干岛屿组成的一个整体。集合体与组成该集合体的个体之间是整体与部分的关系。因此，集合体所具有的性质未必为其中的每一个个体所具有，例如“风景优美、物产丰富”性质未必为“西沙群岛”中的每一个岛屿所具有。

特别需要提醒的是，这里所提及的“集合”概念与集合论中的“集合”概念是两个不同的概念，不能混淆。

2. 非集合概念

所反映的对象不是一个集合体的概念称为非集合概念。

例 2.2.5

（1）刘公岛是中国近代第一支海军——北洋水师的诞生地。

（2）群山如海、丹崖耸翠的齐云山风景名胜区，位于安徽省休宁县。

（3）“维”是《诗经》中经常出现的一个词。

（4）面包树因果实经烤制后风味和面包相近而得名。

上例中的“岛”“山”“词”“树”等都是非集合概念。

同一个语词在不同的句子或者语境中可能有时表达的是集合概念，有时表达的是非集合概念。

例 2.2.6

（1）因纽特人是生活在北极地区的土著民族，主要分布在格陵兰、美国、加拿大和俄罗斯等地。

（2）生活在澳大利亚的科特是一位因纽特人。

上例（1）中的“因纽特人”是一个集合概念，上例（2）中的“因纽特人”是一个非集合概念。

识别一个概念是集合概念还是非集合概念，本质上是看这个概念所反映的对象是不是集合体。一个基本的方法是看这个概念所反映的属性是否为这个概念所涉及的每一个个体所具有。如果这个概念所反映的属性为这个概念所涉及的每一个个体所具有，则这个概念一般就是非集合概念；如果这个概念所反映的属性未必为这个概念所涉及的每一个个体所具有，则这个概念一般就是集合概念。在上例（1）中的“生活在北极地区的土著民族”“主要分布在格陵兰、美国、加拿大和俄罗斯等地”的属性并不为每一个因纽特人所具有，而上例（2）中的“因纽特人”所具有的属性一定为任一个像“科特”这样的因纽特人所具有。

如果不能准确地区别集合概念和非集合概念，就容易犯“集合体误用”的逻辑错误。

例 2.2.7

（1）这片绿地是属于小区业主的，我是小区业主，所以，这片绿地是属于我的。

（2）大熊猫是世界上最珍贵的动物之一，主要分布在中国四川省周围的崇山峻岭之中。某动物园的“雅奇”是一只大熊猫。因此，“雅奇”是世界上最珍贵的动物之一。

在上例（1）中，“这片绿地是属于小区业主的”的“小区业主”是一个集合概念，而“我是小区业主”中的“小区业主”是一个非集合概念。在上例（2）中，“大熊猫是世界上最珍贵的动物之一”中的“大熊猫”是一个集合概念，而“某动物园的‘雅奇’是一只大熊猫”中的“大熊猫”是一个非集合概念。在上述推理中，错误地将两个不同的概念当作同一个概念，这就犯了“集合体误用”的逻辑错误。

三、个体概念、性质概念和关系概念

依据概念所反映的是个体、性质还是关系可以将概念分为个体概念、性质概念和关系概念。

1. 个体概念

所反映的对象是一个个体的概念称为个体概念。

例 2.2.8

（1）哈德良长城是罗马帝国占领不列颠时修建的，从建成直到弃守，它一直是罗马帝国的西北边界。

（2）仙后座是天空北部的一个星座，和大熊座隔着北极星遥遥相对，其中五颗主要恒星可以连接成“W”形。

上例中的“哈德良长城”“仙后座”等都是个体概念。

2. 性质概念

所反映的对象是个体性质的概念称为性质概念。

例 2.2.9

（1）日出江花红胜火，春来江水绿如蓝。[①]

（2）雨中山果落，灯下草虫鸣。[②]

上例中的“红”“绿”“落”“鸣”等都是性质概念。个体的性质包括颜色、状态等方面，因此，性质概念还可以进一步分为颜色概念、状态概念等。“红”“绿”等就是颜色概念，“落”“鸣”等就是状态概念。

3. 关系概念

所反映的对象是个体与个体之间关系的概念称为关系概念。

例 2.2.10

（1）人固有一死，或重于泰山，或轻于鸿毛。[③]

（2）苏州在南京和上海之间。

在上例中，“重于”“轻于”“在……和……之间”等都是关系概念。依据关系所涉及的个体的多少，可以将关系概念分为二元关系概念、三元关系概念，等等。涉及两个个体之间关系的概念称为二元关系概念，如“重于”“轻于”，等等；涉及三个个体之间关系的概念称为三元关系概念，如“在……和……之间”，等等。特别地，性质概念也可以称为一元关系概念。

判断关系概念是几元关系概念的关键就看这个概念涉及几个个体。如“落霞与孤鹜齐飞”中的“与……齐飞”涉及两个个体之间的关系，

① 〔唐〕白居易：《忆江南》。
② 〔唐〕王维：《秋夜独坐》。
③ 〔西汉〕司马迁：《报任安书》。

因此是二元关系概念；而“花谢花飞飞满天”中的“飞”只涉及一个个体，因此是一元关系概念，即性质概念。

判断关系概念是几元关系概念的一个简单办法就是看表达该概念的语词要和多少个表达个体概念的语词结合形成句子。如对于概念“红于”，有了两个个体概念如“霜叶”“二月花”就能形成句子“霜叶红于二月花”，因此“红于”是一个二元关系概念。

个体概念是和性质概念、关系概念相对而言的，同一个语词在不同的句子中可能有时表达的是个体概念，有时表达的是性质概念或者关系概念。

例 2.2.11

（1）善良的皇后以她的德行赢得了人们的尊重。

（2）善良、诚实和谦逊一样，都是君子应该具备的美德。

在上例（1）中，“善良”是一个性质概念；在上例（2）中，相对于性质概念“美德”而言，“善良”“诚实”“谦逊”都是个体概念。

四、正概念和负概念

依据概念所反映的对象是否具有某种属性，可以将概念分为正概念和负概念。

1. 正概念

反映对象具有某种属性的概念称为正概念。

例 2.2.12

（1）律己之道在于温、良、恭、俭、让。

（2）教师应该成为主流价值观的引导者。

（3）有动物“建筑师”和古脊椎动物“活化石”之称的河狸处于濒临灭绝的境地。

上例中的“温”“良”“主流”“脊椎动物”等都是正概念。

2. 负概念

反映对象不具有某种属性的概念称为负概念。

例 2.2.13

（1）银行的不良资产主要指不良贷款，俗称“呆坏账”。

（2）特殊的个性化符号往往都是一些非主流符号。

（3）桃花水母是一种非常珍稀的无脊椎动物。

上例中的“不良”“非主流”“无脊椎动物”等都是负概念。

负概念一般都带有否定词，如“不”“非”“无”等。但是带有“不”“非”“无”的概念并非都是负概念。

例 2.2.14

（1）冬不拉是一种哈萨克族民间流行的弹拨乐器。

（2）韩非子是战国末期韩国人，是中国古代法家思想的代表人物。

（3）南无阿弥陀佛。

上例中的“冬不拉”“韩非子”“南无”都不是负概念。

负概念总是相对于特定范围而言的，即相对于特定的论域而言的。例如“无脊椎动物”其论域是“动物”，指的是除“脊椎动物”之外的“动物”，而绝不包括“脊椎动物”之外的诸如“铅笔”“蜡烛”等不是“动物”的事物。

第三节　概念间的关系

对于 A 、B 两个概念，其外延之间可能存在如下五种关系：同一关系、真包含关系、真包含于关系、交叉关系和全异关系。

在本节中，两个概念之间的关系指的就是两个概念外延之间的关系。为了叙述方便，我们将直接使用 A 、B 来分别表示具有概念 A 、概念 B 属性的对象的集合，即用 A 、B 来分别表示概念 A 、概念 B 的外延。为了直观，我们将使用圆来表示一个概念的外延，图示如下：

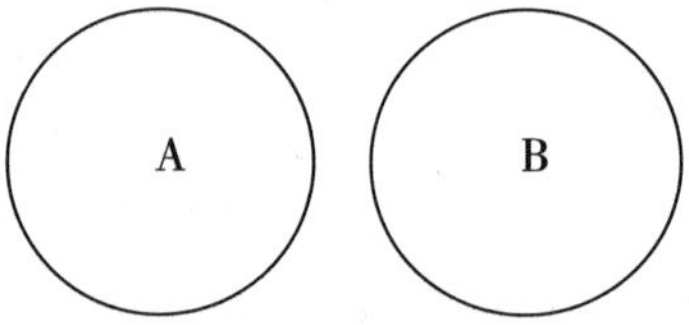

一、同一关系

概念 A 与概念 B 之间有同一关系，当且仅当概念 A 与概念 B 的外延完全相同。

例 2.3.1

（1）太白金星即金星，它是天空中除日月之外肉眼能看到的最亮的天体。黎明时分出现在东方的金星被称为“启明星”，也叫“晨星”；黄昏时分出现在西方的金星被称为“长庚星”，也叫“昏星”。

（2）偶数指的是能被 2 整除的整数。

上例中的“太白金星”“金星”“启明星”“晨星”“长庚星”“昏星”等概念之间是同一关系，它们指称的都是同一颗星；“能被 2 整除的整数”和“偶数”其外延完全相同，也是同一关系。

使用不同的词语表达外延相同的概念，增加了语言表达的灵活性，这在汉语的古诗词中表现得尤为明显。

例 2.3.2

（1）制芰荷以为衣兮，集芙蓉以为裳。[①]

（2）菡萏香销翠叶残，西风愁起绿波间。还与韶光共憔悴，不堪看。细雨梦回鸡塞远，小楼吹彻玉笙寒。多少泪珠无限恨，倚阑干。[②]

（3）毕竟西湖六月中，风光不与四时同。接天莲叶无穷碧，映日荷花别样红。[③]

（4）倾国倾城恨有馀，几多红泪泣姑苏，倚风凝睇雪肌肤。吴主山河空落日，越王宫殿半平芜，藕花菱蔓满重湖。[④]

（5）远而望之，皎若太阳升朝霞；迫而察之，灼若芙蕖出渌波。[⑤]

上例中的“芙蓉”“菡萏”“荷花”“藕花”“芙蕖”等概念之间都是同一关系。

A、B 两个概念之间的同一关系如下图所示：

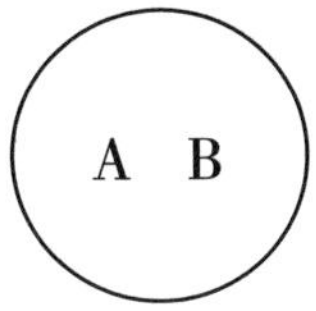

上述这种表示两个概念外延之间关系的图一般被称为欧拉图。

外延上具有同一关系的两个概念其内涵未必相同。如前述例子中的“启明星”和“长庚星”其内涵就不同；再如“土豆”和“马铃薯”这两

① 〔楚〕屈原：《离骚》。
② 〔南唐〕李璟：《浣溪沙》。
③ 〔南宋〕杨万里：《晓出净慈寺送林子方》。
④ 〔唐〕薛昭蕴：《浣溪沙》。
⑤ 〔三国魏〕曹植：《洛神赋》。

个概念不仅外延相同，其内涵也相同，只是词语表达不同而已，一个是日常用名，一个是学名。

例 2.3.3

维多利亚办完公务，已经夜深。来到卧室前，她敲了敲门。

她的丈夫阿尔伯特亲王在里面问："谁？"

她习惯地回答："我是女王！"

门没有开，她犹豫了一下，又敲了敲门。

里面又问："谁？"

她客气地答道："维多利亚！"

门还是没有开，她徘徊了一阵，又敲了敲门。

里面再次传来声音："谁？"

女王温柔地答道："你的妻子。"

这一次，门打开了……[①]

在上例中，尽管"女王""维多利亚""你的妻子"的外延相同，但是由于其内涵不同，起到了不同的表达效果。

二、真包含关系

概念 A 与概念 B 之间有真包含关系，当且仅当，对于任一对象 x，如果 x 属于 B，则 x 也属于 A；并且存在对象 y，y 属于 A 但是不属于 B。

如在例 2.3.1（2）中，"整数"和"偶数"之间就是真包含关系。因为，所有的偶数都是整数，但是有些整数不是偶数。

① 参见郑伟宏：《智者的思辨花园：趣味逻辑纵横谈》，复旦大学出版社 2018 年版，第 22 页。

例 2.3.4

清雅脱俗的兰花深受国人的喜爱。兰花在我国有非常悠久的栽培历史，其种类繁多。根据开花的季节不同，兰花大致可以分为春兰、蕙兰、建兰、寒兰、墨兰等。春兰，花期在早春，一茎一花，色泽淡黄泛绿或草绿、翠绿色。春兰因产地不同而各有特征，又可分为江浙春兰、河南春兰、湖北春兰等。蕙兰，又称九节兰，初夏开花，一茎能开七八朵甚至十余朵，色泽浅黄。建兰，因产于福建而得名，花香浓烈，一朵花可使满室芳香馥郁，一般初花期为 6 月，其间能多次开花，直至寒露。寒兰，花茎细长，每茎着花数朵，花色有紫、青、黄、白、桃红等多种颜色，通常花期在冬季。墨兰，又称报岁兰，年末至岁初开花，多分布于广东、福建，花色紫黑，故称墨兰。

在上例中，“兰花”与“春兰”“蕙兰”“建兰”“寒兰”“墨兰”等概念之间是真包含关系，“春兰”与“江浙春兰”“河南春兰”“湖北春兰”等概念之间、“花色”和“桃红”“紫黑”等概念之间也都是真包含关系。

A、B 两个概念之间的真包含关系如下图所示：

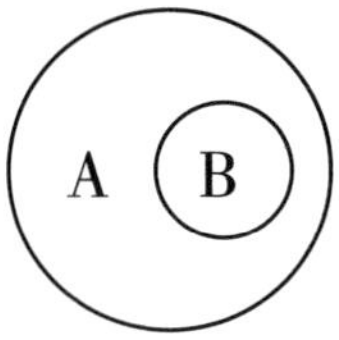

如果概念 A 与概念 B 之间有真包含关系，外延大的概念 A 称为属概念，外延小的概念 B 称为种概念。如在上述“兰花”与“春兰”一对概念中，“兰花”是属概念，“春兰”是种概念；在上述“春兰”与“湖北春兰”一对概念中，“春兰”是属概念，“湖北春兰”是种概念。

三、真包含于关系

概念 A 与概念 B 之间有真包含于关系，当且仅当，对于任一对象 x，如果 x 属于 A，则 x 也属于 B；并且存在对象 y，y 属于 B 但是不属于 A。

如在上述例 2.3.3 中，“春兰”和“兰花”之间、“草绿”与“色泽”之间都有真包含于关系。实际上，如果概念 A 与概念 B 之间有真包含关系，则概念 B 与概念 A 之间有真包含于关系。

A、B 两个概念之间的真包含于关系如下图所示：

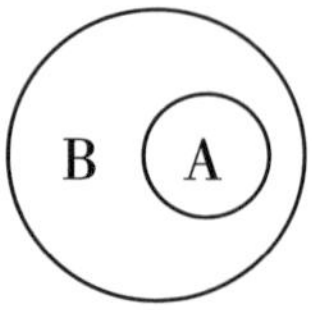

如果概念 A 与概念 B 之间有真包含于关系，则概念 A 为种概念，概念 B 为属概念。如在“草绿”与“色泽”之间，“草绿”是种概念，“色泽”是属概念。

四、交叉关系

概念 A 与概念 B 之间有交叉关系，当且仅当，（1）存在对象 x，x 既属于 A 又属于 B；（2）存在对象 y，y 属于 A 但是不属于 B；（3）存在对象 z，z 属于 B 但是不属于 A。

例 2.3.5

国画按题材分主要有人物画、花鸟画、山水画等，按技法分主要有工笔画和写意画。文人画是国画的一种，泛指中国封建社会时期文人、士大夫所作之画，以别于民间画工和宫廷画院职业画家的绘画。近代陈衡恪认为，文人画有四个要素：人品、学问、才情和思想，具此四者，乃能出色。姚茫父对文人画给予了很高的评价："唐王右丞（维）援诗入画，然后趣由笔生，法随意转。言不必宫商，而邱山皆韵；义不必比兴，而草木成吟。"[①] 历代文人画对中国画的美学思想以及对工笔、写意等技法的发展，都有相当大的影响。

上例中的"人物画"和"工笔画"之间、"花鸟画"和"写意画"之间、"文人画"和"花鸟画"之间、"写意画"与"文人画"之间都是交叉关系。

A、B 两个概念之间的交叉关系如下图所示：

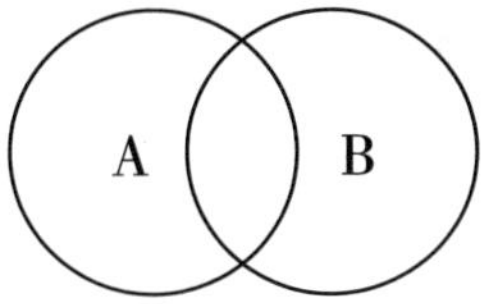

五、全异关系

概念 A 与概念 B 之间有全异关系，当且仅当，对于任一对象 x，如果 x 属于 A，则 x 不属于 B；如果 x 属于 B，则 x 不属于 A。简言之，即概念 A 与概念 B 的外延完全不同。

例 2.3.6

（1）生当作人杰，死亦为鬼雄。至今思项羽，不肯过江东。[②]

（2）昔我往矣，杨柳依依。今我来思，雨雪霏霏。[③]

上例中的"生"与"死"之间、"人"与"鬼"之间、"往"与"来"之间、"杨"与"雨"之间、"柳"与"雪"之间都是全异关系。

① 姚茫父：《中国文人画之研究 · 序》。
② 〔宋〕李清照：《夏日绝句》。
③ 《诗经 · 采薇》。

A、B 两个概念之间的全异关系如下图所示：

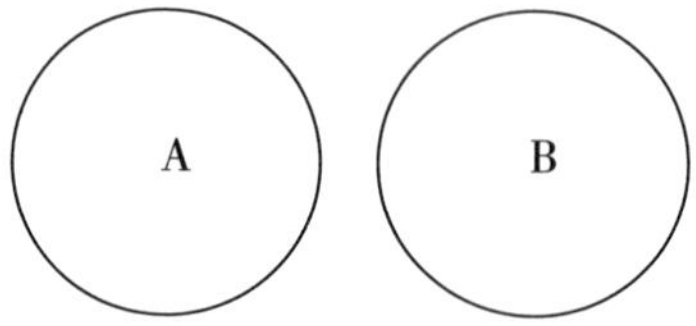

相对于它们的属概念 C，A、B 两个概念之间的全异关系还可以进一步分为矛盾关系和反对关系。

1. 矛盾关系

如果具有全异关系的两个概念 A、B 的外延之和等于它们的属概念 C 的外延，那么称 A、B 两个概念之间（相对于属概念 C）有矛盾关系。

例 2.3.7

（1）此时无声胜有声。[①]

（2）经验包括两种，一种是直接经验，一种是间接经验。

（3）学生不得在机动车道上使用滑板、旱冰鞋等滑行工具，但可以在非机动车道上使用。

上例中的“无声”和“有声”之间（相对于“课堂状态”）、“直接经验”和“间接经验”之间（相对于“经验”）、“机动车”和“非机动车”之间（相对于“车辆”）都有矛盾关系。

相对于属概念 C，A、B 两个概念之间的矛盾关系如下图所示：

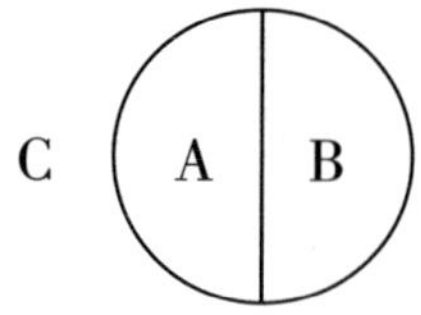

① 〔唐〕白居易：《琵琶行》。

2. 反对关系

如果具有全异关系的两个概念 A、B 的外延之和小于它们的属概念 C 的外延，那么称 A、B 两个概念之间（相对于属概念 C）有反对关系。

例 2.3.8

（1）劳动光荣，盗窃可耻。

（2）唐诗、宋词、元曲是中国文学史上三道绚丽的风景。

（3）依据形态结构、进化发展及血缘关系等因素，蝴蝶可以分为凤蝶、粉蝶、斑蝶、喙蝶等。

上例中的“劳动”和“盗窃”之间（相对于“收获方式”）、“唐诗”和“宋词”之间（相对于“中文文学”）、“凤蝶”和“喙蝶”之间（相对于“蝴蝶”）都有反对关系。

相对于属概念 C，A、B 两个概念之间的反对关系如下图所示：

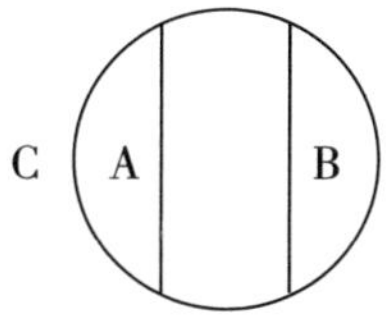

A、B 两个概念的外延如果存在相同的部分，则称 A、B 两个概念之间有相容关系；A、B 两个概念的外延如果不存在相同的部分，则称 A、B 两个概念之间有不相容关系。可总结如下：

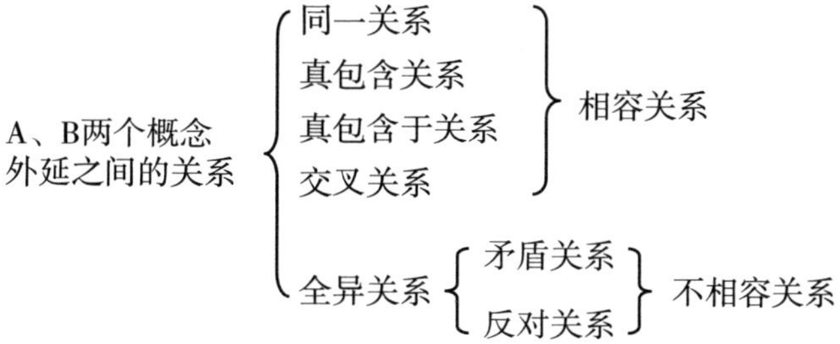

两个概念之间只存在这五种关系，这是因为：

<table>
<tr><td rowspan="5">A、B 是否有相同部分</td><td>没有</td><td colspan="3">全异关系</td></tr>
<tr><td rowspan="4">有</td><td rowspan="4">A、B 是否有不同部分</td><td>A、B 均有</td><td>交叉关系</td></tr>
<tr><td>A 有，B 没有</td><td>真包含关系</td></tr>
<tr><td>A 没有，B 有</td><td>真包含于关系</td></tr>
<tr><td>A、B 均没有</td><td>全同关系</td></tr>
</table>

第四节　概念的概括与限制

一、概念内涵与外延之间的反变关系

概念的内涵与外延是相互依存的。具有属种关系的两个概念，其内涵与外延之间存在着反变关系。即：一个概念的内涵越多，则它的外延越小；一个概念的内涵越少，则它的外延越大。反之，一个概念的外延越大，则它的内涵越少；一个概念的外延越小，则它的内涵越多。

例 2.4.1

（1）三角形包括直角三角形和非直角三角形，直角三角形包括等腰直角三角形和非等腰直角三角形。

（2）水果种类很多，一般可分为仁果、核果、浆果和坚果等几类。在仁果类的果肉中，分布有不带硬壳的种仁，故称为仁果，如苹果、梨、柿子、柑橘等。在核果类的果肉中，带有一木质硬核，核内有种仁，故称为核果，如桃、杏、枣子、樱桃等。浆果类果肉成熟后呈浆液状，故称浆果，浆果一般种仁小而多，如葡萄、猕猴桃、草莓等。坚果类水果含水量很少，其果外部为一硬壳，壳内可食部分就是种仁，如核桃、栗子、白果等。

在上例中，“三角形”“直角三角形”“等腰直角三角形”之间依次存在着属种关系，其内涵越来越多，而其外延也越来越小。同样，在“水果”“仁果类水果”“苹果”之间也依次存在着属种关系，其外延越来越小，而其内涵也越来越多。

概念内涵与外延之间的反变关系，只存在于具有属种关系（真包含关系）或者种属关系（真包含于关系）的概念之间，并且这种反变关系只是一种大体的趋势，并不是十分严格的数学关系。

依据属种概念之间的这种反变关系，我们可以对概念进行概括和限制，以达到明确概念的目的。

二、概念的限制

概念的限制是通过增加概念的内涵、缩小概念的外延来明确概念的一种逻辑方法。

例 2.4.2

一个外国人，毫无利己的动机，把中国人民的解放事业当作他自己的事业，这是什么精神？这是国际主义的精神，这是共产主义的精神，每一个中国共产党员都要学习这种精神……我们大家要学习他毫无自私自利之心的精神。从这点出发，就可以变为大有利于人民的人。一个人能力有大小，但只要有这点精神，就是一个高尚的人，一个纯粹的人，一个有道德的人，一个脱离了低级趣味的人，一个有益于人民的人。①

在上例中，“国际主义的精神”“共产主义的精神”都是对“精神”的限制，通过这种限制，明确了白求恩的精神实质所在。“高尚的人”“纯粹的人”“有道德的人”“脱离了低级趣味的人”“有益于人民的人”都是对“人”的限制，通过这种限制，明确了一个人应该做什么样的人。

① 《毛泽东选集》第二卷，人民出版社 1991 年版，第 659—660 页。

对概念进行限制的基本方法是：由属概念增加内涵过渡到相应的种概念。在汉语表达中，限制通常有两种方法。一种是给属概念增加限定词的方法，如上例中将“精神”限制为“国际主义的精神”等；一种是由外延较大的属概念直接过渡到外延较小的种概念的方法，如例 2.4.1（2）中由“水果”到“坚果”再到“白果”等。

但是，在属概念前面增加限定词并非都是增加概念的内涵，有时只是为了强调该概念反映的某一方面的属性，如在“侵略战争”前面增加“不得人心的”得到“不得人心的侵略战争”，其内涵并没有增加，因此其外延也并没有缩小。

对属概念进行限制，其极限是单独概念。当对单独概念再增加内涵时，一般并不能减少该概念的外延。如对“《野草》作者鲁迅”增加内涵得到“原名周树人的《野草》作者鲁迅”并没有减少其外延，这两个概念的外延始终都是同一个人。

对属概念进行限制所增加的内涵不能与该属概念已有的属性相冲突，否则就会犯“限制不当”的逻辑错误。

例 2.4.3

（1）这是一种神奇的偏方，是一种能够医治各种疑难杂症的偏方。

（2）小李年幼时父母离异，成年后走上犯罪道路，他的犯罪是值得同情的犯罪。

在上例中，将“偏方”限制为“能够医治各种疑难杂症的偏方”，将“犯罪”限制为“值得同情的犯罪”都犯了“限制不当”的逻辑错误。

三、概念的概括

概念的概括是通过减少概念的内涵、扩大概念的外延来明确概念的一种逻辑方法。

例 2.4.4

（1）过失犯罪也是犯罪。

（2）京剧、江南丝竹都是非物质文化遗产。

（3）语言学和心理学既属于自然科学又属于社会科学。

在上例中，“犯罪”是对“过失犯罪”的概括，通过这一概括，指出了“过失犯罪”的严重性；“非物质文化遗产”是对“京剧”“江南丝竹”的概括，通过这种概括，明确了“京剧”和“江南丝竹”的共同属性；“自然科学”“社会科学”都是对“语言学”“心理学”的概括，通过这种概括，明确了“语言学”和“心理学”共同的学科特性。

对概念进行概括的基本方法是：由种概念减少内涵过渡到相应的属概念。在汉语表达中，概括通常有两种方法。一种是给种概念减少限定词的方法，如将“东方古代哲学”概括为“哲学”，“过失犯罪”概括为“犯罪”，等等；一种是由外延较小的种概念直接过渡到外延较大的属概念的方法，如上例（3）中由“语言学”到“自然科学”，由“心理学”到“社会科学”，等等。

例 2.4.5

楚王张繁弱之弓，载忘归之矢，以射蛟、兕于云梦之圃，而丧其弓。左右请求之，王曰：“止。楚王遗弓，楚人得之，又何求乎？”仲尼闻之曰：“楚王仁义而未遂也。亦曰人亡弓，人得之而已，何必楚？”[①]

在上例中，通过由“楚王”到“楚人”再到“人”的不断概括，“仁义”的境界也随之而提升。

对种概念进行概括，其极限是最一般的普遍概念。当对最一般的普

① 《公孙龙子·迹府》。

遍概念再减少内涵时，一般并不能增加该概念的外延。

例 2.4.6

（1）有一种哲学认为，世界是由运动的物质组成的。

（2）世界上只有正在被认识或者将要被认识的存在之物，而没有不能被认识的存在之物。

如果对上例中的“运动的物质”和“存在之物”这两个概念减少其内涵得到“物质”和“物”这两个概念，其外延并没有增加，只是概念变得更加抽象而已。

对种概念进行概括，种概念的外延必须包含于概括后得到的属概念的外延之中，否则就会犯“概括不当”的逻辑错误。

例 2.4.7

（1）狡辩的“辩证法”也是辩证法。

（2）植物的生长，要吸收水、氮、磷、钾等肥料。

（3）猿人也是人，我们应该充分尊重它们的生存权。

在上例中，将“狡辩的‘辩证法’”概括为“辩证法”，将“水”概括为“肥料”，将“猿人”概括为“人”等都犯了“概括不当”的逻辑错误。

第五节 概念的定义

一、什么是定义

定义就是以确切、简明的语句揭示概念的内涵和外延的逻辑方法。

例 2.5.1

（1）伯罗奔尼撒战争是以雅典为首的提洛同盟与以斯巴达为首的伯

罗奔尼撒同盟之间的一场战争。

（2）中国的五岳名山指的是东岳泰山、西岳华山、南岳衡山、北岳恒山和中岳嵩山。

上例（1）是概念“伯罗奔尼撒战争”的定义，它用“以雅典为首的提洛同盟与以斯巴达为首的伯罗奔尼撒同盟之间的一场战争”揭示了“伯罗奔尼撒战争”的特有属性；上例（2）是概念“中国的五岳名山”的定义，它用“东岳泰山、西岳华山、南岳衡山、北岳恒山和中岳嵩山”揭示了“中国的五岳名山”的外延。

定义一般由被定义项、定义项和定义联项三部分组成。

被定义项就是需要揭示其内涵和外延的概念，如上例中的“伯罗奔尼撒战争”“中国的五岳名山”都是被定义项。

定义项就是用来揭示被定义项内涵和外延的概念，如上例中的“以雅典为首的提洛同盟与以斯巴达为首的伯罗奔尼撒同盟之间的一场战争”“东岳泰山、西岳华山、南岳衡山、北岳恒山和中岳嵩山”都是定义项。

定义联项是连接被定义项和定义项的概念，如上例中的“是”“指的是”都是定义联项。

定义的结构一般可以表示为：

Ds 就是 Dp。

其中，Ds 表示被定义项，Dp 表示定义项。

二、定义的方法

1.“属加种差”定义

给概念下定义的基本方法是“属加种差”的方法。

例 2.5.2

（1）葛布是用葛的纤维织成的布。

（2）控制论是研究各种系统的控制和调节的一般规律的科学。

运用“属加种差”的方法来下定义，一般分三步进行：

第一步，找出与被定义概念相邻近的属概念。如给“葛布”“控制论”下定义，首先找出其邻近的属概念“布”“科学”。

第二步，找出被定义概念与该邻近属概念下其他种概念之间的差别（简称“种差”）。如“葛布”与其他“布”的差别是“用葛的纤维织成的”，“控制论”与其他“科学”的差别是“研究各种系统的控制和调节的一般规律”。

第三步，将被定义项、种差和邻近的属概念使用定义联项连接起来形成定义。如“控制论是研究各种系统的控制和调节的一般规律的科学”。

属加种差的定义方法可用公式表示为：

被定义概念 = 种差 + 邻近的属概念

2. 同义定义

这是通过给出表达同一个概念的不同语词来明确概念的定义方法。

例 2.5.3

（1）俦侣即伴侣。

（2）吃香即受欢迎。

（3）玉茭即玉米。

“俦侣”是书面语，“吃香”是口语，“玉茭”是方言，它们分别可以通过三个与之同义的语词“伴侣”“受欢迎”“玉米”来定义。

同义定义在外语学习的初期也被大量使用。如“baby”（英语）意指

“小孩”，“amigo”（西班牙语）意指“朋友”，等等。

3. 示例定义

这是通过列举出外延中具有代表性的一些对象来明确概念的定义方法。

例 2.5.4

（1）中国历史人物指的是项羽、铁木真、朱元璋、史可法等。

（2）摩天大楼指的是诸如纽约帝国大厦、南京紫峰大厦、迪拜哈利法塔那样的高楼大厦。

这是一种不太严格的定义方法，因为它只是列举出外延中具有代表性的一些对象，没有揭示概念的全部外延，继而也不能准确概括出概念所反映的本质属性或者特有属性，所以它只是一种辅助性的定义方法。

4. 枚举定义

这是一种列举出全部外延以明确概念的定义方法。

例 2.5.5

（1）六朝指我国历史上先后建都于建康的三国时期的吴国、东晋和南朝的宋、齐、梁、陈等六个朝代。

（2）竹林七贤指的是魏晋间的阮籍、嵇康、山涛、刘伶、阮咸、向秀和王戎等七位名士。

枚举定义适用于概念的外延只是少数的、有限个对象的情况，当外延中有很多甚至是无限个对象的时候，使用枚举定义就非常困难甚至是不可能的。

5. 递归定义

这是按照下述方法给出概念 A 的外延的操作性定义方法。

概念 A 的外延当且仅当有限次使用下列两条规则产生：

规则一，确定某些对象属于概念 A 的外延；

规则二，如果一些对象属于概念 A 的外延，那么由这些对象按照固定的程序产生的新的对象也属于概念 A 的外延。

例 2.5.6

一个数是自然数当且仅当它是有限次使用下列两条规则生成：

规则一，0 是自然数；

规则二，如果 x 是自然数，那么 x+1 也是自然数。

按照上述定义，给出了“自然数”这个概念的外延中的所有对象：

按照规则一，0 是自然数；

按照规则二，如果 0 是自然数，那么 1 是自然数，结合规则一可知：1 是自然数。

按照规则二，如果 1 是自然数，那么 2 是自然数，结合上述所得可知：2 是自然数。

按照规则二，如果 2 是自然数，那么 3 是自然数，结合上述所得可知：3 是自然数。

……

以此类推，可以得出“自然数”这个概念的外延是 {0，1，2，3，……}。

在上例这个递归定义中，规则一直接指认 0 属于“自然数”的外延；规则二规定，如果 x 属于“自然数”的外延，那么按照程序 x+1 产生的新的对象也属于“自然数”的外延。

值得注意的是，在递归定义的规则二中，由已知对象产生新对象的“固定的程序”在不同的递归定义中可能也是不同的。

递归定义是一种非常严格的定义方法，而且它不受概念外延大小的限制，因而它在严格的科学理论系统中被经常使用。

除了上述方法之外，还有公理定义等其他不同的定义方法。

三、定义的种类

依据明确概念角度的不同，定义大致可以分为内涵定义、外延定义和内涵与外延相结合的复合定义。

例 2.5.7

（1）宇宙速度指物体克服地心引力的作用离开地球进入星际空间的速度。

（2）四书指的是《大学》《中庸》《论语》《孟子》。

（3）五帝指的是传说中的五个帝王，通常指黄帝、颛顼、帝喾、唐尧和虞舜。

上例中的三个定义就分别是内涵定义、外延定义和复合定义。

依据是直接明确概念还是通过明确表达概念的语词的意义来间接明确概念，定义又可以分为实质定义和语词定义。

1. 实质定义

所谓实质定义就是直接揭示概念所反映的思维对象及其特有属性或者本质属性的定义。

例 2.5.8

（1）月球运行到地球和太阳的中间时，太阳的光被月球挡住，不能射到地球上来，这种现象叫日食。

（2）佛教经典分为经、律、论三个部分，总称三藏。

上例就是对“日食”“三藏”这两个概念的实质定义。

依据所反映的属性的不同，实质定义又可以分为性质定义、功用定义、发生定义、关系定义，等等。

揭示概念所反映的对象的性质的定义叫性质定义。

例 2.5.9

（1）商品就是用来交换的劳动产品。

（2）茑萝是一种一年生的草本植物，缠绕茎，叶子呈丝状，花冠细长，花为白色或红色。

揭示概念所反映的对象的功能或作用的定义叫功用定义。

例 2.5.10

（1）餐具指吃饭的用具。

（2）客厅指的是接待客人的大房间。

揭示概念所反映的对象产生或者形成的过程的定义叫发生定义。

例 2.5.11

（1）铁丝指的是用铁拉制成的丝状成品。

（2）混凝土指的是用水泥、砂、石子和水按一定比例混合制成的建筑材料。

揭示概念所反映的对象与其他对象之间的关系的定义叫关系定义。

例 2.5.12

（1）叔父指的是父亲的弟弟。

（2）两条直线平行指的是两条直线不相交。

2. 语词定义

所谓语词定义就是说明或规定语词意义的定义。语词定义又可以分为两种：说明的语词定义和规定的语词定义。

对已有确定意义的语词加以解释说明的定义叫说明的语词定义。

例 2.5.13

（1）花旦是戏曲中旦角的一种，饰演的是性格活泼或放荡泼辣的年轻女子的角色。

（2）太后指的是帝王的母亲。

对新词或者在特定语境下使用的某个词语规定其意义的定义叫规定的语词定义。

例 2.5.14

（1）幸福的最高境界是“三心二意”：爱情称心、工作顺心、生活舒心、父母满意、子女如意。

（2）在本文中，“命题”指的是已经获得了证明的语句。

在上例中，“三心二意”“命题”与其通常的意义有所不同，都具有特定的意义，对这两个概念的定义都属于规定的语词定义。

四、定义的规则

一个合适的定义，需要遵守下列规则。

1. 定义项和被定义项的外延必须是同一关系

因为定义是要明确揭示被定义项的内涵和外延，因此定义项和被定义项的外延就必须完全相同，否则就违反了定义的本意。

违反这一定义规则，就会犯“定义过窄”“定义过宽”“定义交叉”“定义全异”等逻辑错误。

例 2.5.15

（1）人指的是懂哲学、会思考的理性动物。

（2）古生物学指的是研究各个地质时代的动物形态、生活条件及其发展规律的科学。

在上述定义中，因为有些人并不懂哲学，所以“懂哲学、会思考的理性动物”的外延小于“人”的外延；因为古生物学除了研究各个地质时代的动物形态、生活条件及其发展规律之外，还研究各个地质时代的植物、微生物的形态、生活条件及其发展规律，所以“研究各个地质时代的动物形态、生活条件及其发展规律的科学”的外延小于“古生物学”的外延。上述两个定义都犯了“定义过窄”的逻辑错误。

例 2.5.16

（1）人指的是能够直立行走的哺乳动物。

（2）犯罪指的是违反法律的行为。

在上述定义中，因为“能够直立行走的哺乳动物”除了“人”之外，还有“大猩猩”等，所以“能够直立行走的哺乳动物”的外延大于“人”的外延；因为“违反法律的行为”并不一定都是“犯罪”，所以，“违反法律的行为”的外延大于“犯罪”的外延。上述两个定义都犯了“定义过宽”的逻辑错误。

例 2.5.17

（1）中国公民指的是在中国出生的人。

（2）鸟指的是在天空中飞的动物。

在上述定义中，“中国公民”既有在中国出生的，也有不是在中国出生的；同时，“在中国出生的人”既有中国公民，也有不是中国公民的。因此，“中国公民”的外延和“在中国出生的人”的外延之间是交叉关系。同样，“鸟”的外延和“在天空中飞的动物”外延之间也是交叉关系。上述两个定义都犯了“定义交叉”的逻辑错误。

例 2.5.18

（1）侍郎指的是侍候人的青年男子。

（2）首义指的是最重要的意义。

上述语句作为对“侍郎”“首义”的定义都是不正确的，都是望文生义的结果。实际上，“侍郎”是古代的一种官名，“首义”指的是首先起义。“侍郎”的外延和“侍候人的青年男子”的外延之间，“首义”的外延和“最重要的意义”的外延之间都是全异关系。作为定义，上述两个语句都犯了“定义全异”的逻辑错误。

2. 定义项不能直接或间接包含被定义项

当下定义的目的是明确被定义项的内涵时，如果定义项直接或间接包含了被定义项，那么定义项的内涵又需要被定义项来明确，这样就达不到明确被定义项内涵的目的。

违反这一定义规则，就会犯“同语反复”或“循环定义”的逻辑错误。

“同语反复”指的是在定义项中直接包含了被定义项。

例 2.5.19

（1）物理学指的是研究物理的科学。

（2）生产工具指的是生产中使用的工具。

上述两个语句作为定义，都犯了“同语反复”的逻辑错误。

“循环定义”指的是在定义项中间接包含了被定义项。

例 2.5.20

（1）客人指的是被主人接待的人，主人指的是接待客人的人。

（2）原因就是导致结果的事件，结果就是被原因导致的事件。

上述两个语句作为定义，都犯了“循环定义”的逻辑错误。

需要指出的是，“定义项不能直接或间接包含被定义项”是针对内涵定义而给出的。而递归定义是一种纯外延定义，因此，这一规则并不适用于作为纯外延定义的递归定义。实际上，如果我们仔细分析递归定义所给出的概念外延的操作程序，就会发现递归定义并不存在“同语反复”和“循环定义”的问题。

3. 定义项中不得包括含混的概念或语词，一般不得使用比喻

如果定义项中包括了含混的概念或语词，就不能起到揭示概念内涵的作用。同样，比喻作为一种修辞手法，对于揭示概念内涵只能起到辅助性作用，并不能明确揭示概念的内涵。因此，定义项中不得包括含混的概念或语词，一般不得使用比喻。

违反这一定义规则，就会犯“定义含混”或“以比喻代定义”的逻辑错误。

例 2.5.21

（1）风姿指的是一个人所表现出来的样子。

（2）潘多拉星球是一颗有着天堂般景色的绝美星球。

（3）所谓记忆就是岁月这个刻刀在大脑这块蜡版上留下的痕迹。

上述三个语句作为定义，就犯了“定义含混”或“以比喻代定义”的逻辑错误。

但是对于一些含有比喻的概念下定义是可以使用比喻的。

例 2.5.22

（1）雷动指的是声音像打雷一样。

（2）虎踞龙盘，像虎蹲着，像龙盘着，形容地势险要。

因为“雷动”“虎踞龙盘”本身就是含有比喻的概念，因此，给它们下定义是可以使用比喻的。

4. 定义项一般不应包含负概念

因为负概念是反映对象不具有某种属性的概念，它没有反映出对象具有什么属性，因而负概念一般不能用来揭示另一正概念的内涵。

例 2.5.23

（1）清晰就是不模糊。

（2）公共指不是私人的。

因为“不模糊”“不是私人的”都是负概念，没有正面揭示出“清晰”“公共”这两个概念具有什么属性，因此，上述两句作为定义是不明确的。

但是如果被定义项本身就是负概念，那么定义项可以使用负概念。

例 2.5.24

（1）非法就是不合法。

（2）无机物就是不含碳的化合物。

五、定义的作用

1. 能够把人们对于某一事物的认识总结并巩固下来

例 2.5.25

（1）甲型 H1N1 流感是一种因甲型流感病毒引起的、人畜共患的急性呼吸道传染性疾病。甲型 H1N1 流感，又称为 A（H1N1）型流感，旧称人感染猪流感。H1N1 流感病毒里的 H 代表红细胞凝集素，共有 1—15 个类型，N 代表神经氨酸苷酶，共有 1—9 种类型，“甲型 H1N1 流感”病毒中的 H 和 N 均是 1 型，因此称为 H1N1。

（2）低碳经济是指在可持续发展理念的指导下，通过技术创新、制度创新、产业转型、新能源开发等多种手段，尽可能地减少煤炭、石油等高碳能源消耗，减少温室气体排放，达到经济发展与生态环境保护双赢的一种经济发展模式。

通过上述两个定义，将人们对于“甲型 H1N1 流感”和“低碳经济”的认识总结了下来。

2. 使得概念更加准确，有利于建立科学、严格的理论体系

自然语言中，一词多义现象非常普遍，这不利于建立严格的科学理论体系。但是通过定义，可以消除这种歧义现象。例如，在几何学这一理论体系中，就包含着对“点”“线”“面”“圆”“三角形”等一系列概念的严格定义。通过这些定义，可以使得“点”“线”“面”“圆”“三角形”等概念的意思唯一确定下来。可以说，对基本概念的严格定义是建立任何一门科学理论体系的基础。

3. 便于人们交流思想，消除分歧

在本讲开头的故事中，“绕松鼠一圈”这个概念的歧义性是导致哲学家们争论的症结所在。只需对“绕松鼠一圈”下一个定义，就可以消除这场争论。如果“绕松鼠一圈”指的是从松鼠的北边转到它的东边，接着转到它的南边，然后转到它的西边，再转到它的北边，那么那位哲学家显然“绕松鼠转了好几圈”；如果“绕松鼠一圈”指的是从松鼠的正

面转到它的左边，接着转到它的后面，然后转到它的右边，再转到它的正面，那么那位哲学家显然“没能绕松鼠转一圈”。

第六节 概念的划分

一、什么是划分

划分是通过把一个概念所反映的对象分为若干个小类，来揭示这个概念的外延的逻辑方法。它通常是把一个属概念分为若干个种概念。

例 2.6.1

（1）现代逻辑可以分为纯逻辑和应用逻辑两种类型。

（2）中国民族乐器可分为吹奏乐器、弹拨乐器、拉弦乐器和打击乐器四大类。

划分包括三个要素，即划分的母项、划分的子项和划分的标准。

划分的母项就是被划分的概念，如上述例子中的“现代逻辑”和“中国民族乐器”。划分的子项就是划分后得到的种概念，如上述例中的“纯逻辑”“应用逻辑”“吹奏乐器”“弹拨乐器”“拉弦乐器”“打击乐器”等。划分的标准就是把母项分为若干子项的根据，如将“现代逻辑”分为“纯逻辑”和“应用逻辑”的划分标准是“研究的推理规律是否涉及具体的学科领域”，将“中国民族乐器”分为“吹奏乐器”“弹拨乐器”“拉弦乐器”“打击乐器”的划分标准是“演奏方法”。

划分与分解不同。分解是把一个表示对象整体的概念，分成表示该对象部分的概念，分解所得到的表示对象部分的概念未必具有表示对象整体的概念的内涵。但是划分所得到的子项均具有母项的内涵属性。

例 2.6.2

（1）树由树根、树干、树枝和树叶等构成。

（2）树木包括乔木和灌木两大类。

在上例中，（1）是分解，而（2）是划分。因为分解所得到的表示对象部分的概念未必具有表示对象整体概念的内涵，所以“树根”“树干”等都不是“树”；因为划分所得到的子项均具有母项的属性，所以“乔木”“灌木”都是“树木”。

二、划分的种类

1. 按照划分次数的不同，划分可以分为一次划分和连续划分

一次划分就是根据划分标准，将母项分成若干子项而一次完成的划分。

例 2.6.3

（1）三角形可以分为锐角三角形、直角三角形和钝角三角形。

（2）乔木可分为落叶乔木和常绿乔木。

连续划分就是把母项分成若干子项之后，再把子项作为母项继续进行划分，这样连续划分下去，直到满足需要为止。

例 2.6.4

（1）哲学可以分为唯物主义和唯心主义，唯物主义可以分为朴素唯物主义、机械唯物主义和辩证唯物主义，唯心主义可以分为主观唯心主义和客观唯心主义。

（2）有理数包括整数和分数，整数包括正整数、零和负整数，分数包括正分数和负分数。

2. 按照子项数目的不同，划分可以分为二分法和多分法

二分法就是只有两个子项的划分。

例 2.6.5

（1）车辆可分为机动车和非机动车。

（2）实数包括有理数和无理数两种。

二分法所得的两个子项是具有矛盾关系的，两个子项往往一个是正概念，一个是与之相应的负概念，如上例中的“机动车”和“非机动车”，“有理数”和“无理数”。

多分法就是有三个或者三个以上子项的划分。

例 2.6.6

（1）《诗经》中的作品包括“风”“雅”“颂”。

（2）我国高校教师的职称分为助教、讲师、副教授和教授四种。

（3）周代贵族子弟所接受的教育内容主要有礼、乐、射、御、书、数，即通常所说的“六艺”。

三、划分的规则

1. 划分后的各子项的外延之和必须与母项的外延相等

违反这一划分规则，就会犯“划分不全”或“多出子项”的逻辑错误。

例 2.6.7

（1）颜色可分为红、黄、蓝、白、黑五色。

（2）文学作品包括小说、诗歌、散文、戏剧、舞蹈、绘画等。

“颜色”除了“红、黄、蓝、白、黑五色”之外，还包括“绿、紫、

橙”等，因此作为划分，上例（1）犯了“划分不全”的逻辑错误。“舞蹈”“绘画”均不属于“文学作品”，因此作为划分，上例（2）犯了“多出子项”的逻辑错误。

2. 每次划分必须按照同一标准进行

违反这一划分规则，就会犯“划分标准不同一”的逻辑错误。

例 2.6.8

（1）三角形可分为不等边三角形、二等边三角形、三内角均为 60°的三角形。

（2）高等学校可分为全日制研究型高等学校、全日制非研究型高等学校、非全日制高等学校。

在上例（1）中，前两个子项是按照“等边的数量”来划分的，后一子项是按照“内角的度数”来划分的，这就犯了“划分标准不同一”的逻辑错误。在上例（2）中，前两个子项是按照“是不是研究型”来划分的，后一子项是按照“是不是全日制”来划分的，这也犯了“划分标准不同一”的逻辑错误。

3. 划分所得的各子项应当互不相容

划分的目的在于明确概念的外延，所以各个子项之间必须是全异关系。

违反这一划分规则，就会犯“子项相容”的逻辑错误。

例 2.6.9

（1）农作物按用途可分为粮食作物、油料作物、经济作物、饲料作物和绿肥作物。

（2）大学专业包括文科专业、应用型专业和非应用型专业等。

在上例（1）中，有些“农作物”可能既是“粮食作物”又是“油料作物”，还可能是“饲料作物”，等等，作为划分，这就犯了“子项相容”的逻辑错误。在上例（2）中，第一个子项“文科专业”和后两个子项“应用型专业”“非应用型专业”都是交叉关系，作为划分，这就犯了“子项相容”的逻辑错误。

四、划分的作用

1. 扩展、加深对事物的认识

例如，1900 年，奥地利维也纳大学病理研究所的兰茨泰纳（Landsteiner）发现，将不同人的红细胞分别与别人的血清交叉混合后，有的血液之间发生凝集反应，有的则不发生。他和其他研究者通过进一步的研究，以人血液中红细胞上的抗原与血清中的抗体的不同将人的血液分成 A、B、O、AB 四种血型。如果按这种血型划分来指导输血就可以避免输血时频频发生的血液凝集而导致病人死亡的悲剧。1921 年，世界卫生组织正式向全球推广认同 A、B、O、AB 四种血型。由于在血型发现和分类上的贡献，兰茨泰纳获得 1930 年的诺贝尔生理学或医学奖，并被誉为“血型之父”。

2. 明确概念的外延，便于对不同种类的事物进行不同的处理

例如，谈起细菌，不少人往往会想到各种各样危害人类健康的病菌，甚至想到令人恐怖的细菌战。实际上，从人类健康的角度，细菌可以划分为有害菌、条件致病菌和益生菌。对于这三种不同种类的细菌，可以做不同的处理。一方面，我们要尽可能避免被有害菌侵害，并设法控制

条件致病菌导致人体生病的条件；另一方面，我们也要充分发掘益生菌的效能，为人类的健康服务。

思考题

1. 列出具有概念之间五种关系的十组词语，每种关系各两组。

2. 在《大学》《中庸》中找出明确核心概念的五个句子。

3. “究竟是先有鸡还是先有蛋？”对于这个问题可以有多少种答案？

参考答案

1.（1）同一关系。《朝花夕拾》的作者是鲁迅。江苏省的省会在南京。

（2）真包含关系。所有花中她最喜欢兰花。亚洲国家包括文莱等。

（3）真包含于关系。蜜蜂、蝴蝶都是昆虫。以色列属于发达国家。

（4）交叉关系。有些教授具有博士学位。部分海洋生物属于观赏鱼类。

（5）全异关系。三十功名尘与土。八千里路云和月。

2. 如恶恶臭，如好好色，此之谓自谦。(《大学》)

民之所好好之，民之所恶恶之，此之谓民之父母。(《大学》)

仁者，人也，亲亲为大。(《中庸》)

诚之者，择善而固执之者也。(《中庸》)

夫孝者，善继人之志，善述人之事者也……践其位，行其礼，奏其乐，敬其所尊，爱其所亲，事死如事生，事亡如事存，孝之至也。(《中庸》)

3. 可能存在 4 种答案：（1）先有鸡而不是先有蛋；（2）先有蛋而不是先有鸡；（3）既不是先有鸡也不是先有蛋（就如问“偶数、奇数谁大？”）；（4）其他情形。

第三讲

准确判断（一）:简单判断

一幽默大师对某些国会议员的做法非常不满，在一次演讲中说：“我们国会中的有些议员是狗娘养的。”国会议员们对此感到非常愤怒，强烈要求他公开道歉。迫于压力，该幽默大师在全国各大报刊登载了道歉声明。其文曰：“吾为前日所说‘我们国会中的有些议员是狗娘养的’郑重道歉，兹将前言更正如下：‘我们国会中的有些议员不是狗娘养的’。”

第一节 判断概述

一、判断及其基本特征

判断是对思维对象有所断定的思维形式。

例 3.1.1

（1）蜡梅一般在冬天开花。

（2）伯牙和钟子期是好朋友。

（3）6 能被 1、2、3、6 整除。

在例 3.1.1 的四个判断中，“蜡梅”“伯牙”“钟子期”“1”“2”“3”“6”都是思维对象，思维对象既可以是具体的事物，也可以是抽象的事物；既可以是实际存在的事物，也可以是实际不存在的事物；既可以是物质的，也可以是精神的；既可以是有形的，也可以是无形的。总之，思维所能指向的一切事物都可以作为思维对象。

判断所断定的，既可以是思维对象的性质，如上例中的“在冬天开花”等；也可以是思维对象之间的关系，如上例中的“是好朋友”“能被……整除”等。

判断有两个基本特征：

第一，判断都有所断定。

例 3.1.2

（1）“背水一战”说的是谁的故事？

（2）请你说一下“背水一战”的故事。

（3）“背水一战”说的是淮阴侯韩信的故事。

（4）“破釜沉舟”说的不是楚霸王项羽的故事。

在上例中，（1）是一个疑问，（2）是一个请求，没有断定，因而不是判断。（3）和（4）都有所断定，都是判断；（3）是一个肯定判断，（4）是一个否定判断。

第二，判断都有真假。既然判断对思维对象有所断定，那么就存在断定是否符合实际的问题。如果一个判断所做的断定符合实际情况，那么这个判断就是真的，否则便是假的。例如，上例（3）的判断就是真的，上例（4）的判断就是假的。

逻辑学一般不研究一个判断在具体内容上的真假，一个判断在具体内容上的真假通常是由各门具体科学去解决；逻辑学主要从形式上来研究一个判断的真假以及判断与判断之间的真假关系。例如，“宇宙空间存在着类人的智慧生物”“宇宙空间不存在着类人的智慧生物”这两个判断在内容上的真假是由空间生命科学来解决的，逻辑学则从形式上研究如下这些问题：“宇宙空间存在着类人的智慧生物，或者不存在着类人的智慧生物”是真的；“宇宙空间存在着类人的智慧生物并且不存在着类人的智慧生物”是假的；如果“宇宙空间存在着类人的智慧生物”是真的，那么“宇宙空间不存在着类人的智慧生物”就是假的；等等。

二、判断和语句

语句是判断的语言表达形式，判断是语句表达的思想内容。

但是语句与判断并不是一一对应的。

第一，不是所有的语句都表达判断。一般而言，陈述句、反问句表达判断，疑问句、祈使句、感叹句不表达判断。

例 3.1.3

（1）东汉时期的马援曾经官拜伏波将军。

（2）两情若是久长时，又岂在朝朝暮暮？

（3）现在还有野生的华南虎吗？

（4）请你回家！

（5）啊，我的神啦！

（6）难道不正是“个人正义”在维护着“国家正义”吗？难道不正是“个人尊严”组成了“国家尊严”吗？国家唯一能让国人感到骄傲和安全的，难道不正是它对每一个公民作出的承诺与保障吗？假如连这一点都做不到，这样的国家制度还有什么权威与荣誉可言？还有什么值得拥戴它的理由？①

上例（1）是一个陈述句，（2）是一个反问句，（6）是一组反问句，都是判断；但是（3）是一个疑问句，（4）是一个祈使句，（5）是一个感叹句，都不是判断。

---

① 王开岭：《精神明亮的人：王开岭散文随笔自选集》，书海出版社 2009 年版，第 203 页。

判定一个语句是否表达判断，标准有两条：（1）是否有所断定，（2）是否有真假。有所断定并有真假的语句就是在表达一个判断，否则就不表达判断。

第二，同一个判断可以使用不同的语句来表达。

例 3.1.4

（1）所有人都应该遵守交通规则。

（2）没有人不应该遵守交通规则。

（3）难道有人不应该遵守交通规则？

上例中的三个语句表达的是一个相同的判断。

第三，同一个语句可以表达不同的判断。

例 3.1.5

（1）房门没有锁。

（2）连诸葛亮都不知道。

（3）思念的人远在重洋之外。

（4）我看到她那年只有十一二岁。

在不同的语言环境中，上例（1）中的“锁”既可以理解为名词，又可以理解为动词；上例（2）既可以理解为“诸葛亮不知道”，也可以理解为“不知道诸葛亮”；上例（3）中的“思念的人”既可以理解为“思念（他）的人”，也可以理解为“（他）思念的人”；上例（4）中的“那年只有十一二岁”既可以理解为“（我）那年只有十一二岁”，又可以理解为“（她）那年只有十一二岁”。

尽管判断和表达判断的语句是不同的，但是在不引起混淆的情况下，下文中我们将不再区分判断和表达判断的语句。

三、命题和命题形式

表达判断的语句称为命题，命题的逻辑形式称为命题形式，命题的逻辑形式指的是与命题具体内容相对的形式结构。

例 3.1.6

（1）所有恒星都是发光的。

（2）所有金属都是导电的。

（3）所有事物都是发展变化的。

上例（1）、（2）、（3）中的三个命题，尽管内容不同，但是它们具有相同的命题形式：

所有 S 都是 P。

本讲开头幽默大师前后所言，尽管内容相关，但是它们具有不同的命题形式：

有的 S 是 P，

有的 S 不是 P。

例 3.1.7

（1）这个数要么是有理数，要么是无理数。

（2）要么武松打死老虎，要么老虎吃了武松。

（3）要么物质是第一性的，要么意识是第一性的。

上例中的三个命题，尽管内容不同，但是如果我们以简单语句作为基本单位来分析，那么它们也具有相同的命题形式：

要么 p，要么 q。

在命题形式中，我们通常用大写字母 S、P 等表示词项变项，用小写字母 p、q 等表示命题变项。词项变项和命题变项都称为逻辑变项，“所有……都是……”“有的……是……”“要么……要么……”等称为逻辑常项。当把命题形式中的词项变项替换为具体的词项，或者把命题形式中的命题变项替换为具体的命题，命题形式就会变成为一个具体的命题。

四、判断的种类

按照不同的标准，可以将判断分为不同的种类。

1. 简单判断和复合判断

简单判断就是自身中不含有其他判断的判断，复合判断就是自身中包含有其他判断的判断。

例 3.1.8

（1）有些花是蓝色的。

（2）落霞与孤鹜齐飞，秋水共长天一色。[①]

上例（1）是一个简单判断，（2）是一个复合判断。

2. 性质判断和关系判断

性质判断就是断定对象是否具有某种性质的判断，关系判断就是断定对象与对象之间是否具有某种关系的判断。

例 3.1.9

（1）3 大于 2 而小于 4。

（2）吊瓜是一种多年生的藤本植物。

上例（1）是一个关系判断，（2）是一个性质判断。

① 〔唐〕王勃：《滕王阁序》。

3. 模态判断和非模态判断

所谓模态词指的是描摹事物状态的词，例如“可能”“必然”“曾经”“永远”等。模态判断指的是包含模态词的判断，非模态判断指的是不包含模态词的判断。

例 3.1.10

（1）紫霞湖在南京的紫金山上。

（2）凡是正在经历的，将永远是曾经发生的。

上例（1）是一个非模态判断，（2）是一个模态判断。

4. 客观判断和非客观判断（主观判断）

客观判断指的是描述客观事实的判断，主观判断指的是表达个体自我认知、自我意识的判断。

例 3.1.11

（1）溪水中的鱼在缓慢地游来游去。

（2）溪水中的鱼悠然自得。

上例（1）是一个客观判断，（2）是一个主观判断。对于客观判断，争论双方可以通过验证、分析和推理等方式获得准确与否的统一；而对于主观判断，争论双方可以通过沟通、协调等方式相互理解，但是未必能够达成一致，实际上也未必需要达成一致。

第二节　性质判断

本节所讨论的性质判断指的是简单判断中的性质判断。

一、性质判断的结构

性质判断由主项、谓项、联项和量项四部分构成。

例 3.2.1

（1）有些教授不是博士。

（2）所有嫩江人都是东北人。

主项表示性质判断所断定的对象，如上例中的“教授”“嫩江人”。

谓项表示性质判断所断定的性质，如上例中的“博士”“东北人”。

联项表示主谓项的联系。联项分为两种，即肯定联项和否定联项，如上例中的“不是”“是”。

量项表示主项被断定的数量或范围，如上例中的“有些”“所有”。

在表示性质判断的命题形式时，我们通常使用大写字母“S”表示判断的主项，使用大写字母“P”表示判断的谓项。这样，例 3.2.1 中两个判断的命题形式可以分别表示为：

（1）有些 S 不是 P。

（2）所有 S 都是 P。

在性质判断的命题形式中，主项和谓项是逻辑变项，联项和量项是逻辑常项。

二、性质判断的种类

1. 按质分

所谓按质分，就是按照性质判断的联项来进行划分。联项包括肯定联项和否定联项，相应地，性质判断分为肯定判断和否定判断。

肯定判断就是断定对象具有某性质的判断。

例 3.2.2

（1）陈阿娇曾经是汉武帝刘彻的皇后。

（2）有些道家经典是非常富有哲理的。

上例中的两个判断都是肯定判断。

肯定判断的标准形式是：S 是 P。

否定判断就是断定对象不具有某性质的判断。

例 3.2.3

（1）纪晓岚不是明朝人。

（2）他不是在无理取闹。

上例中的两个判断都是否定判断。

否定判断的标准形式是：S 不是 P。

判定一个性质判断是肯定判断还是否定判断，其标准只有一个，就是看它的联项是肯定的还是否定的。

例 3.2.4

（1）上课讲话是不礼貌的行为。

（2）上课讲话不是礼貌的行为。

上例中的两个判断其意思是相近的，但是（1）是个肯定判断，（2）是个否定判断。

2. 按量分

所谓按量分，就是按照性质判断的量项来进行划分。性质判断按量分，可以分为单称判断、全称判断和特称判断。

单称判断就是断定单个对象具有或不具有某性质的判断。

例 3.2.5

（1）孔子不是齐国人。

（2）五大连池是世界著名的风景名胜区。

上例中的两个判断都是单称判断。

用以说明单称的量项如“这个”“那个”在单称判断中一般不出现，因为单称判断的主项是一个单独概念，所以，即使量项省略了，仍然不影响对单称判断的判定。

单称判断的标准形式是：这个 S 是（不是）P。

全称判断就是断定某类对象的全部都具有或不具有某性质的判断。

例 3.2.6

（1）所有三角形都不是四边形。

（2）《史记》中的“本纪”记述的都是历代君主或实际统治者的事迹。

上例中的两个判断都是全称判断。

全称判断的标准形式是：所有 S 都是（不是）P。

特称判断就是断定某类对象中至少有一个对象具有或不具有某性质的判断。

例 3.2.7

（1）有的动物是冬眠的。

（2）有的偶数不是奇数。

上例中的两个判断都是特称判断。

特称判断的标准形式是：有的 S 是（不是）P。

需要注意的是，特称判断标准形式中的“有的”和日常语言中的“有的”其含义不完全相同。在日常语言中，当我们说“有的野生蘑菇可以吃”的时候，还意味着“有的野生蘑菇不可以吃”。在本讲开篇的故事中，幽默大师就是巧妙地运用了自然语言中特称否定判断的其他暗含意思，巧妙地实现了形式上道歉，但实质上对国会议员进行了更进一步的辱骂！但是，逻辑为了准确地描述不同种类的性质判断及其特征，有必要对所表达的语词进行限定，以进行精确的表达，初学者一定要留意辨识。

另外，特称判断标准形式“有的 S 是（不是）P”所表达的仅仅是“至少有一个 S 是（不是）P”，至于究竟是不是全体，它并没有断定，它可能是全体，也可能不是全体。

作为一个概念，主项可以是普遍概念、单独概念，也可以是一个空概念，因此，严格地说，性质判断按量分，除了单称判断、全称判断和特称判断之外，还应该包含主项为空概念的“无称判断”。但是，因为空概念比较特殊，在自然语言中也很少使用，所以，本节在讨论性质判断以及涉及性质判断的推理时，一般不考虑空概念的情形，即我们假定性质判断的主项、谓项是非空的。

3. 按质量结合分

性质判断按质量结合分，可以分为单称肯定判断、单称否定判断、全称肯定判断、全称否定判断、特称肯定判断和特称否定判断六种。

例 3.2.8

（1）赵云是蜀汉的镇东将军。

（2）秦琼不是汉代人。

（3）所有侠士都曾云游燕赵间。

（4）所有墨者都不是主张攻伐的。

（5）有些丞相是大学士出身。

（6）有些隐逸之士不是结庐在山野。

上例中的六个判断就分别是单称肯定判断、单称否定判断、全称肯定判断、全称否定判断、特称肯定判断和特称否定判断。

单称肯定判断的标准形式是：这个S是P。

单称否定判断的标准形式是：这个S不是P。

全称肯定判断的标准形式是：所有S都是P。

全称否定判断的标准形式是：所有S都不是P。

特称肯定判断的标准形式是：有的S是P。

特称否定判断的标准形式是：有的S不是P。

在上述六种判断形式中，如下四种形式为基本形式：

全称肯定判断，标准形式为：所有S都是P，简记为SAP，简称A判断。

全称否定判断，标准形式为：所有S都不是P，简记为SEP，简称E判断。

特称肯定判断，标准形式为：有的S是P，简记为SIP，简称I判断。

特称否定判断，标准形式为：有的S不是P，简记为SOP，简称O判断。

三、正式交流中对自然语言中性质判断形式的规范化

在自然语言中，性质判断并非都是通过以上述标准形式来表达的，其表现形式是灵活多样的。

例 3.2.9

（1）凡益之道，与时偕行。

（2）无巧不成书。

（3）率土之滨，莫非王臣。

（4）存在不劳而获者。

（5）虚名岂能长久?!

（6）《古诗十九首》中的所有作品都脍炙人口。

在自然语言中，全称量项除了标准形式中的“所有”之外，还有“每一”“任何”“凡”“莫非”，等等；特称量项除了标准形式中的“有的”之外，还有“有些”“存在”，等等。

在自然语言中，量项和联项结合也是多样化的，如上例（2）、（3）中使用“无……不”“莫非”等表示全称肯定判断。

在自然语言中，全称量项、联项有时被省略，如上例（5）中就省略了全称量项，上例（1）、（6）就省略了联项。

将自然语言中的性质判断整理为标准形式，需要注意两点：

第一，不能改变判断的原意。

第二，同一判断，可以整理为不同的标准形式。如上例中（5）既可以整理为一个全称肯定判断“所有的虚名都是不能长久的”，也可以整理为一个全称否定判断“所有的虚名都不是能够长久的”。

四、同素材的性质判断之间的真假关系

同素材的性质判断指的是主项、谓项均相同的判断。

例 3.2.10

（1）有些蔬菜是水果。

（2）有些蔬菜不是水果。

（3）有些蔬菜是绿色食品。

（4）有些野果是水果。

（5）有些野果不是绿色食品。

在上例中，（1）和（2）是同素材的性质判断，但是（2）、（3）、（4）、（5）都不是同素材的性质判断。

不同素材的性质判断之间一般没有真假制约关系。如假设“所有的香瓜都是甜的”为真，不能推知“有的苦瓜是甜的”的真假，因为这两个性质判断的素材不同。但是同素材的性质判断之间存在真假制约关系，如假设“所有的香瓜都是甜的”为真，就可以推知“有的香瓜不是甜的”为假。

作为两个概念，性质判断的主项 S 和谓项 P 之间的关系不外乎有五种：同一关系、真包含于关系、真包含关系、交叉关系和全异关系。下表列出了同素材的 A、E、I、O 四个性质判断在这五种可能情况下的真假状况。本书通常用“1”表示“真”、用“0”表示“假”。

S和P之间的关系 / 判断的真假 / 判断形式					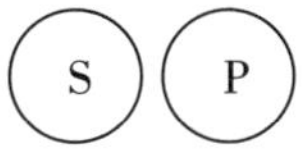
SAP	1	1	0	0	0
SEP	0	0	0	0	1
SIP	1	1	1	1	0
SOP	0	0	1	1	1

因为性质判断的主项 S 和谓项 P 之间只能有上述五种关系，所以上表给出了同素材的 A、E、I、O 四个性质判断在所有可能情况下的真假

状况。下面依次用实例说明之：

第一列，S 和 P 是同一关系。如 S 为“土豆”，P 为“马铃薯”，这时，SAP“所有的土豆都是马铃薯”为真，SEP“所有的土豆都不是马铃薯”为假，SIP“有的土豆是马铃薯”为真，SOP“有的土豆不是马铃薯”为假。

第二列，S 和 P 是真包含于关系。如 S 为“蘑菇”，P 为“菌类生物”，这时，SAP“所有的蘑菇都是菌类生物”为真，SEP“所有的蘑菇都不是菌类生物”为假，SIP“有的蘑菇是菌类生物”为真，SOP“有的蘑菇不是菌类生物”为假。

第三列，S 和 P 是真包含关系。如 S 为“蘑菇”，P 为“香菇”，这时，SAP“所有的蘑菇都是香菇”为假，SEP“所有的蘑菇都不是香菇”为假，SIP“有的蘑菇是香菇”为真，SOP“有的蘑菇不是香菇”为真。

第四列，S 和 P 是交叉关系。如 S 为“水产品”，P 为“商品”，这时，SAP“所有的水产品都是商品”为假，SEP“所有的水产品都不是商品”为假，SIP“有的水产品是商品”为真，SOP“有的水产品不是商品”为真。

第五列，S 和 P 是全异关系。如 S 为“乌贼”，P 为“螃蟹”，这时，SAP“所有的乌贼都是螃蟹”为假，SEP“所有的乌贼都不是螃蟹”为真，SIP“有的乌贼是螃蟹”为假，SOP“有的乌贼不是螃蟹”为真。

由上表可以看出，同素材的 A、E、I、O 四个性质判断之间存在如下的真假关系。

1. 矛盾关系

分别存在于 A 和 O、E 和 I 之间。具有矛盾关系的两个判断，既不能同真，也不能同假。即如果一个判断是真的，则另一个判断就是假的；

如果一个判断是假的，则另一个判断就是真的。

2. 反对关系

存在于 A 和 E 之间。具有反对关系的两个判断，不能同真，可以同假。即如果一个判断是真的，则另一个判断就是假的；如果一个判断是假的，则另一个判断真假不定。

3. 下反对关系

存在于 I 和 O 之间。具有下反对关系的两个判断，不能同假，可以同真。即如果一个判断是假的，则另一个判断就是真的；如果一个判断是真的，则另一个判断真假不定。

4. 差等关系

分别存在于 A 和 I 、E 和 O 之间。具有差等关系的两个判断，一个是全称判断，一个是特称判断。具有差等关系的两个判断之间具有如下的真假关系：如果全称判断是真的，则特称判断也是真的；如果全称判断是假的，则特称判断真假不定；如果特称判断是真的，则全称判断真假不定；如果特称判断是假的，则全称判断也是假的。

同素材的 A 、E 、I 、O 四个性质判断之间所存在的关系，可以用如下的逻辑方阵图来表示：

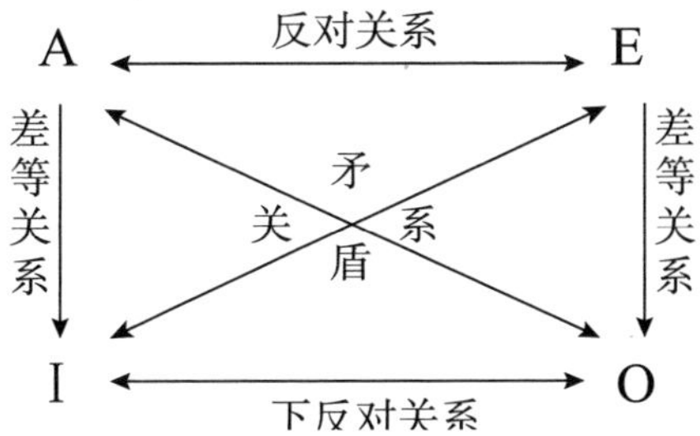

同素材的A、E、I、O四个性质判断之间所存在的上述关系，一般称为A、E、I、O之间的对当关系。

根据同素材的A、E、I、O之间的对当关系，我们可以由其中一个判断的真假推知其他三个判断的真假。

例 3.2.11

假设“所有天长人都不是定远人”真，求同素材的其他判断的真假。

解析：“所有天长人都不是定远人”是一个E判断。

根据矛盾关系，如果E判断是真的，则I判断是假的，即“有的天长人是定远人”假；

根据反对关系，如果E判断是真的，则A判断是假的，即“所有天长人都是定远人”假；

根据差等关系，如果E判断是真的，则O判断是真的，即“有的天长人不是定远人”真。

例 3.2.12

假设“有的安阳人是南阳人”假，求同素材的其他判断的真假。

解析：“有的安阳人是南阳人”是一个I判断。

根据矛盾关系，如果I判断是假的，则E判断是真的，即“所有安阳人都不是南阳人”真；

根据下反对关系，如果I判断是假的，则O判断是真的，即“有的安阳人不是南阳人”真；

根据差等关系，如果I判断是假的，则A判断是假的，即“所有安阳人都是南阳人”假。

例 3.2.13

在对某局一处室人员学历情况进行调查统计时，调查统计人员从不同渠道获得了如下几条不同的调查信息：

（1）该处室有人是本科毕业；

（2）该处室有人不是本科毕业；

（3）该处室王科长不是本科毕业。

最后，经过进一步核实，发现上述信息只有一条是真的，那么该处室的李处长是不是本科毕业？

解析："该处室有人是本科毕业""该处室有人不是本科毕业"分别是同素材的I判断和O判断，它们之间是下反对关系。对于具有下反对关系的两个判断，如果一个判断是假的，则另一个判断就是真的。因此它们之中至少有一个是真的，根据题意，三条信息中只有一条是真的，可见，"该处室有人是本科毕业"和"该处室有人不是本科毕业"两个判断中有且只有一个是真的，那么另一条信息"该处室王科长不是本科毕业"就是假的，由此可见，"该处室王科长是本科毕业"是真的。由此可得，"该处室有人是本科毕业"为真。因此，"该处室有人不是本科毕业"为假，根据矛盾关系，如果O判断为假，则A判断为真，即"该处室所有人都是本科毕业"为真，由此可得，该处室的李处长是本科毕业。

在同素材的A、E、I、O之间的对当关系中，矛盾关系是基本的，由矛盾关系加上其他三种关系中的任一个都可以将其他两种关系推导出来。

例 3.2.14

已知在同素材的A、E、I、O之间，矛盾关系和反对关系成立，试证明差等关系、下反对关系也成立。

证明：

（1）先证明差等关系成立

假设A真，那么根据反对关系可得E假；由E假，根据矛盾关系可得I真。

假设A假，那么根据反对关系可得E真假不定；由E真假不定，根据矛盾关系可得I真假不定。

假设I真，那么根据矛盾关系可得E假；由E假，根据反对关系可得A真假不定。

假设I假，那么根据矛盾关系可得E真；由E真，根据反对关系可得A假。

因此，A和I之间的差等关系成立。

同理可证，E和O之间的差等关系也成立。

（2）再证下反对关系成立

假设I假，那么根据矛盾关系可得E真；由E真，根据反对关系可得A假；由A假，根据矛盾关系可得O真。同理可证，如果O假则I真。

假设I真，那么根据矛盾关系可得E假；由E假，根据反对关系可得A真假不定；由A真假不定，根据矛盾关系可得O真假不定。同理可证，如果O真则I真假不定。

因此，I和O之间的下反对关系成立。

五、性质判断主、谓项的周延性

在一个性质判断中，如果其主项（或谓项）的全部外延都得到了断定，就称该主项（或谓项）是周延的；否则，就称该主项（或谓项）是不周延的。

对于性质判断的四种基本形式A、E、I、O而言，主、谓项的周延性如下：

（1）全称判断 A、E 的主项是周延的。

全称量项“所有”即明确指出主项的全部外延都得到了断定。

（2）特称判断 I、O 的主项是不周延的。

特称量项“有的”即明确指出主项的全部外延没有都得到断定。

（3）肯定判断 A、I 的谓项是不周延的。

对于 A 判断而言，SAP 断定的是“所有的 S 都是 P”，即断定 S 的外延全部都在 P 的外延之中，但是并没有断定 P 的外延都在 S 的外延之中。如，“所有的教授都是教师”断定的是“教授”的全部外延都在“教师”的外延之中，并没有断定“教师”的全部外延都在“教授”的外延之中，实际上，也只有“教师”的部分外延在“教授”的外延之中。所以，性质判断的基本形式 SAP 的谓项是不周延的。

对于 I 判断而言，SIP 断定的是“有的 S 是 P”，即断定部分 S 的外延在 P 的外延之中，但是并没有断定 P 的外延都在 S 的该部分外延之中。如，“有的教授是博士”断定的是“教授”的部分外延（即既是教授又是博士的）在“博士”的外延之中，并没有断定“博士”的全部外延都在“教授”的该部分外延（即既是教授又是博士的）之中，实际上，存在不是教授的博士，即只有“博士”的部分外延在“教授”的该部分外延（即既是教授又是博士的）之中。所以，性质判断的基本形式 SIP 的谓项也是不周延的。

（4）否定判断 E、O 的谓项是周延的。

对于 E 判断而言，SEP 断定的是“所有的 S 都不是 P”，即断定 S 的外延全部都不在 P 的外延之中，也即断定“所有的 S 都不是任一 P”，P 的全部外延都得到了断定。所以，性质判断的基本形式 SEP 其谓项是周延的。

对于 O 判断而言，SOP 断定的是“有的 S 不是 P”，即断定 S 的部分外延不在 P 的外延之中，也即断定“有部分 S 不是任一 P”，P 的全部外延都得到了断定。所以，性质判断的基本形式 SOP 其谓项也是周延的。

综上所述，性质判断的四种基本形式 A、E、I、O 主、谓项的周延情况如下表：

判断形式	主项	谓项
A	周延	不周延
E	周延	周延
I	不周延	不周延
O	不周延	周延

第三节 关系判断

本节所讨论的关系判断指的是简单判断中的关系判断。

一、关系判断的结构

关系判断由关系者项、关系项和量项三部分构成。

例 3.3.1

（1）有些诤言胜过所有的阿谀奉承。

（2）余干县位于南昌市和万年县之间。

关系者项表示具有关系判断所断定关系的若干对象，即关系判断的主项，如上例（1）中的关系者项是“诤言”和“阿谀奉承”，上例（2）

中的关系者项是“余干县”“南昌市”“万年县”。

关系项表示关系判断所断定的关系，即关系判断的谓项，如上例（1）中的关系项是“胜过”，上例（2）中的关系项是“位于……和……之间”。存在于两个对象之间的关系称为二元关系，存在于三个对象之间的关系称为三元关系，一般地，存在于 n 个对象之间的关系称为 n 元关系。

量项表示关系者项被断定的数量或范围。如上例（1）中的量项是“有些”和“所有的”。如果关系者项是单独概念，则一般省略量项，如上例（2）。

对于两个单独的对象 a、b，二元关系判断可以表示为：

$$R(a, b)$$

也可以表示为：

$$aRb$$

这里，R 是关系项，a、b 是两个单独的关系者项。

类似地，对于三个单独的对象 a、b、c，三元关系判断可以表示为：

$$R(a, b, c)$$

一般地，对于 n 个单独的对象 a_1，a_2，……，a_n，n 元关系判断可以表示为：

$$R(a_1, a_2, \cdots\cdots, a_n)$$

二、关系的性质

不同性质的关系具有不同的逻辑特征，下面我们从自反、对称、传递的角度来讨论关系的不同性质。

1. 自反

自反关系：如果对于特定论域中的任一对象 x，都有 R（x，x）成立，那么称关系 R 为该论域上的自反关系。

非自反关系：如果在特定论域中，存在对象 x，R（x，x）不成立，那么称关系 R 为该论域上的非自反关系。

反自反关系：如果对于特定论域中的任一对象 x，R（x，x）都不成立，那么称关系 R 为该论域上的反自反关系。

例 3.3.2

（1）△ ABC 与△ DEF 相似。

（2）钟会了解邓艾。

（3）珞珈山在东湖的西边。

在上例（1）中，因为任一“三角形”都与自身相似，所以“相似”就是“三角形”这个论域上的自反关系。在上例（2）中，因为有些人并不了解自己，钟会并不一定了解自己，邓艾也不一定了解自己，了解自己不成立，所以“了解”就是“人”这个论域上的非自反关系。在上例（3）中，因为任一地点都不可能在自己的西边，所以“在……的西边”就是“地点”这个论域上的反自反关系。

关系的性质是相对于特定的论域而言的，如在上例（2）中，如果假设某群体 M 中人人都了解自己，那么“了解”就是“M”这个论域上的自反关系。

2. 对称

对称关系：如果对于特定论域中的任一对象 x 和任一对象 y，若 R（x，y）成立，则 R（y，x）一定成立，那么称关系 R 为该论域上的对称关系。

非对称关系：如果在特定论域中，存在对象 x、y，R（x，y）成立但是 R（y，x）不成立，那么称关系 R 为该论域上的非对称关系。

反对称关系：如果对于特定论域中的任一对象 x 和任一对象 y，若 R（x，y）成立，则 R（y，x）一定不成立，那么称关系 R 为该论域上的反对称关系。

例 3.3.3

（1）婺源县和弋阳县是同一个省的。

（2）小明认识吴彦祖。

（3）玄武门之变发生在安史之乱之前。

在上例（1）中，因为对于任一一个县 A 和 B，若 A 和 B 是同一个省的，那么 B 和 A 一定也是同一个省的，所以“……和……是同一个省的”就是“县”这个论域上的对称关系。在上例（2）中，因为有些人认识很多明星，但是反过来，这些明星并不认识他们，所以“认识”就是“人”这个论域上的非对称关系。在上例（3）中，因为对于任一两个历史事件 A 和 B，若 A 在 B 之前，那么 B 一定不在 A 之前，所以“……在……之前”就是“历史事件”这个论域上的反对称关系。

3. 传递

传递关系：如果对于特定论域中的任一对象 x、任一对象 y 和任一对象 z，若 R（x，y）和 R（y，z）成立，则 R（x，z）一定成立，那么称关系 R 为该论域上的传递关系。

非传递关系：如果在特定论域中，存在对象 x、y、z，R（x，y）和 R（y，z）成立但是 R（x，z）不成立，那么称关系 R 为该论域上的非传递关系。

反传递关系：如果对于特定论域中的任一对象 x、任一对象 y 和任一对象 z，若 R（x，y）和 R（y，z）成立，则 R（x，z）一定不成立，那么称关系 R 为该论域上的反传递关系。

例 3.3.4

（1）6 能被 3 整除。

（2）柏拉图是亚历山大的老师。

（3）邓曼是楚文王的母亲。

在上例（1）中，因为对于任意正整数 A、B 和 C，若 A 能被 B 整除并且 B 能被 C 整除，那么 A 一定能被 C 整除，所以“……能被……整除”就是“正整数”这个论域上的传递关系。在上例（2）中，因为柏拉图是亚里士多德的老师，亚里士多德是亚历山大的老师，但是柏拉图并不是亚历山大的老师，所以“……是……老师”就是“人”这个论域上的非传递关系。在上例（3）中，因为对于任一一个 A、B 和 C，若 A 是 B 的母亲并且 B 是 C 的母亲，那么 A 一定不是 C 的母亲，所以“……是……的母亲”就是“人”这个论域上的反传递关系。

思考题

1. 同素材的 A、E、I、O 四个性质判断除了文中提及的四种关系之外，是否还存在其他关系？

2. 根据对当关系，指出能驳斥下列判断的相应判断。

（1）院子里至少有些花草是名贵的。

（2）院子里至少有些花草不是名贵的。

（3）院子里所有的菊花都是野生的。

（4）院子里所有的菊花都不是野生的。

3. 以自然数为论域，给出其上的自反、非自反、反自反、对称、非对称、反对称、传递、非传递和反传递关系。

参考答案

1. I 和 A 之间、O 和 E 之间还存在逆差等关系。

2.（1）院子里的花草都不是名贵的。

（2）院子里花草都是名贵的。

（3）院子里至少有些菊花不是野生的。

（4）院子里至少有些菊花是野生的。

3. 自反关系：相等关系；非自反：x、y 两者之和能被 6 整除；反自反：小于关系；对称：互质关系；非对称：整除关系；反对称：大于关系；传递：大于关系；非传递：互质关系；反传递关系：x 是 y 的两倍。

第四讲
准确判断（二）：复合判断

购房者：你们上面写着“买房送家具”，可是买了你们的房，怎么没送家具啊？

售楼员：您买了吗？

购房者：什么叫我买了吗？

售楼员：您没买我们怎么送啊？

购房者：不，你们怎么个送法啊？

售楼员：就是您在家具店买了我们免费给您送家去。[①]

复合判断就是自身中包含有其他判断的判断。

例 4.0.1

（1）并非经过验证的理论都是正确的。

（2）叶香胜过花香，这是可能的。

（3）天意怜幽草，人间重晚晴。[②]

（4）只有坚持不懈，才能获得成功。

（5）或者你选择，或者你被选择。

（6）如果所有的思想都是清楚的，那么就没有思想需要解释了；如果所有的思想都不是清楚的，那么就没有思想能解释清楚。

在上例中，（1）包含一个简单性质判断，（2）包含一个简单关系判

① 改编自 2008 年央视春晚小品《梦幻家园》。
② 〔唐〕李商隐：《晚晴》。

断，（3）包含两个简单关系判断，（4）、（5）都包含两个简单性质判断，（6）包含两个复合判断，因此，它们都是复合判断。

与简单判断相比，复合判断具有以下几个特点：

第一，复合判断都包含别的判断，有些复合判断甚至包含其他复合判断。构成复合判断的判断称为支判断。

第二，复合判断一般是由“联结词”联结支判断构成。如在上例中，“并非”“这是可能的”“只有……才……”“或者……或者……”“如果……那么……”等都是联结词。

第三，复合判断的真假由其支判断的真假和逻辑联结词的性质决定。

本讲主要讨论几种常见的复合判断的逻辑特征。

第一节 联言判断

一、什么是联言判断

联言判断就是断定几种事物情况同时存在的判断。

例 4.1.1

（1）唐代的王维不但是大诗人，而且是著名的书画家。

（2）君子博学而日参省乎己。[1]

（3）春风一夜吹乡梦，又逐春风到洛城。[2]

（4）刘郎已恨蓬山远，更隔蓬山一万重。[3]

---

① 《荀子·劝学》。
② 〔唐〕武元衡：《春兴》。
③ 〔唐〕李商隐：《无题四首（其一）》。

上例中的句子都是联言判断。

联言判断的命题形式是：

p 并且 q。

其中，p、q 称作联言支，“并且”是一个联言判断的联结词。联言判断的联结词通常也用符号“∧”来表示，联言判断的命题形式有时也写作：

$$p \wedge q。$$

读作：p 合取 q。

特别需要注意的是，在自然语言中，“并且”的含义是非常丰富的，有时表示递进关系，如“黄山不仅是世界自然遗产，并且是世界文化遗产”；有时还含有时间上的先后关系，如“他不仅通过了半决赛，并且在决赛中获得了冠军”。但是，联言判断的命题形式“p 并且 q”中的联结词“并且”并不含有自然语言中的诸多含义，它只表达一种确定的意思：断定几种事物情况同时存在。在下文中，对于其他命题形式中出现的联结词均有如此类似的情况，不再另作说明。

在自然语言中，表示联言判断的联结词是多种多样的。如：“而且”“而”“不但……而且……”“既……又……”“不仅……还……”“虽然……但是……”，等等。

在自然语言中，还有大量的联言判断不使用联结词。

例 4.1.2

（1）天行健，君子以自强不息；地势坤，君子以厚德载物。[①]

（2）锦瑟无端五十弦，一弦一柱思华年。庄生晓梦迷蝴蝶，望帝春心托杜鹃。沧海月明珠有泪，蓝田日暖玉生烟。此情可待成追忆，只是

① 《周易·乾卦》。

当时已惘然。[①]

上例（1）的复合判断就是一个没有使用联结词的联言判断，上例（2）的每一句都是一个复合判断，基本上都没有使用联结词。

联言支的主项或者谓项如果相同，则联言判断可以省略掉一个主项或者谓项。

例 4.1.3

（1）李广是西汉名将，曾任卫将军。

（2）杜甫、李白都是影响久远的伟大诗人。

二、联言判断真假的确定

联言判断既然是断定几种事物情况同时存在的判断，那么一个联言判断为真当且仅当其联言支都为真。即只有当联言支都真时，联言判断才为真；当联言支至少有一个为假时，联言判断就为假。

例如，"这套家具是明代的，并且是檀木的"这个联言判断要为真，只有当"这套家具是明代的"和"这套家具是檀木的"这两个联言支都真时，该联言判断才为真；当"这套家具是明代的"和"这套家具是檀木的"这两个联言支至少有一个为假时，该联言判断就为假。我们可以将上述情况排列如下表：

这套家具是明代的	这套家具是檀木的	这套家具是明代的，并且是檀木的
1	1	1
1	0	0
0	1	0
0	0	0

一般地，一个联言判断的真假情况可以用下表来表示：

① 〔唐〕李商隐：《锦瑟》。

p	q	p ∧ q
1	1	1
1	0	0
0	1	0
0	0	0

通常把上面这样的表称作“真值表”。实际上，真值表是对命题形式“p 并且 q”或者“p ∧ q”的含义的最准确的表达之一。

“p ∧ q”的真值特征是：只有在 p、q 都真时，“p ∧ q”才为真；其余情况下，“p ∧ q”均为假。

第二节　选言判断

一、什么是选言判断

选言判断就是断定几种事物情况至少有一种存在的判断。

例 4.2.1

（1）时间或者有始，或者有终。

（2）要么一战成名，要么一败涂地。

（3）一部好的作品，或者思想深刻，或者艺术精湛。

上例中的句子都是选言判断。

选言判断的支判断被称为选言支。两个选言支的主项或者谓项如果相同，在自然语言中，可以省略掉其中的一个。

例 4.2.2

（1）巴西队或者德国队将最终夺冠。

（2）李煜要么做个好君主，要么做一个好词人。

选言支所断定的几种事物情况，有时是能够同时成立的，有时是不能同时成立的。

例 4.2.3

（1）二虎相争，或者甲伤，或者乙伤。

（2）第一个登上“木卫二”的要么是美国人，要么不是美国人。

在上例（1）中，因为可能两虎均伤，所以例（1）中的两个选言支“甲伤”和“乙伤”是能够同时成立的。在上例（2）中，因为任何一个人不可能既是美国人又不是美国人，所以例（2）中的两个选言支“第一个登上‘木卫二’的是美国人”和“第一个登上‘木卫二’的不是美国人”是不能同时成立的。

如果选言支所断定的几种事物情况能够同时成立，则称这个选言判断的选言支相容；如果选言支所断定的几种事物情况不能够同时成立，则称这个选言判断的选言支不相容。

二、选言判断的种类

根据选言支是否相容，可以将选言判断划分为相容选言判断和不相容选言判断。

1. 相容选言判断

因为相容选言判断的选言支相容，所以，相容选言判断就是断定几个选言支中至少有一个为真并且可以同时为真的选言判断。

相容选言判断的命题形式是：

p 或者 q 。

其中，p 、q 是选言支，“或者”是一个相容选言判断联结词。相容选言判断的联结词通常也用符号“∨”来表示，相容选言判断的命题形式有时也写作：

$$p \vee q。$$

读作：p 析取 q。

在自然语言中，表示相容选言判断的联结词是多种多样的。如：“或许”“或许……或许……”“可能……可能……”，等等。

例 4.2.4

（1）在这盘象棋比赛中，或许慕容芬不能战胜上官诚，或许上官诚不能战胜慕容芬。

（2）双向选择，可能是你选择对方，也可能是对方选择你。

相容选言判断既然是断定能够同时成立的几种事物情况至少有一种存在的判断，那么一个相容选言判断为真当且仅当其选言支至少有一个为真。即只要选言支有一个或者一个以上为真，相容选言判断就为真；只有当选言支都为假时，相容选言判断才为假。

例如，“九嶷山中或者有奇花，或者有异草”这个相容选言判断要为真，只要选言支“九嶷山中有奇花”和“九嶷山中有异草”有一个为真或者两个都为真，那么该相容选言判断就为真；只有当选言支“九嶷山中有奇花”和“九嶷山中有异草”都为假时，相容选言判断才为假。我们可以将上述情况排列如下表：

九嶷山中有奇花	九嶷山中有异草	九嶷山中或者有奇花，或者有异草
1	1	1
1	0	1
0	1	1
0	0	0

一般地，一个相容选言判断的真假情况可以用如下的真值表来表示：

p	q	p ∨ q
1	1	1
1	0	1
0	1	1
0	0	0

“p ∨ q”的真值特征是：只有在 p、q 都为假时，“p ∨ q”才为假；其余情况下，“p ∨ q”均为真。

2. 不相容选言判断

因为不相容选言判断的选言支不相容，所以，不相容选言判断就是断定几个选言支中恰好有一个为真的选言判断。

不相容选言判断的命题形式是：

要么 p，要么 q。

其中，p、q 是选言支，“要么……要么……”是一个不相容选言判断联结词。不相容选言判断的联结词通常也用符号“$\dot{\vee}$”来表示，不相容选言判断的命题形式有时也写作：

$$p \dot{\vee} q。$$

读作：p 不相容析取 q。

在自然语言中，表示不相容选言判断的联结词是多种多样的。如：“……二者择其一”“或者……或者……二者只居其一”“可能……可能……二者不可得兼”，等等。

例 4.2.5

（1）这粒种子要么是葵花籽，要么是松子。

（2）或者洁身自好，或者同流合污，二者必居其一。

不相容选言判断既然是断定不能同时成立的几种事物情况至少有一种存在的判断，那么一个不相容选言判断为真当且仅当其选言支恰好有一个为真。即只有当选言支至少有一个并且至多有一个为真时，不相容选言判断才为真；否则，不相容选言判断为假。

例如，“要么苟且偷生，要么取义成仁”这个不相容选言判断要为真，只有当选言支“苟且偷生”和“取义成仁”恰好有一个为真时，该不相容选言判断才为真；当选言支“苟且偷生”和“取义成仁”都真或者都假时，不相容选言判断为假。我们可以将上述情况排列如下表：

苟且偷生	取义成仁	要么苟且偷生，要么取义成仁
1	1	0
1	0	1
0	1	1
0	0	0

一般地，一个不相容选言判断的真假情况可以用如下的真值表来表示：

p	q	$p \dot\vee q$
1	1	0
1	0	1
0	1	1
0	0	0

“$p \dot\vee q$”的真值特征：只有在 p、q 的值不同时，“$p \dot\vee q$”才为真；其余情况下，“$p \dot\vee q$”均为假。

第三节 假言判断

一、什么是假言判断

假言判断就是断定某一事物情况的存在（或不存在）是另一事物情况存在（或不存在）的条件的判断。假言判断亦称条件判断。

例 4.3.1

（1）如果布谷鸟叫了，那么夏天就到了。

（2）只有尊重别人，才能赢得别人的尊重。

（3）只要思考，就会有所发现；也只有思考，才能有所发现。

（4）不经一番寒彻骨，怎得梅花扑鼻香。①

（5）逢人不说人间事，便是人间无事人。②

上例中的句子都是假言判断。

假言判断由两个支判断构成，前一个支判断称为假言判断的前件，后一个支判断称为假言判断的后件。

两个事物情况之间存在各种各样的条件关系，逻辑学主要研究充分条件、必要条件和充分必要条件这三种条件关系。

对于两个事物情况 p 和 q，如果有 p，就必定有 q，则称 p 是 q 的充分条件。如“这个几何图形是正方形”就是“这个图形的四个角相等”的充分条件。因为，如果“这个几何图形是正方形”成立，那么“这个图形的四个角相等”也一定成立。

---

① 〔唐〕黄蘖禅师：《上堂开示颂》。
② 〔唐〕杜荀鹤：《赠质上人》。

对于两个事物情况 p 和 q，如果没有 p，就必定没有 q，则称 p 是 q 的必要条件。如“这个几何图形是四边形”就是“这个图形是菱形”的必要条件。因为，如果“这个几何图形是四边形”不成立，那么“这个图形是菱形”也一定不成立。

对于两个事物情况 p 和 q，如果有 p，就必定有 q；如果没有 p，就必定没有 q，则称 p 是 q 的充分必要条件。如“这个三角形三条边相等”就是“这个三角形三个角相等”的充分必要条件。因为，如果“这个三角形三条边相等”成立，那么“这个三角形三个角相等”也一定成立；并且，如果“这个三角形三条边相等”不成立，那么“这个三角形三个角相等”也一定不成立。

二、假言判断的种类

根据所断定事物间条件关系的不同，假言判断也有不同的形式：充分条件假言判断、必要条件假言判断和充分必要条件假言判断。

1. 充分条件假言判断

充分条件假言判断指的是断定事物情况之间具有充分条件关系的假言判断。

例 4.3.2

（1）如果物体相互摩擦，那么物体就会生热。

（2）只要你不断努力，就有可能成功。

上例中的句子都是充分条件假言判断。

充分条件假言判断的命题形式是：

如果 p，那么 q。

其中，p 是充分条件假言判断的前件，q 是充分条件假言判断的后件，“如果……那么……”是一个充分条件假言判断联结词。充分条件假言判断的联结词通常也用符号“→”来表示，充分条件假言判断的命题形式有时也写作：

$$p \rightarrow q。$$

读作：p 蕴涵 q。

在自然语言中，表示充分条件假言判断的联结词是多种多样的。如：“如果……则……”“……就……”“一旦……就……”“若……则……”“……则……”等。

充分条件假言判断既然是断定事物情况之间具有充分条件关系的假言判断，那么一个充分条件假言判断为真当且仅当其前件为真，则后件一定为真。即只有在前件真、后件假时，充分条件假言判断才为假；其他情况下，充分条件假言判断均为真。

例如，“如果太阳落山了，那么天暗下来了”这个充分条件假言判断只有在前件真、后件假时，即在“太阳落山了，但是天没有暗下来”的情况下，该充分条件假言判断才为假；而在“太阳落山了，天也暗下来了”“太阳没落山，但天暗下来了”“太阳没落山，天也没暗下来”等三种情况下，该充分条件假言判断均为真。我们可以将上述情况排列如下表：

太阳落山了	天暗下来了	如果太阳落山了，那么天暗下来了
1	1	1
1	0	0
0	1	1
0	0	1

一般地，一个充分条件假言判断的真假情况可以用如下的真值表来表示：

p	q	$p \to q$
1	1	1
1	0	0
0	1	1
0	0	1

“$p \to q$”的真值特征是：只有在p真q假时，“$p \to q$”才为假；其余情况下，“$p \to q$”均为真。

2. 必要条件假言判断

必要条件假言判断指的是断定事物情况之间具有必要条件关系的假言判断。

例 4.3.3

（1）只有亲自登上黄山，才能真正感受到黄山的秀美。

（2）除非你理解世上最令人发笑的趣事，你才能解决最为棘手的难题。

上例中的句子都是必要条件假言判断。

必要条件假言判断的命题形式是：

只有p，才q。

其中，p是必要条件假言判断的前件，q是必要条件假言判断的后件，“只有……才……”是一个必要条件假言判断联结词。必要条件假言判断的联结词通常也用符号“←”来表示，必要条件假言判断的命题形式有时也写作：

$$p \leftarrow q。$$

读作：p逆蕴涵q。

在自然语言中，表示必要条件假言判断的联结词是多种多样的。如：

“若非……哪得……”“没有……没有……”“除非……不……”等。

必要条件假言判断既然是断定事物情况之间具有必要条件关系的假言判断，那么一个必要条件假言判断为真当且仅当其前件为真，后件才为真。即只有在前件为假但后件为真时，必要条件假言判断才为假；其他情况下，必要条件假言判断均为真。

例如，“只有到了一个月的中旬，你才能看到圆月”这个必要条件假言判断只有在前件假、后件真时，即在“没到一个月的中旬，但是却看到了圆月”的情况下，该必要条件假言判断才为假；而在“到了一个月的中旬，你看到了圆月”“到了一个月的中旬，但你没能看到圆月”“没到一个月的中旬，你没能看到圆月”等三种情况下，该必要条件假言判断均为真。我们可以将上述情况排列如下表：

到了一个月的中旬	你看到圆月	只有到了一个月的中旬，你才能看到圆月
1	1	1
1	0	1
0	1	0
0	0	1

一般地，一个必要条件假言判断的真假情况可以用如下的真值表来表示：

p	q	$p \leftarrow q$
1	1	1
1	0	1
0	1	0
0	0	1

“$p \leftarrow q$”的真值特征是：只有在 p 假 q 真时，“$p \leftarrow q$”才假；其余情况下，“$p \leftarrow q$”均真。

充分条件假言判断和必要条件假言判断可相互转化：如果 p 是 q 的充分条件，那么 q 是 p 的必要条件；如果 q 是 p 的必要条件，那么 p 是 q 的充分条件。

3. 充分必要条件假言判断

充分必要条件假言判断指的是断定事物情况之间具有充分必要条件关系的假言判断。

例 4.3.4

（1）一个孩子成为大人当且仅当他意识到自己有犯错误的权利。

（2）如果你谦虚，那么将获得尊重；并且只有谦虚，你才能获得尊重。

上例中的句子都是充分必要条件假言判断。

充分必要条件假言判断的命题形式是：

p 当且仅当 q。

其中，p 是充分必要条件假言判断的前件，q 是充分必要条件假言判断的后件，“当且仅当”是一个充分必要条件假言判断联结词。充分必要条件假言判断的联结词通常也用符号“↔”来表示，充分必要条件假言判断的命题形式有时也写作：

$$p \leftrightarrow q。$$

读作：p 等值 q。

在自然语言中，表示充分必要条件假言判断的联结词是多种多样的。如：“……当且仅当……”，“如果……那么……，并且只有……才……”等。

充分必要条件假言判断既然是断定事物情况之间具有充分必要条件

关系的假言判断，那么一个充分必要条件假言判断为真当且仅当其前件、后件同为真或者同为假。即当前、后件真假相同时，充分必要条件假言判断为真；当前、后件真假不同时，充分必要条件假言判断为假。

例如，“两条直线平行，当且仅当同位角相等”这个充分必要条件假言判断只有在前、后件都为真或者都为假时，即在“两条直线平行，并且同位角相等”或者“两条直线并非平行，并且同位角不相等”的情况下，该充分必要条件假言判断为真；而在前、后件真假不同时，即在“两条直线并非平行，但同位角相等”或者“两条直线平行，但同位角不相等”的情况下，该充分必要条件假言判断为假。我们可以将上述情况排列如下表：

两条直线平行	同位角相等	两条直线平行，当且仅当同位角相等
1	1	1
1	0	0
0	1	0
0	0	1

一般地，一个充分必要条件假言判断的真假情况可以用如下的真值表来表示：

p	q	$p \leftrightarrow q$
1	1	1
1	0	0
0	1	0
0	0	1

“$p \leftrightarrow q$”的真值特征是：只有在 p 、q 值相等时，“$p \leftrightarrow q$”才为真；其余情况下，“$p \leftrightarrow q$”均为假。

第四节　负判断

一、什么是负判断

负判断就是否定某个判断的判断。负判断又叫判断的否定判断，简称判断的否定。前面所述的复合判断都有两个或者两个以上的支判断，但是负判断只有一个支判断。

例 4.4.1

（1）并非事事皆如所愿。

（2）不是齐国一出兵，魏国就解除了对赵国都城邯郸的围攻。

上例中的句子都是负判断。在例（1）中，其支判断是“事事皆如所愿”；在例（2）中，其支判断是“齐国一出兵，魏国就解除了对赵国都城邯郸的围攻”。

负判断和简单性质判断中的否定判断不同，负判断否定的是一个判断，而简单性质判断中的否定判断否定的是一个性质。

例 4.4.2

（1）不是所有的胆怯都是勇敢。

（2）所有的胆怯都不是勇敢。

上例（1）中的句子是一个负判断，它否定的是支判断“所有的胆怯都是勇敢”；上例（2）中的句子是一个否定判断，它否定的是性质“勇敢”。

负判断的命题形式是：

并非 p。

其中，p 是负判断的支判断，“并非”是一个负判断联结词。负判断的联结词通常也用符号“¬”来表示，负判断的命题形式有时也写作：

$$\neg p。$$

读作：非 p。

在自然语言中，表示负判断的联结词主要有“并非”“不是”“这不是事实”，等等。

负判断既然是对某个判断进行否定，那么一个负判断为真当且仅当其支判断为假。即如果支判断为真，则负判断为假；如果支判断为假，则负判断为真。

例如，如果支判断“芍药灿若牡丹”为真，则负判断“并非芍药灿若牡丹”为假；如果支判断“芍药灿若牡丹”为假，则负判断“并非芍药灿若牡丹”为真。我们可以将上述情况排列如下表：

芍药灿若牡丹	并非芍药灿若牡丹
1	0
0	1

一般地，一个负判断的真假情况可以用如下的真值表来表示：

p	¬p
1	0
0	1

“¬p”的真值特征是：¬p 与 p 的真值相反。

负判断的支判断可以是一个简单判断，也可以是一个复合判断，因此，负判断可以分为简单判断的负判断和复合判断的负判断。

二、简单判断的负判断

前文所述的六种简单判断，它们的负判断分别为：

（1）并非这个 S 是 P。

（2）并非这个 S 不是 P。

（3）并非所有 S 都是 P。

（4）并非所有 S 都不是 P。

（5）并非有的 S 是 P。

（6）并非有的 S 不是 P。

如果命题均为真或者均为假，则称这两个命题等值；如果两个命题形式，不论其中的变项代入什么内容，所得到的两个命题均等值，则称这两个命题形式等值。不难给出与上述负判断命题形式相等值的命题形式。

（1）“并非这个 S 是 P”等值于“这个 S 不是 P”。

如“并非北京是大唐都城”等值于“北京不是大唐都城”。

（2）“并非这个 S 不是 P”等值于“这个 S 是 P”。

如“并非项羽不是真英雄”等值于“项羽是真英雄”。

（3）“并非所有 S 都是 P”等值于“有的 S 不是 P”。

如“并非所有的梦想都是彩色的”等值于“有些梦想不是彩色的”。

（4）“并非所有 S 都不是 P”等值于“有的 S 是 P”。

如“并非所有的花都不是夜间开放的”等值于“有的花是夜间开放的”。

（5）“并非有的 S 是 P”等值于“所有 S 都不是 P”。

如“并非有的借口是理由”等值于“所有的借口都不是理由”。

（6）“并非有的 S 不是 P”等值于“所有 S 都是 P”。

如“并非有的诗人不是文学家”等值于“所有的诗人都是文学家”。

三、复合判断的负判断

前文所述的七种复合判断，它们的负判断分别为：

（1）并非（p 并且 q）。

（2）并非（p 或者 q）。

（3）并非（要么 p，要么 q）。

（4）并非（如果 p，那么 q）。

（5）并非（只有 p，才 q）。

（6）并非（p 当且仅当 q）。

（7）并非（并非 p）。

下面给出与上述负判断命题形式相等值的命题形式。

1.“并非（p 并且 q）”等值于“（并非 p）或者（并非 q）”

要判定命题形式“并非（p 并且 q）”和“（并非 p）或者（并非 q）”是否等值，就是要判定不论其中的变项 p、q 代入什么内容，所得到的两个命题均等值。这可以通过如下步骤来完成：

第一步，列出 p、q 代入具体内容后所有可能的真假情况：（1）p、q 都真；（2）p 真、q 假；（3）p 假、q 真；（4）p、q 都假。这可以列出如下真值表：

p	q
1	1
1	0
0	1
0	0

第二步，按照复合判断命题形式的真值表，逐次算出待比较的命题形式在各种情况下的真值：

p	q	p ∧ q	¬（p ∧ q）	¬p	¬q	（¬p）∨（¬q）
1	1	1	0	0	0	0
1	0	0	1	0	1	1
0	1	0	1	1	0	1
0	0	0	1	1	1	1

第三步，判定是否等值。从上表可以看出，命题形式“并非（p并且q）”和“（并非p）或者（并非q）”在四种情况下，真假均相同，所以，“并非（p并且q）”等值于“（并非p）或者（并非q）”。

例如，“并非物美价廉”等值于“或者物不美或者价不廉”。

2.“并非（p或者q）”等值于“（并非p）而且（并非q）”

这同样可以用真值表证明如下：

p	q	p ∨ q	¬（p ∨ q）	¬p	¬q	¬p ∧¬q
1	1	1	0	0	0	0
1	0	1	0	0	1	0
0	1	1	0	1	0	0
0	0	0	1	1	1	1

例如，“并非世家或者大族”等值于“既非世家亦非大族”。

3. “并非（要么 p，要么 q）”等值于“（p 而且 q）或者[（并非 p）并且（并非 q）]”

这同样可以用真值表证明如下：

p	q	$p \dot{\vee} q$	$\neg(p \dot{\vee} q)$	$p \wedge q$	$\neg p$	$\neg q$	$\neg p \wedge \neg q$	$(p \wedge q) \vee (\neg p \wedge \neg q)$
1	1	0	1	1	0	0	0	1
1	0	1	0	0	0	1	0	0
0	1	1	0	0	1	0	0	0
0	0	0	1	0	1	1	1	1

例如，“并非（要么对要么错）”等值于“（既对且错）或者（既不对又不错）”。

4. “并非（如果 p，那么 q）”等值于“p 而且（并非 q）”

这同样可以用真值表证明如下：

p	q	$p \rightarrow q$	$\neg(p \rightarrow q)$	$\neg q$	$p \wedge \neg q$
1	1	1	0	0	0
1	0	0	1	1	1
0	1	1	0	0	0
0	0	1	0	1	0

例如，“并非（如果登上泰山，则一定能够看到日出）”等值于“登上泰山但未必能看到日出”。

5. “并非（只有 p，才 q）”等值于“（并非 p）而且 q”

这同样可以用真值表证明如下：

p	q	p ← q	¬（p ↔ q）	¬p	¬p ∧ q
1	1	1	0	0	0
1	0	1	0	0	0
0	1	0	1	1	1
0	0	1	0	1	0

例如，“并非（只有党员才能当干部）”等值于“不是党员也能当干部”。

6.“并非（p 当且仅当 q）”等值于“[p 而且（并非 q）]或者[（并非 p）而且 q]”

这可以同样用真值表证明如下：

p	q	p ↔ q	¬（p ↔ q）	¬q	p ∧ ¬q	¬p	¬p ∧ q	(p ∧ ¬q) ∨ (¬p ∧ q)
1	1	1	0	0	0	0	0	0
1	0	0	1	1	1	0	0	1
0	1	0	1	0	0	1	1	1
0	0	1	0	1	0	1	0	0

例如，“并非（小明成为大学生当且仅当小明通过高考）”等值于“（小明成为大学生但是他没有通过高考）或者（小明没有成为大学生但是他通过了高考）”。

7.“并非（并非 p）”等值于“p”

这同样可以用真值表证明如下：

p	¬p	¬（¬p）
1	0	1
0	1	0

例如，“并非（不是所有的人都赞成）”等值于“所有的人都赞成”。

我们还可以通过如下的真值表来检验“并非（并非 p）”等值于“p”。

p	¬p	¬（¬p）	[¬（¬p）] ↔ p
1	0	1	1
0	1	0	1

即，要判定两个逻辑形式 A 和 B 是否等值，只需列出 A ↔ B 的真值表，如果在真值表中 A ↔ B 始终为真，即在真值表的各行中 A ↔ B 均为真，则可断定 A 和 B 等值；否则，则不等值。

我们通常将在真值表各行中均取真值的公式称为永真式，使用真值表方法我们还可以判断两个逻辑形式 A 和 B 之间是否有蕴涵关系。方法是，列出 A → B 的真值表，如果 A → B 为永真式，则可断定 A 和 B 之间有蕴涵关系；否则，没有蕴涵关系。

例 4.4.3

判断 p ∧ q 和 p ∨ q 之间、p→q 和 p ∨ q 之间是否有蕴涵关系。

解析：

p	q	p ∧ q	p ∨ q	p → q	(p ∧ q) →(p ∨ q)	(p→q)→(p ∨ q)
1	1	1	1	1	1	1
1	0	0	1	0	1	1
0	1	0	1	1	1	1
0	0	0	0	1	1	0

由上述真值表可以看出，(p ∧ q) → (p ∨ q) 是永真式，(p→q) → (p ∨ q) 不是永真式，所以，p ∧ q 和 p ∨ q 之间有蕴涵关系，p→q 和 p ∨ q 之间没有蕴涵关系。

第五节 模态判断

一、什么是模态判断

模态词指的是描摹事物状态的词。如本体论模态词有“可能”“必然”“偶然”，等等；认识论模态词有“相信”“知道”“怀疑”，等等；时间模态词有“一直”“永远”“曾经”“将会”，等等；道义模态词有“应该”“允许”“禁止”，等等。模态判断指的是包含模态词的判断。

例 4.5.1

（1）长安曾经非常繁华。

（2）正义的事业必然胜利。

（3）禁止任何极端的暴力行为。

（4）人们怀疑这座大墓是三国时期的。

（5）大家都相信天上是不会掉下馅饼的。

（6）奔跑的野兔撞到树上折了脖子这是非常偶然的事情。

上例中的句子都是模态判断。

模态判断中的模态词有作用于词项之上的，有作用于语句之上的。

例 4.5.2

（1）应该有人当选。

（2）有人应该当选。

（3）可能这座山里有野兔。

（4）这座山里可能有野兔。

（5）必然有人在摸彩中获奖。

（6）有人在摸彩中必然获奖。

在上例（1）、（3）、（5）中，模态词是作用于语句之上的；在上例（2）、（4）、（6）中，模态词是作用于词项之上的。本节只研究模态词作用于命题之上的模态判断，因此这类模态判断也属于复合判断的一种。

下面我们讨论断定事情情况必然性或者或然性的模态判断。其中“必然”“可能”是模态词。这是一种狭义的模态判断，前文所讲的是广义的模态判断。

二、模态判断的种类

根据对事情情况的肯定或者否定所做的必然性或者或然性的断定，可以将狭义模态判断分为必然肯定判断、必然否定判断、或然肯定判断和或然否定判断四种。

1. 必然肯定判断

必然肯定判断就是对事情情况的肯定做出必然性的断定的判断。

例 4.5.3

（1）必然是适者生存，不适者消亡。

（2）人要经历生离死别，这是必然的。

上例中的两个句子都是必然肯定判断。

必然肯定判断的命题形式是：

必然 p。

现代逻辑一般用符号“□”表示“必然”，这样，必然肯定判断的命题形式也写作：

□ p。

读作：必然 p。

2. 必然否定判断

必然否定判断就是对事情情况的否定做出必然性的断定的判断。

例 4.5.4

（1）必然不是人人都主动愿意修行。

（2）刘邦依靠德行在楚汉相争中获胜，必然不是这样的。

上例中的两个句子都是必然否定判断。

必然否定判断的命题形式是：

$$必然\neg p。$$

在现代逻辑中，必然否定判断的命题形式也写作：

$$\Box\neg p。$$

读作：必然并非 p。

3. 或然肯定判断

或然肯定判断就是对事情情况的肯定做出可能性的断定的判断。

例 4.5.5

（1）可能麻烦都是自找的。

（2）通过不懈的努力获得成功，这是可能的。

上例中的两个句子都是或然肯定判断。

或然肯定判断的命题形式是：

$$可能 p。$$

现代逻辑一般用符号“◇”表示“可能”，这样，或然肯定判断的命题形式也写作：

$$\Diamond p。$$

读作：可能 p。

4. 或然否定判断

或然否定判断就是对事情情况的否定做出或然性的断定的判断。

例 4.5.6

（1）可能不是通过别人救赎自己。

（2）快乐是永恒的，可能并非如此。

上例中的两个句子都是或然否定判断。

或然否定判断的命题形式是：

可能¬p。

在现代逻辑中，或然否定判断的命题形式也写作：

$\Diamond\neg p$。

读作：可能并非 p。

三、模态判断之间的真假关系

与同素材的 A、E、I、O 四个性质判断之间存在的对当关系类似，同素材的“必然 p”“必然并非 p”“可能 p”“可能并非 p”之间也具有一种对当关系，这也可以用如下的逻辑方阵图来表示：

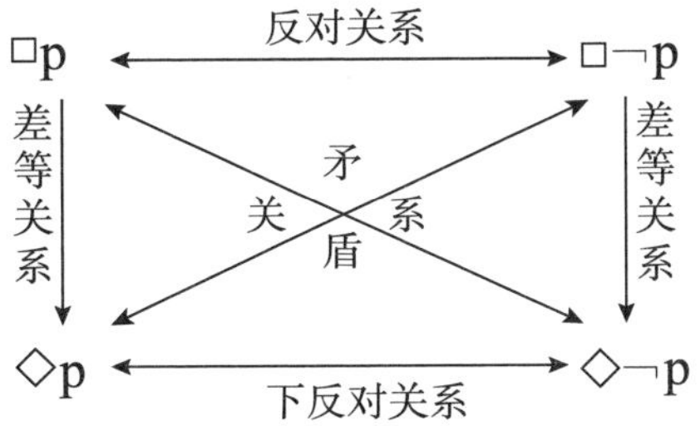

由此可见：

1. □ p 与◇¬ p、□¬ p 与◇ p 之间存在矛盾关系

它们之间具有如下的真假关系：既不能同真，也不能同假。即如果一个判断是真的，则另一个判断就是假的；如果一个判断是假的，则另一个判断就是真的。

2. □ p 与□¬ p 之间存在反对关系

它们之间具有如下的真假关系：不能同真，可以同假。即如果一个判断是真的，则另一个判断就是假的；如果一个判断是假的，则另一个判断真假不定。

3. ◇ p 与◇¬ p 之间存在下反对关系

它们之间具有如下的真假关系：不能同假，可以同真。即如果一个判断是假的，则另一个判断就是真的；如果一个判断是真的，则另一个判断真假不定。

4. □ p 与◇ p、□¬ p 与◇¬ p 之间存在差等关系

它们之间具有如下的真假关系：如果必然判断是真的，则或然判断也是真的；如果必然判断是假的，则或然判断真假不定；如果或然判断是真的，则必然判断真假不定；如果或然判断是假的，则必然判断也是假的。

由如上关系，不难得出：

¬□ p 等值于◇¬ p；

¬□¬ p 等值于◇ p；

¬◇ p 等值于□¬ p；

¬◇¬ p 等值于□ p。

根据同素材□ p、□¬ p、◇ p 与◇¬ p 之间的对当关系，我们可

以由其中一个判断的真假推知其他三个判断的真假。

例 4.5.7

假设“必然黄金贵于白银”真，求同素材的其他判断的真假。

解析：“必然黄金贵于白银”是一个必然肯定判断。

根据矛盾关系，如果□p是真的，则◇¬p是假的，即“可能并非黄金贵于白银”假；

根据反对关系，如果□p是真的，则□¬p是假的，即“必然不是黄金贵于白银”假；

根据差等关系，如果□p是真的，则◇p是真的，即“可能黄金贵于白银”真。

例 4.5.8

假设“可能并非相由心生”假，求同素材的其他判断的真假。

解析：“可能并非相由心生”是一个或然否定判断。

根据矛盾关系，如果◇¬p是假的，则□p是真的，即“必然相由心生”真；

根据下反对关系，如果◇¬p是假的，则◇p是真的，即“可能相由心生”真；

根据差等关系，如果◇¬p是假的，则□¬p是假的，即“必然并非相由心生”假。

对于复合判断，在表述中要准确区分判断之间不同的联结形式，才能准确地表达意思，进行良好的交流和沟通。本讲开头故事中开发商所说的“买房送家具”，一般购房者正常的理解是：“如果买房，就送家具。”而开发商将其解释为：“对于买房者，如果你买家具，开发商就负责免费送。”这是两个完全不同的复合判断，开发商带有明显的欺诈之嫌。类似的例子还有：疫情暴发初期，某国相关部门为了安抚民众，在电视上承诺："全民免费打疫苗。"但是政府财政部门一核算，这将是一笔大大超出预算的开支。结果，民众真的前往医院打疫苗时，发现疫苗并非免费，面对民众质疑，该国相关部门又解释说："疫苗费用是需要自己负担的，但是卫生部门负责免费注射。"一时舆论哗然。

思考题

1. 除了文中提及的几种复合命题之外，汉语自然语言中还有哪些形式的复合命题？试分析其真假值的确定并用真值表表示出来。

2. 从报纸杂志或者网络文章中找出复合判断误用的例子，并使用本讲所学知识进行剖析。

3. 汉语自然语言中还有哪些形式的模态命题？试用文中的方法进行分析。

参考答案

1.《孟子·告子上》："鱼，我所欲也；熊掌，亦我所欲也；二者不可得兼，舍鱼而取熊掌者也。""不可得兼"意谓两者不可兼得，但是有可能同时不得。

其真值表为：

p	q	p、q不可得兼
1	1	0
1	0	1
0	1	1
0	0	1

2. 略。

3. 略。

第五讲
遵循规律（一）：同一律

明朝有个人叫靳贵，父亲靳瑜是个温州府属下的小官。靳贵在弘治三年（1490）考中进士，初授编修，后官至武英殿大学士。尽管他用心教育子女，但他的儿子才学平平，书读得不好，没有什么出息；而靳贵的孙子却勤奋好学，后来也一举考中进士。对于不长进的儿子，靳贵见了常常没好气地数落他几句，说他是个不肖之子。一天，儿子又受了靳贵的批评，终于忍不住回嘴说："你老是说我不肖不肖，实际上，你的父亲不如我的父亲，你的儿子不如我的儿子，两代都不如我，我究竟不肖在哪里！"听了这话，靳贵忍不住哈哈大笑，以后再也不数落儿子了。[①]

第一节　可　能

一、不同层次的可能

在自然语言中，存在着不同层次的"可能"。如问任意一个人的年龄是多大？如果基于一个标准的幼儿园中班小朋友，则至多存在 3—7 周岁这 5 种可能；如果询问的是本科生，则至多存在 15—24 周岁这 10 种可能；如果询问的是当今地球上的任意一个人，则至多存在 0—150 周岁这不足 200 种可能；如果仅仅考虑概念上的可能（即年龄是所处年

① 参见《1999 年〈咬文嚼字〉合订本》，上海文艺出版社 2018 年版，第 4—47 页。

代减去出生年代），则一个人的年龄存在有限大可能（准确地说应该是“诞辰”）；而基于纯粹分析来看，则存在无穷多种可能（$-\infty$，$+\infty$）。

概括地说，年龄有基于特定生活空间的“可能”，有基于生物学的“可能”，有基于纯粹逻辑的“可能”。

一般而言，“可能”有基于经验的“可能”，有基于特定学科领域的“可能”，有纯粹理性分析的“可能”。“可能”的层次对应不同的知识：经验、学科知识、逻辑知识。人类的认知过程可以看作是对各种可能的追问，日常经验追问的是生活世界的各种可能，各门具体学科追问的是现实世界的各种可能，数学追问的是抽象数量关系的各种可能，逻辑追问的是纯粹分析的各种可能。

逻辑就是研究如何穷尽各种可能的学问。这与前述所言逻辑主要是研究推理有效性的学问是不矛盾的，因为从经典命题逻辑的角度看，“$A \vdash B$”推理的有效性就对应于“$A \rightarrow B$”是一个永真式，而永真式就是“穷尽各种真假可能”。

二、逻辑可能的内在属性

逻辑可能是一种纯粹分析的可能，它不基于具体的经验，也不基于某一领域的学科背景知识，它基于的是纯粹理性的分析。例如，在二值逻辑中，它只有“真”“不真”两种可能；在三值逻辑中，它只有“真”“假”“不真不假”三种可能。如此等等。

基于此，逻辑可能存在三个基本的属性：（1）可能之为可能，以保证可能的确定性；（2）各种可能的相互独立性，即各种可能之间不相互交叉、重合，以保证可能的一致性；（3）各种可能的完全性，即各种可能不能有所遗漏，以保证可能的严密性。

由逻辑可能的三个基本属性，自然地衍生出三个逻辑基本规律，即同一律、不矛盾律和排中律。

逻辑的基本规律是关于思维的逻辑形式的规律，它们普遍适用于概念、判断和推理等，相对适用于各种具体逻辑形式的特殊规律而言，它们是最一般的逻辑规律。

第二节　何谓同一律

一、同一律的基本内容

同一律的基本内容：在同一思维过程中，每一思想要保持其自身的同一性。

同一律可以用公式表示为："A 是 A"或"$p \to p$"。其中 A 表示任一概念，p 表示任一判断。"A 是 A"或"$p \to p$"表示在同一思维过程中每一概念或者判断要保持其自身的同一性。同一律的主旨是保持思想的确定性。

违反了同一律，其思维结果一定不是必然可靠的，甚至会导致极端荒谬的结果。例如，根据同一律的要求，2 只能等于 2，1 只能等于 1。即 1 是 1，2 是 2。如果我们违反同一律的要求，断定 2=1，通过简单的推演，将导致出人意料的结果。例如，可以得出："西施就是王昭君。"

我们知道，西施是春秋时期人，她出生于浙江诸暨苎萝村；而王昭君是西汉时期出塞和亲的汉家宫女，是南郡秭归县宝坪村人，她们前后相差 400 余年，出生地相距 2000 余里，是完全不同的两个人，怎么可能证明西施就是王昭君呢？一般情况下，这是绝对不可能的。但是如果

1=2，情况就不同了。

其证明如下：

（1）1=2　　　　　　　　　假定

（2）西施和王昭君是两个人　　事实

（3）西施和王昭君是一个人　　因为 1=2

（4）西施就是王昭君　　　　　由（3），语义替换

因此，遵守同一律是逻辑思维的底线之一。

二、同一律的基本要求

同一律对思维形式的要求包括两个方面。

1. 概念要明确

就概念而言，同一律要求在同一时间、同一地点对某一对象的属性要有明确的反映，即在同一思维过程中一个概念的内涵和外延必须具有确定性。

该要求与同一概念的古今语义变化、发展并不冲突。如“古稀老人”在古代其外延可能指的是 70 岁以上的老人，但是在今天其外延可能指的是 80 岁以上的老人。同一律要求的概念的确定性指的是在同一思维过程中。而古今概念的发展变化显然已经不在同一个思维过程中。

2. 判断要同一

就判断而言，同一律要求在同一思维过程中，一个判断断定了什么就是什么，不能更改。在同一思维过程中，一个判断肯定什么就肯定什么，否定什么就否定什么。

第三节　违反同一律的逻辑错误

违反同一律，在概念方面将导致"混淆概念"和"偷换概念"的逻辑错误，在判断方面将导致"转移论题"和"偷换论题"的逻辑错误。

一、混淆概念

混淆概念就是无意识地违反同一律的要求，把不同的概念当作同一个概念来使用。

例 5.3.1

（1）晋平公问于祁黄羊曰："南阳无令，其谁可而为之？"祁黄羊对曰："解狐可。"平公曰："解狐非子之仇邪？"对曰："君问可，非问臣之仇也。"平公曰："善。"遂用之。国人称善焉。

居有间，平公又问祁黄羊曰："国无尉，其谁可而为之？"对曰："午可。"平公曰："午非子之子邪？"对曰："君问可，非问臣之子也。"平公曰："善。"又遂用之。国人称善焉。

孔子闻之曰："善哉，祁黄羊之论也！外举不避仇，内举不避子。"祁黄羊可谓公矣。①

（2）强化部学生是南京大学最优秀的，张敏是强化部学生，所以，张敏是南京大学最优秀的。

（3）主持人：什么动物腿最短？

幼儿：母鸡腿短。

主持人：为什么？

① 《吕氏春秋·去私》。

幼儿：因为如果母鸡腿长的话，那么它下蛋时，蛋就摔坏了。

观众：哈哈哈哈……

在上例（1）中，晋平公将“可胜任南阳令的人”和“除祁黄羊仇人之外可胜任南阳令的人”混为一谈，将“可胜任尉的人”和“除祁黄羊亲人之外可胜任尉的人”混为一谈。两次都犯了“混淆概念”的逻辑错误。在上例（2）中，“强化部学生是南京大学最优秀的”中的“强化部学生”是集合概念，而“张敏是强化部学生”中的“强化部学生”是非集合概念，在上例（2）的三段论中，错误地将其混而为一，就犯了“混淆概念”的逻辑错误。作为三段论，这一推理还犯了“四项错误”。在上例（3）中，幼儿的回答天真可爱，作为娱乐节目，能博一笑。但是如果从逻辑角度来分析，则幼儿的回答涉嫌“混淆概念”，因为幼儿回答的母鸡“腿短”，而主持人问的是什么动物“腿最短”，这是存在差异的。

二、偷换概念

偷换概念就是有意违反同一律的要求，把不同的概念当作同一个概念来使用。

例 5.3.2

（1）公款大吃大喝不应被认定为腐败，如果连吃喝都是腐败的话，那么大家都在腐败。

（2）记者：房价不断上涨，老百姓都承受不起了。市长对此怎么看？

市长：请大家放心，我们正在研究推出积极的调控措施，控制房价增速。

主持人：谢谢市长！

在上例（1）中，论证者将“公款大吃大喝”这一概念故意偷换为

“吃喝”，犯了“偷换概念”的逻辑错误。在上例（2）中，房价“上涨”和房价“增速”不是一回事；老百姓关心的是房价“增量”，而市长回答的是“控制增速”。市长同样犯了“偷换概念”的逻辑错误。

三、转移论题

转移论题就是违反同一律的要求，把一个论题转换为与之不同的另一个论题。

例 5.3.3

（1）小明到水果店买水果，看到箱子里的苹果不怎么好，就问：“老板，还有好点的苹果吗？”老板说：“有刚进回来的西瓜，又大又甜，买一个吧？”

（2）警察：“你为什么醉酒驾驶？”

王伟：“10 年前的朋友从美国回来，难得喝几杯。”

在上例（1）中，小明问的是“还有好点的苹果吗”，而老板回答的是“有刚进回来的西瓜”，这是两个不同的问题，这就在逻辑上犯了“转移论题”的错误。在上例（2）中，警察问的是“为什么醉酒驾驶”，王伟却将其转移为“为什么喝酒”，这也犯了“转移论题”的逻辑错误。

四、偷换论题

偷换论题就是违反同一律的要求，用一个不同的论题来暗中代替所要讨论的论题。

例 5.3.4

这有一条狗，它是有儿女的，因而它是一个父亲；它是你的，因而它是你的父亲；你打它，就是打你自己的父亲。

在上例中，论证者将“它是狗的父亲”偷换成“它是一个父亲”，将“它是你的，并且它是狗的父亲”偷换成“它是你的父亲”，将“你打自己的狗，并且它是狗的父亲”偷换成“你打自己的父亲”，这些都犯了“偷换论题”的逻辑错误。

在本讲开头的故事中，靳贵的儿子将“你是不肖之子”偷换成“你的父亲不如我的父亲，你的儿子不如我的儿子”，这就在逻辑上犯了“偷换论题”的错误。

思考题

1. 如何由“1=3”证明“1=2”？

2. 分析下述事例中存在的逻辑错误。

（1）吴宓爱上了毛彦文。毛彦文是吴宓同窗好友朱君毅的前未婚妻，也是吴宓妻子陈心一湖郡女校的校友，毛彦文还从中斡旋过吴宓和陈心一的婚姻。吴宓打算把自己的情诗发表在报纸上，其中有“吴宓苦爱毛彦文，三洲人士共惊闻。离婚不畏圣贤讥，金钱名誉何足云”。金岳霖和吴宓是好朋友。大家让金岳霖去劝吴宓，他便对吴宓说：“你的诗好不好我们不懂，但其中涉及毛彦文，这就不是公开发表的事情。这是私事，不应该拿到报纸上宣传。我们天天早晨上厕所，可我们并不为此宣传。”这一下子使吴宓勃然大怒，拍着桌子说：“我的爱情不是上厕所！”金岳霖也感觉自己话不大对，但是不知道怎么解释，就站着听吴宓骂了半天。

（2）庄子与惠子游于濠梁之上。庄子曰：“鯈（tiáo）鱼出游从容，是鱼之乐也。”惠子曰：“子非鱼，安知鱼之乐？”庄子曰：“子非我，安知我不知鱼之乐？”惠子曰：“我非子，固不知子矣；子固非鱼也，子不知鱼之乐，全矣。”庄子曰：“请循其本。子曰‘汝安知鱼乐’云者，既已知吾知之而问我，我知之濠上也。”①

3. 从报纸杂志或者网络文章中找出违反同一律的例子，并加以剖析。

参考答案

1.（1）1=3

（2）1+1=1+3

（3）2=4

（4）1=2

2.（1）吴宓将金岳霖的“这是私事，不应该拿到报纸上宣传。我们天天早晨上厕所，可我们并不为此宣传”替换为“爱情是上厕所”，违反了同一律。

（2）惠施的“子非鱼，安知鱼之乐”中的“安知”是“怎么知道，如何知道”，最后庄子将其回答为“我知之濠上也”，是将“汝安知鱼乐”理解为“你从哪里知道鱼的快乐”，是故意转移论题，同样违反同一律。

当然，该故事中还存在其他逻辑错误，读者可自行分析。

3. 略。

① 《庄子 · 秋水》。

第六讲
遵循规律（二）：不矛盾律

好好先生雇了甲、乙两个园丁帮助自己管理菜地。在除草时，园丁甲发现一只蜗牛正在吃雇主的卷心菜，于是准备处死它，园丁乙急忙制止，两个人为之争执起来。好好先生听到争吵声，走过来询问究竟。园丁甲说："这只蜗牛在吃您的卷心菜，所以，得处死它。"好好先生说："你说得对！"园丁乙说："蜗牛也是一个生命啊，所以，不能处死它。"好好先生说："你说得对！"他的夫人听到了，说："可是他们两个人说的不可能都对啊！"好好先生说："你说得也对！"

第一节　不矛盾律的内容和要求

一、不矛盾律的基本内容

不矛盾律的基本内容：在同一思维过程中，两个互相否定的思想不能同真，必有一假。

不矛盾律可以用公式表示为："A 不是非 A"或"$\neg(p \wedge \neg p)$"。不矛盾律的主旨是保持思想的一致性。

不矛盾律在有些书中也简称为无矛盾律。

二、不矛盾律的基本要求

不矛盾律对思维形式的要求包括两个方面。

1. 概念要相容

就概念而言，不矛盾律要求在同一时间、同一地点对同一对象是否具有某一属性要有一致的断定，不能在同一个概念中，一个对象既具有某一属性，又不具有某一属性。一个概念如果违反了这一要求，则称为“矛盾概念”，如“圆的方”就是一个矛盾概念。

例 6.1.1

16 这个数字，如果只用汉字来描述，可以使用如下 8 个汉字：“颠”这个字的笔画数。当然也可以使用如下五个汉字来描述：四个马腿数。但是肯定不能只用一个汉字来描述。由此可见，“‘颠’这个字的笔画数”“四个马腿数”都是概念，其外延只有一个对象，就是数字 16。同样，“不能只用一个汉字来描述的数”也是一个概念，其外延包括许多对象，如 16、17 等。依此推之，“不能只用 22 个汉字来描述的正整数”也是一个概念，其外延也包括许多对象。同样，“不能只用 22 个汉字来描述的正整数中最小的数”也是一个概念，这个概念的外延只有一个对象，它是一个正整数，我们记为 a。请看这个正整数 a，一方面，根据其定义，它是不能只用 22 个汉字来描述的；可是另一方面，其定义“不能只用 22 个汉字来描述的正整数中最小的数”恰恰只用了 22 个汉字，它又是能够只用 22 个汉字来描述的。这样，概念“不能只用 22 个汉字来描述的正整数中最小的数”就断定了正整数 a 既具有某一属性，又不具有某一属性，因而，它是一个矛盾概念。

2. 判断要一致

就判断而言，不矛盾律要求在同一思维过程中，不能既断定某对象是什么，又断定它不是什么。

“矛盾”一词出自《韩非子》中的一则寓言故事：

楚人有鬻盾与矛者，誉之曰：“吾盾之坚，物莫能陷也。”又誉其矛曰：“吾矛之利，于物无不陷也。”或曰：“以子之矛陷子之盾，何如？”其人弗能应也。[①]

在这则寓言中，楚人就违反了不矛盾律的要求。因为由“吾盾之坚，物莫能陷也”可以推出：他的矛不能刺穿他的盾；由“吾矛之利，于物无不陷也”可以推出：他的矛能够刺穿他的盾。对于他的盾，楚人既断定了它是坚固无比的，又断定了它不是坚固无比的，得出了一对相互矛盾的命题。同样，对于他的矛，楚人既断定了它是锋利无比的，又断定了它不是锋利无比的，也得出了一对相互矛盾的命题。

本讲开头故事中的好好先生也违反了不矛盾律。

虽然不矛盾律这一思维规律作为一种理论认识出现较晚，但是人们认识到思维不能互相矛盾却是早已有之。

例 6.1.2

孟子将朝王，王使人来曰：“寡人如就见者也，有寒疾，不可以风。朝，将视朝，不识可使寡人得见乎？”

对曰：“不幸而有疾，不能造朝。”

明日，出吊于东郭氏。公孙丑曰：“昔者辞以病，今日吊，或者不可乎？”

曰：“昔者疾，今日愈，如之何不吊？”

王使人问疾，医来。孟仲子对曰：“昔者有王命，有采薪之忧，不能造朝。今病小愈，趋造于朝，我不识能至否乎？”

使数人要于路，曰：“请必无归，而造于朝！”

---

① 《韩非子 · 难一》。

不得已而之景丑氏宿焉。[1]

上述故事中，公孙丑提醒孟子说："昔者辞以病，今日吊，或者不可乎？"其中就体现了公孙丑提醒孟子要遵循不矛盾律的潜在意识，而孟子的回答也说明了他力求避免违反不矛盾律的意识。

根据不矛盾律的要求，不能同时肯定两个互相矛盾或者互相反对的判断都是真的，其中必定有一个假的。具体地说，下列形式的判断都是不能同真的：

同素材的"这个 S 是 P"与"这个 S 不是 P"；

同素材的 SAP 与 SOP；

同素材的 SEP 与 SIP；

同素材的 SAP 与 SEP；

p 与 $\neg$ p。

例 6.1.3

（1）"陈省华是南部县人"与"陈省华不是南部县人"这两个判断的形式分别是"这个 S 是 P"与"这个 S 不是 P"，属于矛盾关系，是不能同真的。

（2）"三台、江油都是历史文化名城"与"三台、江油都不是历史文化名城"这两个判断的形式分别是同素材的 SAP 与 SEP，属于反对关系，是不能同真的。

（3）"禹迹山风景名胜区在南部县"和"禹迹山风景名胜区不在南部县"这两个判断的形式分别是 p 与 $\neg$ p，属于矛盾关系，是不能同真的。

对于不能同真的判断同时加以断定，就违反了不矛盾律。

---

① 《孟子·公孙丑下》。

第二节　违反不矛盾律的逻辑错误

违反不矛盾律所犯的逻辑错误称为“自相矛盾”。

例 6.2.1

历山之农者侵畔，舜往耕焉，期年，甽亩正。河滨之渔者争坻，舜往渔焉，期年而让长。东夷之陶者器苦窳，舜往陶焉，期年而器牢。仲尼叹曰：“耕、渔与陶，非舜官也，而舜往为之者，所以救败也。舜其信仁乎！乃躬藉处苦而民从之。故曰：‘圣人之德化乎！’”

或问儒者曰：“方此时也，尧安在？”

其人曰：“尧为天子。”“然则仲尼之圣尧奈何？圣人明察在上位，将使天下无奸也。今耕渔不争，陶器不窳，舜又何德而化？舜之救败也，则是尧有失也。贤舜，则去尧之明察；圣尧，则去舜之德化：不可两得也。”①

在上例中，韩非子指出，“贤舜”与“圣尧”是一对矛盾。儒者的观点实际上是犯了“自相矛盾”的逻辑错误。

在本讲开头的故事中，对于蜗牛的处理，要么处死它，要么不处死它。如果把甲的做法表示为 p，则乙的做法为 $\neg p$，好好先生同时肯定这两者，则是 $p \wedge \neg p$，这违反了不矛盾律；他夫人认为应该是 $\neg p \vee \neg\neg p$，好好先生又加以肯定，这等于同时肯定：$p \wedge \neg p$ 与 $\neg p \vee \neg\neg p$，而这又是一对矛盾，好好先生又再次违反不矛盾律。因

① 《韩非子 · 难一》。

此，好好先生好好地犯了“自相矛盾”的错误。

第三节　悖　论

悖论在逻辑史上有多种不同的含义。此处讨论的悖论指的是一类特殊的自相矛盾的语句或推论，由假定其真则推出其假，由假定其假则推出其真。

悖论是一类特殊的矛盾，严格的悖论本质上是违反不矛盾律的。下面我们阐述几个著名的悖论。

一、说谎者悖论

历史上最早发现的悖论是古希腊麦加拉学派提出的说谎者悖论，其简要表述是“这句话本身是谎话”。

现问：上述语句是真的，还是假的？

假定它是真的，则根据其断言可得：这句话本身是谎话，则它是假的；假定它是假的，即“这句话本身是谎话”是假的，则这句话就不是谎话，则该句话就是真的。由此可见：“这句话本身是谎话”是一个自相矛盾的语句，这是一个悖论。

说谎者悖论还有如下变体：

例 6.3.1

第一句：第二句是真的；

第二句：第三句是真的；

第三句：第一句不是真的。

假设第一句是真的，根据第一句则“第二句是真的”，根据第二句进一步可得“第三句是真的”，根据第三句可得：第一句不是真的。

假设第一句不是真的，根据第一句则“第二句不是真的”，根据第二句进一步可得“第三句不是真的”，根据第三句可得：第一句是真的。

关于说谎者悖论，人们提出了诸多解决方案，这些方案从不同的角度启发人们进行精确的理性思考。

二、罗素悖论

所谓罗素悖论指的是由罗素发现的一个集合论悖论。其基本思想：对于任意一个集合 A，A 要么是自身的元素，即 $A \in A$；A 要么不是自身的元素，即 $A \notin A$。根据 Cantor 素朴集合论的概括原则，可将所有不是自身元素的集合构成一个集合 S_1，即 $S_1=\{x: x \notin x\}$。现在问：集合 S_1 是不是自身的元素？假设 S_1 是自身的元素，因为 S_1 的每个元素都不是自身的元素，所以可以得出 S_1 不是自身的元素，这与假设相矛盾；假设 S_1 不是自身的元素，由集合 S_1 的构造可知，对于任一集合，如果它不是自身的元素，那么它就是集合 S_1 的一个元素，这样就得出 S_1 又应该是自身的一个元素，这也与假设相矛盾。S_1 或者是自身的元素，或者不是自身的元素，总之都得出矛盾，这就是著名的罗素悖论。

罗素悖论还可以更为简练地表述如下：根据概括原则可构造集合 $S_1=\{x: x \notin x\}$；根据集合的定义可知，对于任意 x，$x \in S_1$ 当且仅当 $x \notin x$；根据经典逻辑由此可得，对于集合 S_1，$S_1 \in S_1$ 当且仅当 $S_1 \notin S_1$，由此进一步可得，$S_1 \in S_1$ 而且 $S_1 \notin S_1$，矛盾。

为了让人们更容易理解，罗素还设计构造了罗素悖论的通俗版“理发师悖论”：赵家庄有两类人，一类人自己给自己理发，另一类人自己不给自己理发。赵家庄的理发师宋某给自己定了一个规矩：给且只给赵家庄自己不给自己理发的人理发。那么，宋某给不给自己理发呢？假设宋某给自己理发，那么他属于自己给自己理发的那类人，根据他的规矩，他不应该给自己理发，这和假设矛盾；假设宋某不给自己理发，那么他属于自己不给自己理发的那类人，根据他的规矩，他又应该给自己理发，这也与假设矛盾。他或者给自己理发，或者不给自己理发，总之都陷入矛盾。

“理发师悖论”是很容易解决的，解决的办法之一就是修正理发师的规矩，将他自己排除在规矩之外；可是严格的罗素悖论就不是这么容易解决的了。

罗素悖论其推理的前提是如此简单明了，这些前提为当时的科学界所公认，其推理的过程也是如此清楚严密，无懈可击。可是推理的结果却是如此令人不能接受，这竟然是一对矛盾。这在当时的学术界造成了极大的震动。因为数学与逻辑一向被认为是严密学科的典范，而现在竟然出现了悖论，这直接冲击着理性的根基，人们不禁反思：我们是否可以理性地思考？或者更准确地说，人类是否可以一致地、无矛盾地进行理性的思考？

罗素悖论发现之后，包括罗素本人在内的众多学界精英都投入到了解决悖论的研究之中，产生了众多解决悖论的方案，这种研究一直持续到 21 世纪的今天。即使在当下，关于罗素悖论的研究仍然是逻辑学界历久弥新的问题之一。

三、沈有鼎悖论

沈有鼎悖论主要包括以下三个悖论。

1. 无根据与有根据集悖论

对于任一集合 x，如果存在“∈”关系的无穷链，即存在 x_i（i=1, 2, 3, ……），使得：

$$\cdots\cdots \in x_n \in x_{n-1} \in \cdots\cdots \in x_2 \in x_1 \in x$$

则称 x 为无根据集；否则，称 x 为有根据集。

根据概括原则，可构造一集合 $S_2=\{x：x$ 为有根据集$\}$。对于任一集合 x，x 要么是有根据集，要么是无根据集。那么问 S_2 是有根据集，还是无根据集?

设 S_2 为有根据集。按照 S_2 的定义可知，任何有根据集都是 S_2 的元素，那么必有 $S_2 \in S_2$，这表明存在 $x_i \in S_2$（i=1,2,……），使得：

$$\cdots\cdots \in S_2 \in S_2 \in \cdots\cdots \in S_2 \in S_2 \in S_2$$

按照无根据集的定义可知，S_2 为一无根据集。

设 S_2 为无根据集。按照无根据集定义可知，存在 x_i（i=1,2,……），使得：

$$\cdots\cdots \in x_n \in x_{n-1} \in \cdots\cdots \in x_2 \in x_1 \in S_2$$

这样，一方面由 $x_1 \in S_2$ 和 S_2 的定义可知，x_1 为有根据集；另一方面，由上式可以看出：

$$\cdots\cdots \in x_n \in x_{n-1} \in \cdots\cdots \in x_2 \in x_1$$

根据无根据集的定义可知，x_1 为无根据集，矛盾。所以，S_2 应为有根据集。

2. 循环与非循环集悖论

对于任一集合 x，如果存在 x_i（i=1, 2, 3, ……, n），其中 n 为任一正整数，使得：

$$x_1 \in x_n \in x_{n-1} \in \cdots\cdots \in x_2 \in x_1 \in x$$

则称 x 为循环集；否则，称 x 为非循环集。

根据概括原则，可构造一集合 S_3={x：x 为非循环集}。对于任一集合 x，x 要么是循环集，要么是非循环集。那么问 S_3 是循环集，还是非循环集？

设 S_3 为一循环集，则存在 x_1, x_2，……，x_n，使得：

$$x_1 \in x_n \in x_{n-1} \in \cdots\cdots \in x_2 \in x_1 \in S_3$$

于是由 $x_1 \in S_3$ 和 S_3 的定义可知，x_1 为非循环集；但是另一方面，由上式可知：

$$x_2 \in x_1 \in x_n \in x_{n-1} \in \cdots\cdots \in x_2 \in x_1$$

根据循环集定义，又可得 x_1 为循环集。矛盾，所以 S_3 为非循环集。

设 S_3 为非循环集，则由 S_3 的定义可知，任何非循环集都是 S_3 的元素，所以有 $S_3 \in S_3$，于是就存在 $x_i \in S_3$（i=1,2,……，n），使得：

$$S_3 \in S_3 \in \cdots\cdots \in S_3 \in S_3 \in S_3$$

而根据循环集的定义，S_3 应为循环集。

矛盾。

3.n 循环与非 n 循环集悖论

对于任一集合 x，如果存在 x_i（i=1, 2, 3, ……，n），其中 n 为一确定的正整数，使得：

$$x_1 \in x_n \in x_{n-1} \in \cdots\cdots \in x_2 \in x_1 \in x$$

则称 x 为 n 循环集；否则，称 x 为非 n 循环集。

根据概括原则，可构造一集合 S_4={x：x 为非 n 循环集}。对于任一集合 x，x 要么是 n 循环集，要么是非 n 循环集。那么问 S_4 是 n 循环集，还是非 n 循环集?

设 S_4 为 n 循环集，则存在 x_1，x_2，……，x_n，使得:

$$x_1 \in x_n \in x_{n-1} \in \cdots\cdots \in x_2 \in x_1 \in S_4$$

于是由 $x_1 \in S_4$ 和 S_4 的定义可知，x_1 为非 n 循环集；但是另一方面，由上式可知:

$$x_2 \in x_1 \in x_n \in x_{n-1} \in \cdots\cdots \in x_2 \in x_1$$

根据 n 循环集定义，又可得 x_1 为 n 循环集。矛盾，所以 S_4 为非 n 循环集。

设 S_4 为非 n 循环集，则由 S_4 的定义可知，任何非 n 循环集都是 S_4 的元素，所以有 $S_4 \in S_4$，于是就存在 $x_i \in S_4$（$i=1,2,\cdots\cdots$，n），使得:

$$S_4 \in S_4 \in \cdots\cdots \in S_4 \in S_4 \in S_4 \text{（让其循环 n 次）}$$

而根据 n 循环集的定义，S_4 应为 n 循环集。

矛盾。

由上述讨论可知：如果一个集合 S 是 n 循环集，那么 S 一定是循环集；如果一个集合 S 是循环集，那么 S 一定也是无根据集。因此，可以有下述重要结论:

如果 S 是有根据集，那么 S 一定也是非循环集;

如果 S 是非循环集，那么 S 一定也是非 n 循环集;

如果 S 是非 n 循环集，那么 S 一定也是非 Russell 循环集（1 循环集）。

简言之，可以有如下结果:

$$S_2 \subseteq S_3 \subseteq S_4 \subseteq S_1$$

思考题

1. 从《韩非子》以及其他先秦文献中找出使用不矛盾律进行论证

的例子。

2. 分析数学证明中运用不矛盾律的例子。

3. 从报纸杂志或者网络文章中找出违反不矛盾律的例子，并加以剖析。

参考答案

1. 夫贤之为（道也）不可禁，而势之为道也无不禁，以不可禁之（贤，处无不禁之）势，此矛盾之说也。夫贤势之不相容亦明矣。——《韩非子·难势》

有献不死之药于荆王者，谒者操之以入。中射之士问曰："可食乎？"曰："可。"因夺而食之。王大怒，使人杀中射之士。中射之士使人说王曰："臣问谒者，谒者曰可食，臣故食之。是臣无罪而罪在谒者也。且客献不死之药，臣食之而王杀臣，是死药也，是客欺王也。夫杀无罪之臣，而明人之欺王，不如释臣。"王乃不杀。——《韩非子·说林上》

或谓之牛，或谓之非牛，是争彼也，是不俱当。不俱当，必或不当。不当若犬。——《墨子·经说上》

2. 例如"$\sqrt{2}$不是有理数"的证明如下：假设$\sqrt{2}$是有理数，则可以表示为一个最简分数（其中 m、n 均为正整数），即 $\frac{n}{m}=\sqrt{2}$，因而有 $n^2=2m^2$，因此，n 必定为偶数，假设 $n=2n_1$，进而有 $2n_1^2=m^2$，因此，m 必定为偶数，这与为最简分数矛盾。因此假设不成立。所以，不是有理数。

在上述证明中，就是运用不矛盾律得出证明开始的假设不成立，从而完成证明。

3. 略。

第七讲
遵循规律（三）：排中律

你不知道你已经死了。因为，如果你没死，那么你不知道你已经死了；如果你已经死了，那么你也不知道你已经死了。你或者没死，或者已经死了，总之你不知道你已经死了。

第一节 排中律的内容和要求

一、排中律的基本内容

排中律的内容是：在同一思维过程中，两个互相否定的思想不能都假，必有一真。

排中律可以用公式表示为：“A 或者非 A”或“p $\vee \neg$ p”。排中律的主旨是保持思想的明确性和严谨性。

本讲开头有三个重要的前提，其中两个是事实判断或者说经验判断：“如果你没死，那么你不知道你已经死了”和“如果你已经死了，那么你也不知道你已经死了”还有一个关键的逻辑前提是：“你或者没死，或者已经死了”该判断指出对于一个人，只能存在两种情况：或者没死，或者已经死了。该证明就巧妙地利用了排中律。

二、排中律的基本要求

排中律对思维形式的要求包括两个方面。

1. 概念要清晰

就概念而言，排中律要求在同一时间、同一地点对同一对象是否具有某一属性要有清晰的断定，不能在同一个概念中，既不断定对象具有某一属性，又不断定对象不具有某一属性。一个概念如果违反了这一要求，则称为“模糊概念”，如“无可无不可”就是一个模糊概念。

2. 判断要明确

就判断而言，排中律要求在同一思维过程中，不能既否定某对象是什么，又否定它不是什么。

根据排中律的要求，具有矛盾关系或者下反对关系的两个判断不能都是假的，其中必定有一个真的。具体地说，下列形式的判断都是不能同假的：

同素材的“这个 S 是 P”与“这个 S 不是 P”；

同素材的 SAP 与 SOP；

同素材的 SEP 与 SIP；

同素材的 SIP 与 SOP；

p 与¬p。

例 7.1.1

（1）“监利是芙蓉之国”与“监利不是芙蓉之国”这两个判断的形式分别是“这个 S 是 P”与“这个 S 不是 P”，属于矛盾关系，是不能同假的。

（2）“有些曹州家庭是五代同堂”与“有些曹州家庭不是五代同堂”这两个判断的形式分别是 SIP 与 SOP，属于下反对关系，是不能同假的。

（3）“中江西眉湖既售银丝挂面，又售八宝油糕”和“中江西眉湖或者不售银丝挂面，或者不售八宝油糕”这两个判断的形式分别是 $p \wedge q$ 与 $\neg p \vee \neg q$，属于矛盾关系，是不能同假的。

正确理解排中律的要求，需要注意以下几点。

第一，排中律并不适用于具有反对关系的两个命题之间，如“这朵花是红色的”和“这朵花是蓝色的”是两个具有反对关系的命题，对这两个命题可以都加以否定，即“这朵花既不是红色的，也不是蓝色的”，这并不违反排中律；再如“利辛人都知道伍子胥”和“利辛人都不知道伍子胥”是两个具有反对关系的命题，对这两个命题可以都加以否定，即“并非利辛人都知道伍子胥，也并非利辛人都不知道伍子胥”，这并不违反排中律。

第二，排中律也并不排斥人们对于某些事情的选择不定。

例 7.1.2

傅二棒锤又扭捏了半天，说道：“不瞒老师说，老师大远的带了门生到这外洋来，原想三年期满，提拔门生得个保举，以便将来出去做官便宜些。谁料平空里出了这个岔子，现在保举是没有指望。这是门生自己没有运气，辜负老师栽培，亦是没法的事。门生现在求老师赏个札子，不为别的，为的是将来回国之后，说起来面子好看些。虽说门生没有一处处走到，到底老师委过门生这们一个差使，将来履历上亦写着好看些。”

温钦差听了一笑，也不置可否。你道为何？原来温钦差的为人极为诚笃，说是委了差使不去，这事便不实在，所以他不甚为然，因之没有下文。[①]

在上例中，温钦差的不置可否，并不违反排中律。

① 〔清〕李宝嘉：《官场现形记·第五十六回》。

第三，对于“复杂文语”的肯定回答和否定回答都加以否定，并不违反排中律。所谓复杂问语是一种不正当的问语，其中包含着对方没有承认或者不能接受的假设。

例 7.1.3

驴友张：七个蓬莱仙子都是女的吗？

蓬莱客：不是。

驴友张：七个蓬莱仙子不都是女的吗？

蓬莱客：不是。

驴友张：到底是还是不是？

蓬莱客：根本就没有七个蓬莱仙子。

在上例中，“驴友张”的问话是一个复杂文语，其中包含着一个预设：有七个蓬莱仙子。而这个预设是“蓬莱客”所不承认的，所以，蓬莱客对于“七个蓬莱仙子都是女的”和“七个蓬莱仙子不都是女的”这一对命题都加以否定，并不违反排中律。

第二节　违反排中律的逻辑错误

遵守排中律指的是两个相互矛盾的思想不能都假，而是恰好有一个是真的。引申一点而言，就是对于穷尽的各种可能必须断定其中一个是真的，而不能对所有可能均加以否定。因此，如果对于若干可能的情况有所遗漏，或者对所有可能情况均不加肯定则是违背了排中律。前一种错误称为“虚假排中”，后一种错误称为“模棱两不可”。

一、虚假排中

对于若干可能的情况没有穷尽，则导致虚假排中。如果存在 p、q、r 三种可能，而简单地断定 p ∨ q，就是虚假排中；如果存在 p、q、r、s 四种可能，而简单地断定 p ∨ q ∨ r，也是虚假排中（也称虚假排三）；如果存在 p、q、r、s、t 五种可能，而简单地断定 p ∨ q ∨ r ∨ s，就是虚假排中（也称虚假排四）。如此类推。

例如，人们对于光的本质的研究有一段时间曾经陷入困惑。即人们对于光究竟是粒子还是波一时判断不清。其实，陷入这一困境的一个思想根源就是在思维上违反了排中律。因为根据排中律，对于光的性质，逻辑上判断其要么是粒子要么是波，这是违反排中律的。因为，对于光的性质，根据逻辑排中律，存在 4 种可能：是粒子而不是波；是波而不是粒子；既是波也是粒子；既不是波也不是粒子。依据排中律，应该断定上述 4 种情况恰好有一个成立。仅仅断定其中的 2 种情况恰好有一个成立，而遗漏了其他两种情况，这就违反了排中律。

二、模棱两不可

“模棱两可”出自《旧唐书·苏味道传》。说的是，唐朝前期著名诗人苏味道，仕途顺利、官运亨通，仅做宰相就长达数年之久。但他在位时并没做出什么突出成绩来。他老于世故，处事圆滑。他曾经对人说：“处事不欲决断明白，若有错误，必贻咎谴，但摸棱以持两端可矣。”时人由是号为“苏模棱”。“模棱两可”实际意味着“模棱两不可”，凡事不做决断、不置可否。准确地说，苏味道如果是对于两个互相矛盾的命题都不做决断、不置可否，并不违反排中律；但是如果他对于两个互相矛盾的命题都做否定的决断，那么他就违反了排中律，真正犯了“模棱两不可”的逻辑错误。

例 7.2.1

（1）在如何对待传统文化的讨论中，有两种观点：传统文化有些应该继承，传统文化有些不应该继承。李娟认为这两种观点都是正确的，而王娟认为这两种观点都是错误的。

（2）某镇长在向上级领导汇报工作时信誓旦旦地表示，“我们镇的每一项工作都非常出色”，但是当他面对媒体的质疑时又转而表示，“我们镇的某些工作不是非常出色”。此事被网络曝光，该镇长又出来解释说：我既不赞成“我们镇的每一项工作都非常出色”，也不赞成“我们镇的某些工作不是非常出色”。

在上例（1）中，“传统文化有些应该继承”和“传统文化有些不应该继承”是一对下反对关系命题，这是可以同真，但是不能同假的。李娟认为这两种观点都是正确的，并不违反排中律；王娟认为这两种观点都是错误的，违反了排中律，犯了“模棱两不可”的逻辑错误。在上例（2）中，“我们镇的每一项工作都非常出色”和“我们镇的某些工作不是非常出色”是一对矛盾关系命题，不能同真，也不能同假。该镇长开始断定了一对矛盾关系命题，违反了不矛盾律，犯了“自相矛盾”的逻辑错误；后来又否定了一对矛盾关系命题，违反了排中律，又犯了“模棱两不可”的逻辑错误。

思考题

1. 矛盾律和排中律有何区别？
2. 从报纸杂志或者网络文章中找出违反排中律的例子，并加以剖析。
3. 下列各题是否违反逻辑基本规律？如果违反，违反了什么规律？

（1）同时肯定同素材的 SAP 和 SEP。

（2）同时否定同素材的 SAP 和 SEP。

（3）同时肯定同素材的 SAP 和 SIP。

（4）同时否定同素材的 SAP 和 SIP。

（5）同时肯定同素材的 SAP 和 SOP。

（6）同时否定同素材的 SAP 和 SOP。

（7）同时肯定同素材的 SEP 和 SIP。

（8）同时否定同素材的 SEP 和 SIP。

（9）同时肯定同素材的 SEP 和 SOP。

（10）同时否定同素材的 SEP 和 SOP。

（11）同时肯定同素材的 SIP 和 SOP。

（12）同时否定同素材的 SIP 和 SOP。

（13）同时肯定 p 和 $\neg p$。

（14）同时否定 p 和 $\neg p$。

（15）同时肯定 $p \rightarrow q$ 和 $p \wedge \neg q$。

（16）同时否定 $p \rightarrow q$ 和 $p \wedge \neg q$。

（17）同时肯定 $p \leftarrow q$ 和 $\neg p \wedge q$。

（18）同时否定 $p \leftarrow q$ 和 $\neg p \leftrightarrow q$。

（19）同时肯定 $p \leftrightarrow q$ 和 $\neg p \leftrightarrow q$。

（20）同时否定 $p \leftrightarrow q$ 和 $\neg p \leftrightarrow q$。

（21）同时肯定 $p \dot{\vee} q$ 和 $p \leftrightarrow q$。

（22）同时否定 $p \dot{\vee} q$ 和 $p \leftrightarrow q$。

（23）同时肯定 $p \vee q$ 和 $\neg p \wedge \neg q$。

（24）同时否定 $p \vee q$ 和 $\neg p \wedge \neg q$。

（25）同时肯定$p \wedge q$和$\neg p \vee \neg q$。

（26）同时否定$p \wedge q$和$\neg p \vee \neg q$。

4. 分析下列断定，指出它们是否违反不矛盾律或者排中律。

（1）“或者把银杏加工项目放在邳州，或者把半夏生产项目放在睢宁”并且“既不把银杏加工项目放在邳州，也不把半夏生产项目放在睢宁”。

（2）“或者把银杏加工项目放在邳州，或者把半夏生产项目放在睢宁”并且“如果把银杏加工项目放在邳州，那么把半夏生产项目放在睢宁”。

（3）既非“或者把银杏加工项目放在邳州，或者把半夏生产项目放在睢宁”，也非“既不把银杏加工项目放在邳州，也不把半夏生产项目放在睢宁”。

（4）“或者把银杏加工项目放在邳州，或者把半夏生产项目放在睢宁”并且“要么把银杏加工项目放在邳州，要么把半夏生产项目放在睢宁”。

（5）“或者不把银杏加工项目放在邳州，或者把半夏生产项目放在睢宁”并且“把银杏加工项目放在邳州，当且仅当把半夏生产项目放在睢宁”。

（6）“把银杏加工项目放在邳州，当且仅当把半夏生产项目放在睢宁”并且“把银杏加工项目放在邳州，当且仅当不把半夏生产项目放在睢宁”。

（7）既非“把银杏加工项目放在邳州，并且把半夏生产项目放在睢宁”，也非“或者不把银杏加工项目放在邳州，或者不把半夏生产项目放在睢宁”。

（8）既非“如果银杏加工项目放在邳州，那么把半夏生产项目放在睢宁”，也非“只有把银杏加工项目放在邳州，才把半夏生产项目放在睢宁”。

5. 分析下列叙述中，是否存在违反逻辑基本规律的情况。

（1）或问文章有体乎？曰：无。又问无体乎？曰：有。然则果如何？曰：定体则无，大体则有。①

（2）人民群众是推动历史发展的决定因素，大多数太康人是人民群众，所以，大多数太康人是推动历史发展的决定因素。

（3）洧水甚大，郑之富人有溺者，人得其死者，富人请赎之，其人求金甚多，以告邓析。邓析曰：“安之，人必莫之卖矣。”得死者患之，以告邓析。邓析又答之曰：“安之，此必无所更买矣。”②

（4）范进没有中举时，被丈人胡屠户骂道：“不要失了你的时了！……这些中老爷的都是天上的文曲星！你不看见城里张府上那些老爷，都有万贯家私，一个个方面大耳？像你这尖嘴猴腮，也该撒泡尿自己照照！……”范进中举后，胡屠户道：“我哪里还杀猪！有我这贤婿，还怕后半世靠不着也怎的？我每常说，我的这个贤婿，才学又高，品貌又好，就是城里头那张府、周府这些老爷，也没有我女婿这样一个体面的相貌。”③

6. 在下列各题给出的若干选项中，找出符合要求的一项。

（1）对“这个推理不是间接推理，而是三段论”这一议论，说法正确的是？（　　）

A. 只违反矛盾律

① 〔金〕王若虚：《文辨》。
② 《吕氏春秋 · 离谓》。
③ 〔清〕吴敬梓：《儒林外史》。

B. 只违反排中律

C. 既违反不矛盾律又违反排中律

D. 不违反逻辑基本规律

（2）有一位雄心勃勃的年轻人想发明一种能够溶解一切物质的溶液。下面哪项劝告最能使这位年轻人改变初衷呢？（　　）

A. 许多人都已经对此做过尝试，没有一个是成功的

B. 理论研究证明这样一种溶液是不存在的

C. 研究此溶液需要复杂的工艺和设备，你的条件不具备

D. 这种溶液研制出来以后，你打算用什么容器来盛放它呢

（3）下面是济南、郑州、合肥、南京四城市某日的天气预报。已知四城市有三种天气情况：小雨、多云、晴，济南和合肥的天气相同。郑州和南京当天没有雨。以下推断不正确的是（　　）。

A. 济南小雨

B. 郑州多云

C. 合肥晴

D. 南京晴

（4）某家庭有 6 个孩子，3 个孩子是女孩。其中 5 个孩子有雀斑，4 个孩子有卷发。

以下哪项是可能的？（　　）

A. 2 个男孩有卷发但没有雀斑

B. 3 个有雀斑的女孩都没有卷发

C. 2 个有雀斑的男孩都没有卷发

D. 3 个有卷发的男孩只有 1 个有雀斑

（5）自 1990 年到 2005 年，中国的男性超重比例从 4% 上升到 15%，女性超重比例从 11% 上升到 20%。同一时期，墨西哥的男性超重比例从 35% 上升到 68%，女性超重比例从 43% 升到 70%。由此可见，无论在中国还是在墨西哥，女性超重的增长速度都高于男性超重的增长速度。

以下哪项陈述最为准确地描述了上述论证的缺陷？（　　）

A. 某一类个体所具有的特征通常不是由这些个体所组成的群体的特征

B. 中国与墨西哥两国在超重人口的起点上不具有可比性

C. 论证中提供的论据与所得出的结论是不一致的

D. 在使用统计数据时，忽视了基数、百分比和绝对值之间的相对变化

（6）胡品：谁也搞不清甲型流感究竟是怎样传入中国的，但它对我国人口稠密地区经济发展的负面影响是巨大的。如果这种疫病在今秋继续传播蔓延，那么，国民经济的巨大损失将是不可挽回的。

吴艳：所以啊，要想挽回这种损失，只需要阻止疫病的传播就可以了。

以下哪项陈述与胡品的断言一致而与吴艳的断言不一致？（　　）

A. 疫病的传播被阻断而国民经济遭受了不可挽回的损失

B. 疫病继续传播蔓延而国民经济遭受了不可挽回的损失

C. 疫病的传播被阻断而国民经济没有遭受不可挽回的损失

D. 疫病的传播被控制在一定范围内而国民经济没有遭受不可挽回的损失

（7）小东在玩“勇士大战”游戏，进入第二关时，界面出现四个选项。第一个选项是“选择任意选项都需支付游戏币”，第二个选项是

“选择本项后可以得到额外游戏奖励”，第三个选项是“选择本项后游戏不会进行下去”，第四个选项是“选择某个选项不需支付游戏币”。

如果四个选项中的陈述只有一句为真，则以下哪项一定为真？（　　）

A. 选择任意选项都需支付游戏币

B. 选择任意选项都无须支付游戏币

C. 选择任意选项都不能得到额外游戏奖励

D. 选择第二个选项后可以得到额外游戏奖励

E. 选择第三个选项后游戏能继续进行下去

参考答案

1. 矛盾律要求在若干互不相容的可能情况中，不能同时断定两者或者两者以上，只能断定其一；排中律要求在若干互不相容的可能情况中，必须断定其一。简言之，在若干互不相容的可能情况中断定得多了，就违反矛盾律；在若干互不相容的可能情况中断定得少了，就违反排中律。

2. 略。

3.（1）违反矛盾律。（2）不违反逻辑基本规律。（3）不违反逻辑基本规律。（4）不违反逻辑基本规律。（5）违反矛盾律。（6）违反排中律。（7）违反矛盾律。（8）违反排中律。（9）不违反逻辑基本规律。（10）不违反逻辑基本规律。（11）不违反逻辑基本规律。（12）违反排中律。（13）违反矛盾律。（14）违反排中律。（15）违反矛盾律。（16）违反排中律。（17）违反矛盾律。（18）违反排中律。（19）违反矛盾律。（20）违反排中律。（21）违反矛盾律。（22）违反排中律。（23）违反矛盾律。（24）违反排中律。（25）违反矛盾律。

（26）违反排中律。

4.（1）违反矛盾律。（2）不违反逻辑基本规律。（3）违反排中律。（4）不违反逻辑基本规律。（5）不违反逻辑基本规律。（6）违反矛盾律。（7）违反排中律。（8）违反排中律。

5.（1）不违反逻辑基本规律。（2）违反同一律。（3）不违反逻辑基本规律。（4）违反矛盾律。

6.（1）A；（2）D；（3）C；（4）C；（5）C；（6）A；（7）E。

第八讲

严密推理（一）：基于词项的推理

甲：什么情况？

乙：今天不是我女朋友过生日吗？总监过生日。

甲：你女朋友过生日，总监过生日。

乙：对。

甲：哦——，我明白了，你厉害呀！别人都是想方设法当老板娘，你当老板爹有高度啊。

乙：啊！不是不是！

……[①]

第一节 推理概述

一、推理及其结构

推理是由若干判断得出一个判断的思维形式。

例 8.1.1

（1）有些文学家是史学家，

所以，有些史学家是文学家。

（2）如果有些鲈鱼是鸟，

① 改编自 2019 年央视春晚节目《办公室的故事》。

而所有的鸟都会飞，

那么，有些鲈鱼会飞。

（3）这件事如果不是张三所为，那么就是李四所为，

这件事不是李四所为，

所以，这件事是张三所为。

（4）因云洒润，则芬泽易流；

乘风载响，则音徽自远。

是以德教俟物而济，荣名缘时而显。[①]

（5）金导电，

银导电，

铜导电，

铁导电，

铅导电，

金、银、铜、铁、铅都是金属，

所以，所有金属都导电。

在上例（1）中，由一个判断得出一个判断，在上例（2）、（3）、（4）中由两个判断得出一个判断，在上例（5）中由六个判断得出一个判断，它们都是推理。

推理分为前提和结论两个部分。前提是推理所依据的判断，结论是推理所得出的判断。如在上例（1）中，“有些文学家是史学家”是前提，“有些史学家是文学家”是结论。通常，我们使用横线将推理的前提和结论分开。

正如概念通过语词来表达，判断通过语句来表达一样，推理通过句

① 〔梁〕萧统：《文选·连珠》。

群来表达。但是，并非任何句群都表达推理。

例 8.1.2

（1）你没法欺骗自己，所以，你骗不了所有人。

（2）你骗得了别人，却永远骗不了你自己的良心。

在上例（1）中，两个语句之间存在前提和结论的推出关系，是一个推理；而在上例（2）中，两个语句之间不存在前提和结论的推出关系，不是推理。

在汉语中，表达前提和结论之间推出关系的词语有：

因为……所以……

由于……因此……

根据……可知……

……由此可见……

既然……就……

……则……

……因之……

……是以……

等等。

我们除了用横线来表达推出关系外，也经常使用符号"⊢"来表示推出关系。

二、推理的种类

1. 演绎推理、归纳推理、类比推理

推理可分为异类相推和同类相推，异类相推称为类比推理，同类相

推根据思维进程的不同又可以分为归纳推理和演绎推理，其中由特殊到一般的推理称为归纳推理，否则称为演绎推理。

例 8.1.3

（1）黄牛有蹄，牦牛有蹄，水牛有蹄，所以，所有的牛都有蹄。

（2）此牛角长，彼牛角短，角长者异于角短者，故此牛非彼牛。

（3）所有的牛都不是马，所有的黄牛都是牛，所以，所有的黄牛都不是马。

（4）牛不二，马不二，而牛马二。则牛不非牛，马不非马，而牛马非牛非马。[①]

（5）水牛是牛，水牛都有角；黄牛也是牛，所以，黄牛也都有角。

在上例的推理中，（5）由水牛的属性推出黄牛的属性，属于异类相推，是类比推理；（1）、（2）、（3）、（4）均属于同类相推，其中（1）由特殊推出一般，属于归纳推理；（2）、（3）、（4）分别由特殊推出特殊、一般推出特殊、一般推出一般，属于演绎推理。

2. 必然性推理、或然性推理

根据前提和结论之间的逻辑联系，可以把推理分为必然性推理和或然性推理。

必然性推理指的是如果前提真，那么结论一定真的推理。演绎推理和完全归纳推理属于必然性推理。

或然性推理指的是如果前提真，那么结论仅仅可能真的推理。不完全归纳推理和类比推理属于或然性推理。

---

① 《墨经・经说下》。

3. 直接推理、间接推理

根据推理中前提所含判断数目的不同，可以把推理分为直接推理和间接推理。

直接推理指的是前提只有一个判断的推理。

间接推理指的是前提含有两个或两个以上判断的推理。

4. 模态推理、非模态推理

根据推理中是否包含模态判断，可以把推理分为模态推理和非模态推理。

模态推理指的是推理的前提或者结论中包含模态判断的推理。

非模态推理指的是推理的前提和结论中均不包含模态判断的推理。

三、推理的形式有效性及其判定

判断有真假之分，推理有有效、无效之别。

一个推理既涉及前提和结论之间内容上的联系，又涉及前提和结论之间形式上的联系。推理的有效性不是针对内容上的联系而言的，而是仅仅就形式上的联系而言的。所以，推理的有效性指的是推理形式的有效性。

所谓推理形式，指的是推理的前提和结论在形式上的联系方式。例如，例 8.1.1 的推理形式是：

有些 S 是 P，
————————
所以，有些 P 是 S。

或者更简单地写作：SIP ├ PIS。

写出一个推理的推理形式，就是使用“├”或者横线等其他推理符号将其前提和结论的命题形式连接起来。

一般地讲，一个推理形式是有效的指的是：如果其前提是真的，则其结论一定是真的。例如，根据前文的真值表可知，$p \vdash \neg\neg p$ 就是一个有效的推理形式。

由此可见，一个推理是有效的，指的是该推理的推理形式是有效的；而一个推理形式是有效的当且仅当具有此推理形式的任一推理都不会出现前提真而结论假的情况。即一个推理是形式有效的，当且仅当具有此推理形式的任一推理，如果其前提是真的，则其结论一定也是真的。

例 8.1.4

所有的中华虎凤蝶都是蝴蝶，

所有的蜜蜂都不是中华虎凤蝶，

所以，所有的蜜蜂都不是蝴蝶。

该推理的推理形式是：

所有的 M 都是 P，

所有的 S 都不是 M，

所以，所有的 S 都不是 P。

不难看出如下推理也具有上述推理形式：

所有的蝴蝶都是昆虫，

所有的蜜蜂都不是蝴蝶，

所以，所有的蜜蜂都不是昆虫。

显然，这个推理的前提是真的，但是其结论是假的。因此，例 8.1.4 中的推理是一个无效的推理。

例 8.1.5

所有的蝴蝶都不是昆虫，

所有的中华虎凤蝶都是蝴蝶，

所以，所有的中华虎凤蝶都不是昆虫。

该推理的推理形式是：

所有的 M 都不是 P，

所有的 S 都是 M，

所以，所有的 S 都不是 P。

我们稍后可以证明，凡是具有此推理形式的任一推理，都不会出现前提真而结论假的情况。所以，例 8.1.5 中的推理是一个有效的推理。

要证明一个推理是无效的，只需像例 8.1.4 那样举出一个反例即可，但是要证明一个推理是有效的，用举例的方法显然是行不通的，因为如果用举例的方法证明一个推理是有效的，需要举出在所有的实例下都不会出现前提真而结论假的情况，但是对于一个推理形式而言，理论上可以举无限个例子，而这是做不到的。

研究哪些推理是有效的，如何判定一个推理形式是否有效，这是逻辑学研究的中心问题，下面将逐步讨论这一问题。

尽管例 8.1.5 是一个有效的推理，但是例 8.1.5 的结论“所有的中华虎凤蝶都不是昆虫”却是假的。这是因为，要由推理获得一个真结论，不仅要求推理是形式有效的，而且要求推理的前提也必须都是真的，而例 8.1.5 的前提之一“所有的蝴蝶都不是昆虫”是假的。

在本讲中，以下讨论的推理是以简单判断为基本单位的推理，这类推理的有效性主要依赖词项与词项之间的逻辑联系，我们在分析它们的推理形式时需要深入到句子内部，揭示以词项为基本单位的推理结构，所以称之为基于词项的推理。

第二节 直接推理

直接推理指的是以一个判断为前提的推理。本节讨论前提和结论都是简单性质判断的直接推理。

一、基于对当关系的直接推理

基于对当关系的直接推理就是依据性质判断的逻辑方阵，在同素材的各种性质判断之间进行的推理。

1. 基于矛盾关系的推理

矛盾关系，存在于 A 和 O 、E 和 I 之间。具有矛盾关系的两个判断，既不能同真，也不能同假。因此可以由一个判断为真，推出其矛盾判断为假；也可以由一个判断为假，推出其矛盾判断为真。

这样，根据矛盾关系，可得到如下八个有效的推理形式：

SAP ├ ¬ SOP

SEP ├ ¬ SIP

SIP ├ ¬ SEP

SOP ├ ¬ SAP

¬ SAP ├ SOP

¬ SEP ├ SIP

¬ SIP ├ SEP

¬ SOP ├ SAP

例 8.2.1

（1）房山区张坊镇大峪沟村产的大磨盘柿都非常好吃，

所以，并非房山区张坊镇大峪沟村产的大磨盘柿有些不是非常好吃。

（2）所有白鸡都不是油鸡，
———————————
所以，并非有些白鸡是油鸡。

（3）并非麻花都是天津产的，
———————————
所以，有些麻花不是天津产的。

（4）并非所有江苏人都不知道吴抄手，
———————————
所以，有些江苏人知道吴抄手。

2. 基于反对关系的推理

反对关系，存在于A和E之间。具有反对关系的两个判断，不能同真，可以同假。因此可以由一个判断是真的，推出其反对判断为假。

这样，根据反对关系，可得到如下两个有效的推理形式：

SAP $\vdash\neg$ SEP

SEP $\vdash\neg$ SAP

例 8.2.2

（1）竹叶青酒均产自山西汾阳，
———————————
所以，并非竹叶青酒均不产自山西汾阳。

（2）所有高邮咸鸭蛋都不是白洋淀松花蛋，
———————————
所以，并非高邮咸鸭蛋都是白洋淀松花蛋。

3. 基于下反对关系的推理

下反对关系，存在于O和I之间。具有下反对关系的两个判断，不能同假，可以同真。因此可以由一个判断是假的，推出其下反对判断为真。

这样，根据下反对关系，可得到如下两个有效的推理形式：

$\neg$ SIP $\vdash$ SOP

$\neg$ SOP $\vdash$ SIP

例 8.2.3

（1）并非有些上党连翘是河套蜜瓜，

所以，有些上党连翘不是河套蜜瓜。

（2）并非有些阿克苏冰糖心不是苹果，

所以，有些阿克苏冰糖心是苹果。

4. 基于差等关系的推理

差等关系，存在于 A 和 I、E 和 O 之间。具有差等关系的两个判断，如果全称判断是真的，则特称判断也是真的；如果全称判断是假的，则特称判断真假不定；如果特称判断是真的，则全称判断真假不定；如果特称判断是假的，则全称判断也是假的。因此可以由全称判断为真，推出其相应的特称判断为真；也可以由特称判断为假，推出其相应的全称判断为假。

这样，根据差等关系，可得到如下四个有效的推理形式：

SAP $\vdash$ SIP

SEP $\vdash$ SOP

$\neg$ SIP $\vdash \neg$ SAP

$\neg$ SOP $\vdash \neg$ SEP

例 8.2.4

（1）并非有些锦州玛瑙雕刻是抚顺煤精雕刻，

所以，并非锦州玛瑙雕刻都是抚顺煤精雕刻。

（2）并非有些扶余四粒红不是花生，
　　所以，并非扶余四粒红都不是花生。

而以下的直接推理形式都是无效的。

¬ SAP ├ SEP

¬ SEP ├ SAP

SIP ├ ¬ SOP

SOP ├ ¬ SIP

¬ SAP ├ ¬ SIP

¬ SEP ├ ¬ SOP

SIP ├ SAP

SOP ├ SEP

例 8.2.5

（1）并非水仙花都来自崇明，
　　所以，水仙花都不是来自崇明。

（2）并非风味杀生鱼都不是来自赫哲族，
　　所以，风味杀生鱼都是来自赫哲族。

上例中的两个推理都是无效的。

二、基于换质、换位的直接推理

基于换质、换位的直接推理就是通过改变前提的形式从而得出结论的直接推理。

1. 换质法

换质法是通过改变前提的质和谓项从而得出结论的直接推理。

例 8.2.6

（1）除暴济贫的行为都是正义的，

所以，除暴济贫的行为都不是非正义的。

（2）有些有理数是负数，

所以，有些有理数不是非负数。

换质法的基本规则是：

第一，结论和前提不同质，即前提是肯定的，则结论是否定的；前提是否定的，则结论是肯定的。

第二，结论的主项和前提相同，结论的谓项是前提谓项的矛盾概念。

根据上述规则，可以得到如下四个有效的推理形式（我们使用 $\overline{P}$ 表示 P 的矛盾概念）：

$SAP \vdash SE\overline{P}$

$SEP \vdash SA\overline{P}$

$SIP \vdash SO\overline{P}$

$SOP \vdash SI\overline{P}$

例 8.2.7

（1）首先通行的都是机动车，

所以，首先通行的都不是非机动车。

（2）张丽华养的宠物都不是脊椎动物，

所以，张丽华养的宠物都是无脊椎动物。

2. 换位法

换位法是通过交换前提中主、谓项的位置从而得出结论的直接推理。

例 8.2.8

（1）生活在千岛湖的都是淡水鱼，

所以，有些淡水鱼是生活在千岛湖的。

（2）有些昆虫是国家保护动物，

所以，有些国家保护动物是昆虫。

对于 A、E、I、O 四种性质判断，前提的谓项如果是单独概念，那么换为结论的主项之后就无法用全称量词或者特称量词来加以限制。因此，在涉及换位法的讨论中，A、E、I、O 四种性质判断，其主、谓项均为普遍概念。

换位法的基本规则：

第一，结论和前提的质相同，即前提是肯定的，则结论也是肯定的；前提是否定的，则结论也是否定的。

第二，结论的主项和谓项，分别是前提的谓项和主项。

第三，前提中不周延的项，到结论中也不得周延。

根据上述规则，可以得到如下三个有效的推理形式：

SAP ├ PIS

SEP ├ PES

SIP ├ PIS

例 8.2.9

（1）有理数都是实数，

所以，有些实数是有理数。

（2）有理数都不是无理数，

所以，无理数都不是有理数。

O 判断不能换位，因为如果换位，在前提中 O 判断的主项是不周延的，换位后，成为结论中 O 判断的谓项，它就周延了，这违反了换位法的第三条规则。

以下的换位法推理形式都是无效的：

$SAP \vdash PAS$

$SOP \vdash POS$

例 8.2.10

（1）中国人都是地球人，

所以，地球人都是中国人。

（2）有些地球人不是中国人，

所以，有些中国人不是地球人。

上例中的两个推理都是无效的。

3. 换质法与换位法的综合运用

换质法与换位法的综合运用就是交替使用换质法和换位法来进行推理。在推理过程中既要遵守换质法的推理规则，也要遵守换位法的推理规则。

由先换位而进行的推理（简称“换位质推理”）：

$SAP \vdash PIS \vdash PO\bar{S}$

$SEP \vdash PES \vdash PA\bar{S} \vdash \bar{S}IP \vdash \bar{S}O\bar{P}$

$SIP \vdash PIS \vdash PO\bar{S}$

SOP 不能换位，因此，SOP 无法先换位再换质。

例 8.2.11

（1）有机物都是化合物 ⊢有些化合物是有机物 ⊢有些化合物不是无机物

（2）软体动物都不是脊椎动物 ⊢脊椎动物都不是软体动物 ⊢脊椎动物都是非软体动物 ⊢有些非软体动物是脊椎动物 ⊢有些非软体动物不是无脊椎动物

（3）有些党员是博士⊢有些博士是党员⊢有些博士不是非党员

由先换质而进行的推理（简称“换质位推理”）：

$\mathrm{SAP} \vdash \mathrm{SE}\bar{\mathrm{P}} \vdash \bar{\mathrm{P}}\mathrm{ES} \vdash \bar{\mathrm{P}}\mathrm{A}\bar{\mathrm{S}} \vdash \bar{\mathrm{S}}\mathrm{I}\bar{\mathrm{P}} \vdash \bar{\mathrm{S}}\mathrm{OP}$

$\mathrm{SEP} \vdash \mathrm{SA}\bar{\mathrm{P}} \vdash \bar{\mathrm{P}}\mathrm{IS} \vdash \bar{\mathrm{P}}\mathrm{O}\bar{\mathrm{S}}$

$\mathrm{SOP} \vdash \mathrm{SI}\bar{\mathrm{P}} \vdash \bar{\mathrm{P}}\mathrm{IS} \vdash \bar{\mathrm{P}}\mathrm{O}\bar{\mathrm{S}}$

SIP 换质后得到 $\mathrm{SO}\bar{\mathrm{P}}$，无法再进行换位，因此，SIP 无法先换质再换位。

例 8.2.12

（1）蕨类植物都不是菌类植物⊢蕨类植物都是非菌类植物⊢有些非菌类植物是蕨类植物⊢有些非菌类植物不是非蕨类植物

（2）有些有害物质不是金属⊢有些有害物质是非金属⊢有些非金属是有害物质⊢有些非金属不是无害物质。

第三节　三段论

一、三段论及其结构

三段论是由两个包含着一个共同项的性质判断推出一个新的性质判断的推理。

例 8.3.1

（1）有些文昌市人是渔民，

所有文昌市人都是海南人，

所以，有些渔民是海南人。

（2）所有淮安人都不是沿海居民，

所有盱眙人是淮安人，

所以，所有盱眙人都不是沿海居民。

上例中的两个推理都是三段论。在例（1）中，两个前提的共同项是“文昌市人”；在例（2）中，两个前提的共同项是“淮安人”。

一个三段论是由三个A、E、I、O中的性质判断构成的，其中，两个是前提，一个是结论。

三段论前提和结论中的主项和谓项统称为项。任一有效的三段论，都包括并且只包括三个不同的项，每个项各出现两次。

在前提中出现两次的项称为中项，结论的主项称为小项，结论的谓项称为大项。

包含大项的前提称为大前提；包含小项的前提称为小前提。

例 8.3.2

（1）所有西安市人都不是延安市人，

所有长安区人都是西安市人，

所以，所有长安区人都不是延安市人。

（2）所有儋州市人都不是东方市人，

有些儋州市人是山区居民，

所以，有些山区居民不是东方市人。

在上例（1）中，“西安人”是中项，“长安区人”是小项，“延安人”是大项；“所有西安人都不是延安市人”是大前提，“所有长安区人都是西安市人”是小前提，“所有长安区人都不是延安市人”是结论。在上例（2）中，“儋州市人”是中项，“山区居民”是小项，“东方市人”是大项；“所有儋州市人都不是东方市人”是大前提，“有些儋州市人是山区居民”是小前提，“有些山区居民不是东方市人”是结论。

一个标准的三段论形式通常将大前提排在前，随后是小前提，结论排在最后。在下文中，我们将按照标准形式来书写三段论及其推理形式。

在三段论的推理形式中，通常使用大写字母 P 表示大项，使用大写字母 M 表示中项，使用大写字母 S 表示小项。

例 8.3.2（1）的推理形式：

所有 M 都不是 P，

所有 S 都是 M，

———————————

所以，所有 S 都不是 P。

也可以记为：

MEP

SAM

————

SEP

例 8.3.2（2）的推理形式：

所有 M 都不是 P，

有些 M 是 S，

———————————

所以，有些 S 不是 P。

也可以记为：

MEP

MIS

————

SOP

二、三段论的公理

三段论的公理：如果对一类对象的全部有所肯定或否定，则对该类对象的部分也有所肯定或否定。三段论的公理可以图示如下：

图一

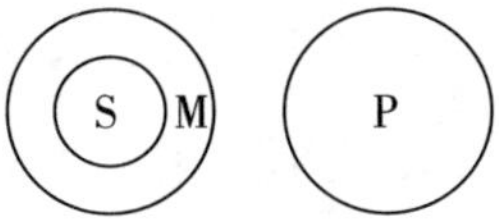

图二

图一表明，所有的M都是P，S是M的一部分，因此，所有的S都是P。图二表明，所有的M都不是P，S是M的一部分，因此，所有的S都不是P。三段论的这两个公理形式的有效性是自明的。

例 8.3.3

（1）所有广元市人都是四川人，

所有剑阁县人都是广元市人，

所以，所有剑阁县人都是四川人。

（2）所有泸州市人都不是汉中市人，

所有古蔺县人都是泸州市人，

所以，所有古蔺县人都不是汉中市人。

上例中的两个三段论其推理形式就是三段论的两个公理形式。

三段论的有效式有很多，但是它们都可以通过适当的途径由这两个公理形式推导出来。只是其中的过程比较复杂，故本书对此不作详细介绍。

三、三段论的一般规则

除了用公理可以推导出三段论其他有效的推理形式之外，三段论的一般规则也是判定一个三段论是否有效的基本标准。一个三段论如果符合这些一般规则，那么它就是一个有效的三段论；反之，一个三段论如果违反了一般规则，那么它就是一个无效的三段论。

三段论的一般规则共有七条，其中前五条是基本规则，后两条是导出规则，即后两条规则可以由前五条规则推出来。

规则一：有且只有三个不同的项

一个三段论显然不能只有一个项。另外，一个三段论不可能有四个以上的项，因为结论中有两个项，即小项和大项，大前提和小前提中除了大项、小项之外至多还能有两个不同的项，所以一个三段论至多能有四个项。但是，（1）一个三段论如果有四个项，那么其大前提和小前提中除了大项、小项之外还有两个不同的项，这样，其大前提和小前提中就没有共同的项；（2）一个三段论如果只有两个项，那么其大前提和小前提中除了大项、小项之外，没有别的项，这样其大前提和小前提中就会出现至少两个共同的项。这两种情形都不符合三段论的定义，因为根据定义，三段论的大前提和小前提中只包含着一个共同的项。所以，一个三段论有且只有三个不同的项。

违反这一规则，通常会犯所谓的“四项错误”，即在两个前提中出现了四个不同的概念。

例 8.3.4

（1）所有山阴县人都是朔州市人，

所有平顺县人都是长治市人，

所以，所有山阴县人都是平顺县人。

（2）人是万物之灵，

燕云十八骑都是人，

所以，燕云十八骑都是万物之灵。

在上例（1）、（2）中，两个前提都是真的，但是结论都是假的，所以都是无效推理。在上例（1）的两个前提中出现了四个不同的项“山阴县人”“朔州市人”“平顺县人”“长治市人”；在上例（2）的两个前提中出现的同一个语词“人”，所表达的是不同的概念，大前提中的“人”是一个集合概念，小前提中的“人”是一个非集合概念，所以，在上例（2）的两个前提中也出现了四个不同的项。因此，上例的两个推理都犯了“四项错误”。

规则二：中项至少要周延一次

在三段论中，中项是大项和小项相联系的中介。如果中项一次也不周延，那么说明在两个前提中，断定的都只是中项的部分外延，这样就可能导致大前提断定的是大项与中项的某部分相联系，小前提断定的是小项与中项的另一部分相联系。这样，大项和小项就不能通过中项发生联系，这样就不能由前提必然推出结论。

例 8.3.5

（1）出生于黄山脚下的都是出生于安徽省的，

出生于黄山市的也都是出生于安徽省的，

所以，出生于黄山市的……（？）

（2）出生于天长市的都是出生于安徽省的，

出生于黄山市的也都是出生于安徽省的，

所以，出生于黄山市的有些是出生于天长市的。

（3）出生于黄山市的都是出生于安徽省的，

出生于黄山区的也都是出生于安徽省的，

所以，出生于黄山区的有些不是出生于黄山市的。[①]

在上例（1），由于中项“出生于安徽省的”在两个前提中都不周

① 注：黄山市、天长市都属于安徽省，黄山区属于黄山市，但是天长市不属于黄山市。

延，所以不能确定能够得出四种可能的性质判断“出生于黄山市的都是出生于黄山脚下的”“出生于黄山市的都不是出生于黄山脚下的”“出生于黄山市的有些是出生于黄山脚下的”“出生于黄山市的有些不是出生于黄山脚下的”中的任一个。也许从实际情况看，“出生于黄山市的有些是出生于黄山脚下的”“出生于黄山市的有些不是出生于黄山脚下的”作为结论，都是正确的，但是即使如此，以此作为结论的上例（1）中的三段论仍然是一个无效的推理。

如果以“出生于黄山市的有些是出生于黄山脚下的”作为结论，那么上例（1）的推理形式：

PAM

SAM
―――――
SIP

上例（2）也是这种推理形式的三段论，这是一个前提真但是结论假的推理，因此，以“出生于黄山市的有些是出生于黄山脚下的”作为结论的上例（1）是一个无效推理。

如果以“出生于黄山市的有些不是出生于黄山脚下的”作为结论，那么上例（1）的推理形式：

PAM

SAM
―――――
SOP

上例（3）也是这种推理形式的三段论，这是一个前提真但是结论假的推理，因此，以“出生于黄山市的有些不是出生于黄山脚下的”作为结论的上例（1）也是一个无效推理。

违反这一规则，就会犯“中项两次不周延”的错误。

例 8.3.6

有些长乐市人是国际级运动健将，

梅花镇人都是长乐市人，

所以，有些梅花镇人是国际级运动健将。

在上例中，中项“长乐市人”两次都不周延，就犯了“中项两次不周延”的错误。因而上例也是一个无效的三段论。

本讲开头故事中所涉推理，如果整理成一个三段论，则是如下形式：

你女朋友今天过生日，

总监今天过生日，

总监是你女朋友。

该推理也犯了“中项两次不周延”的错误。①

规则三：在前提中不周延的项，到结论中也不得周延

该条规则显然是针对前提中的大、小项的。如果大项或者小项在前提中不周延，那么说明在前提中只是断定了大项或者小项的部分外延，因而在结论中，也只能断定大项或者小项的这一部分外延。

违反这一规则，就会犯“大项不当周延”或“小项不当周延”的错误。

例 8.3.7

（1）所有蚂蚱都是昆虫，

所有蜻蜓都不是蚂蚱，

所以，所有蜻蜓都不是昆虫。

（2）红蜻蜓都是非常美丽的，

红蜻蜓都是蜻蜓，

① 特别地，如果限定今天只有一个人过生日，则上述推理可以成立。

所以，蜻蜓都是非常美丽的。

在上例（1）中，大项“昆虫”在大前提中是肯定命题的谓项，是不周延的，但是在结论中大项“昆虫”是否定判断的谓项，是周延的，犯了“大项不当周延”的错误；在上例（2）中，小项“蜻蜓”在小前提中是肯定命题的谓项，是不周延的，但是在结论中小项“蜻蜓”是全称判断的主项，是周延的，犯了“小项不当周延”的错误。因而，上例中的两个三段论都是无效的。

规则四：两个否定前提推不出结论

如果两个前提都是否定的，那么在前提中，大项、小项均与中项相互排斥，中项就起不到联系大项、小项的作用，因此，两个否定前提推不出结论。

例 8.3.8

所有的鲫鱼都不是鳜鱼，

所有的鲤鱼也都不是鳜鱼，

所以，所有的鲤鱼……（？）

因为两个否定前提都断定“鲫鱼”“鲤鱼”和“鳜鱼”没有共同的外延，至于“鲫鱼”和“鲤鱼”之间的关系如何，无法由两个前提得出，因而推不出结论。

规则五：如果前提有一否定，则结论否定；如果结论否定，则前提有一否定

根据规则四，如果前提有一否定，则另一前提必为肯定。这样，在两个前提中，中项必定与否定前提中的一个项在外延上排斥，与肯定前提中的一个项在外延上相容，所以，只能断定大项、小项在外延上排斥。同样的道理，如果结论否定，则前提必有一否定。

例 8.3.9

所有秃鹰都是猛禽，

所有天鹅都不是猛禽，

所以，所有天鹅都不是秃鹰。

规则六：两个特称前提推不出结论

假设两个前提都是特称的，只能有如下三种情形：两个前提都是 O 判断；两个前提都是 I 判断；两个前提一个是 I 判断，一个是 O 判断。

如果两个前提都是 O 判断，那么根据规则四，两个否定前提推不出结论。

如果两个前提都是 I 判断，因为 I 判断的主、谓项都不周延，这样，两个前提中就没有周延的项，而根据规则二，中项至少要周延一次，所以，推不出结论。

如果两个前提一个是 I 判断，一个是 O 判断，因为 O 判断是否定判断，那么根据规则五，结论应该是否定的，这样大项在结论中周延，根据规则三可知，大项在前提中必须周延，而前提中只有 O 判断的谓项是周延的，这样大项必为 O 判断的谓项。除此之外，前提中再无周延的项，而根据规则二，中项至少要周延一次，所以，推不出结论。

综上所述，两个特称前提推不出结论。

规则七：如果两个前提中有一个是特称的，那么结论也是特称的

如果两个前提中有一个是特称的，那么根据规则六，另一个前提必定是全称的，这样，只能有如下四种情形：两个前提是 A 判断和 I 判断；两个前提是 A 判断和 O 判断；两个前提是 E 判断和 I 判断；两个前提是 E 判断和 O 判断。

但是，根据规则四，两个否定前提推不出结论，所以两个前提是 E

判断和 O 判断的情形是不可能的。这样只剩下三种情形，下面来分别证明。

如果两个前提是 A 判断和 I 判断，那么前提中只有一个周延的项，根据规则中项至少要周延一次，所以唯一周延的项只能是中项，这样，大项、小项在前提中都不周延，根据规则三，在前提中不周延的项，到结论中也不得周延，因此，结论只能是特称的。

如果两个前提是 A 判断和 O 判断，因为 O 判断是否定判断，根据规则五，结论应该是否定的，这样大项在结论中周延，根据规则三可知，大项在前提中必须周延，另外根据规则二，中项至少要周延一次，因为前提是 A 判断和 O 判断，前提中只有两个周延的项。这样，小项在前提中是不周延的，根据规则三，在前提中不周延的项，到结论中也不得周延，因此，结论只能是特称的。

如果两个前提是 E 判断和 I 判断，因为 E 判断是否定判断，根据规则五，结论应该是否定的，这样大项在结论中周延，根据规则三可知，大项在前提中必须周延，另外根据规则二，中项至少要周延一次，因为前提是 E 判断和 I 判断，故前提中只有两个周延的项。这样，小项在前提中是不周延的，根据规则三，在前提中不周延的项，到结论中也不得周延，因此，结论只能是特称的。

综上所述，如果两个前提中有一个是特称的，那么结论也是特称的。

三段论的七条一般规则中，前三条是关于主、谓项的；后四条是关于联项和量项的，其中第四条、第五条是关于否定的，第六条、第七条是关于特称的。

四、三段论的格

1. 什么是三段论的格

三段论的格指的是由于中项在前提中的不同位置而构成的三段论的不同形式。

在三段论的大、小前提中，中项可以分别是主项或者谓项。这样，形成了四种不同的形式：中项为大前提的主项、小前提的谓项；中项均为大、小前提的谓项；中项均为大、小前提的主项；中项为大前提的谓项、小前提的主项。即三段论共有四个格。

第一格，中项为大前提的主项、小前提的谓项，其结构为：

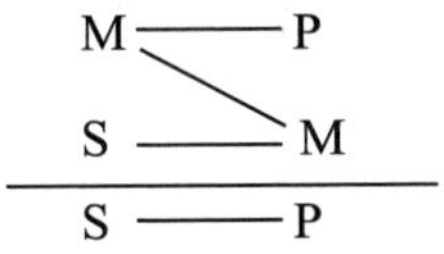

例 8.3.10

所有雀形目的鸟都不是企鹅目的，

百灵鸟都是雀形目的鸟，

所以，百灵鸟都不是企鹅目的。

第二格，中项均为大、小前提的谓项，其结构为：

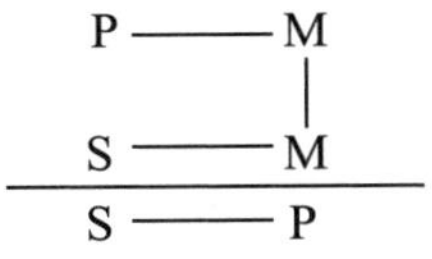

例 8.3.11

鸳鸯都是雁形目的，

鸵鸟都不是雁形目的，

所以，鸵鸟都不是鸳鸯。

第三格，中项均为大、小前提的主项，其结构为：

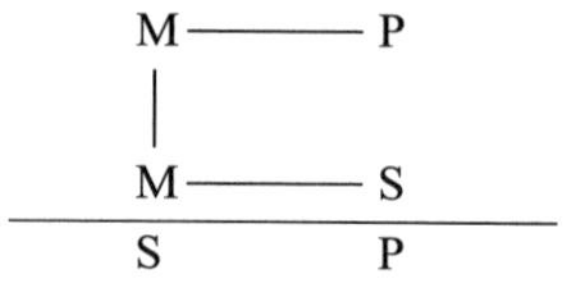

例 8.3.12

丹顶鹤都是鹤形目的，

丹顶鹤是国家级保护动物，

所以，有些国家级保护动物是鹤形目的。

第四格，中项为大前提的谓项、小前提的主项，其结构为：

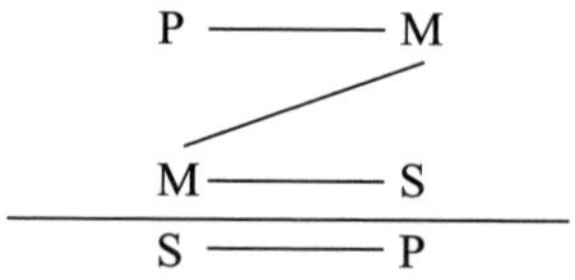

例 8.3.13

海东青都是隼形目的，

隼形目的都不是鸡形目的，

所以，鸡形目的都不是海东青。

在第三格和第四格中，小项是小前提的谓项，而在结论中，小项是结论的主项。对于 A、E、I、O 四种性质判断，小前提的谓项如果是单独概念，那么换为结论的主项之后就无法用全称量词或者特称量词来加以限制。为了避免这种情况，在本节关于三段论的讨论中，A、E、I、O 四种性质判断，其主、谓项均为普遍概念，当然第一、第二格也可以不受这个条件的限制。

2. 三段论四格的具体规则

三段论各格的具体规则都是导出规则，它们都可以通过三段论的一般规则来加以证明。

第一格的规则：

（1）小前提必须是肯定的。

（2）大前提必须是全称的。

证明：

（1）如果小前提是否定的，那么根据规则五，结论也是否定的，这样，大项在结论中周延。根据规则三，大项在大前提中也必须周延。在第一格中，大项是大前提的谓项，大项要在大前提中周延，则大前提必须是否定的。根据规则四，两个否定前提推不出结论。所以，假设不成立，小前提必须是肯定的。

（2）根据（1），小前提必须是肯定的，在第一格中，小前提的谓项是中项，这样中项在小前提中不周延，根据规则二，中项在大前提中必须周延，在第一格中，中项是大前提的主项，所以，大前提必须是全称的。

第二格的规则：

（1）前提中必须有一个是否定的。

（2）大前提必须是全称的。

证明：

（1）在第二格中，中项均为大、小前提的谓项，根据规则二，中项至少要周延一次，所以，前提中必须有一个是否定的。

（2）根据（1），前提中必须有一个是否定的，根据规则五，则结论是否定的，这样，大项在结论中周延，根据规则三，大项在前提中必须周延。在第二格中，大项是大前提的主项，所以，大前提必须是全称的。

第三格的规则：

（1）小前提必须是肯定的。

（2）结论必须是特称的。

证明：

（1）假设小前提是否定的，根据规则五，则结论是否定的，这样，大项在结论中周延，根据规则三，大项在前提中必须周延。在第三格中，大项是大前提的谓项，所以，大前提必须是否定的。根据规则四，两个否定前提推不出结论。所以，假设不成立，因此，小前提必须是肯定的。

（2）根据（1），小前提必须是肯定的，在第三格中，小项是小前提的谓项，因此，小项在小前提中不周延，根据规则三，小项在结论中也不得周延，因此，结论必须是特称的。

第四格的规则：

（1）如两个前提有一否定，则大前提必须全称。

（2）如大前提肯定，则小前提必须全称。

（3）如小前提肯定，则结论必须特称。

（4）任何一个前提都不能是特称否定判断。

（5）结论不能是全称肯定判断。

证明：

选证（5），其他作为练习。

如果结论是全称肯定判断，那么小项在结论中周延，根据规则三，小项在前提中也必须周延，在第四格中，小项是小前提的谓项，因此小前提必须是否定的，这样，根据规则五，则结论也应该是否定的，这与假设矛盾。所以，假设不成立，结论不能是全称肯定判断。

三段论四格的具体规则和三段论的一般规则不同，三段论的一般规则是一个三段论是否有效的充分必要条件，但是四格的具体规则只是三段论有效的必要条件。即违反四格的具体规则，这个三段论一定不是有效的；但是不违反四格的具体要求，这个三段论也未必是有效的。

例 8.3.14

乌贼都是软体动物，

有些海产品是乌贼，

所以，所有海产品都是软体动物。

上例中的推理是一个第一格的三段论。它并不违反第一格的两条具体规则，但是它违反了一般规则三，犯了“小项不当周延”的错误，因此是一个无效的三段论。

五、三段论的式

1. 什么是三段论的式

三段论的式指的是 A、E、I、O 四种判断在两个前提和结论中的各种不同组合所构成的三段论形式。

例 8.3.15

（1）所有的蔷薇科植物都不是银杏科的，

所有的月季花都是蔷薇科植物，

所以，所有月季花都不是银杏科的。

（2）辣椒都是茄科植物，

辣椒都是蔬菜，

所以，有些蔬菜是茄科植物。

上例（1）中三段论的大前提、小前提和结论分别是E判断、A判断和E判断，所以，（1）中三段论是EAE式；上例（2）中三段论的大前提、小前提和结论分别是A判断、A判断和I判断，所以，（2）中三段论是AAI式。

2. 三段论的可能式和有效式

在三段论的每个格中，其大前提、小前提和结论都可以分别是A、E、I、O四种判断中的一种，因此，每个格共有4×4×4=64种可能式，四个格共有64×4=256种可能式。

三段论的所有可能式中有相当一部分是无效式。例如：

第一格的AEE式，违反了三段论规则三，大项在大前提中不周延，但是在结论中周延了，因而是一个无效式。

第二格的AAA式，中项在两个前提中均不周延，违反了三段论规则二，因而是一个无效式。

第三格的EEO式，大、小前提均为否定，违反了三段论规则四，因而是一个无效式。

第四格的AAE式，前提均为肯定，但是结论是否定的，违反了三段论规则五，因而是一个无效式。

根据三段论的一般规则来检验三段论所有的256种可能式，可以得出如下24个有效式：

第一格	第二格	第三格	第四格
AAA	AEE	AAI	AAI
EAE	EAE	EAO	EAO
AII	AOO	AII	AEE
EIO	EIO	EIO	EIO
（AAI）	（AEO）	IAI	IAI
（EAO）	（EAO）	OAO	（AEO）

一个三段论是有效的，当且仅当它是如上的 24 个式中的一个。

在上述 24 个有效式中，有 5 个是带有括号的，称为弱式。所谓弱式指的是根据前提本来可以得出全称的结论，但却给出了特称的结论。如第二格的（AEO）式和（EAO）式都是弱式，因为第二格的 AEE 式和 EAE 式都是一个有效式。即在第二格中，前提一个为全称肯定判断，一个为全称否定判断，本来都可以得出全称否定判断，但是在（AEO）式和（EAO）式中却只给出了一个特称否定判断，因此（AEO）式和（EAO）式都是弱式。

六、三段论的省略形式

1. 什么是三段论的省略形式

一个完整的三段论包括大前提、小前提和结论三个部分。在日常语言中，常常会省略掉不言自明的部分，表现为省略形式的三段论。

省略形式的三段论有省略大前提、省略小前提和省略结论三种形式。

例 8.3.16

（1）干部也是人，

干部也免不了要犯错误。

（2）所有打算成为公务员的都必须参加统一的招录考试，

研究生也必须参加统一的招录考试。

（3）任何竞争激烈的考试都必须认真准备，

公务员招录考试是竞争激烈的考试。

上例中的三个推理都是三段论的省略形式，其中（1）是省略大前提。它的完整形式为：

所有人都免不了要犯错误，

干部也是人，

所以，干部也免不了要犯错误。

其中（2）是省略小前提。它的完整形式：

所有打算成为公务员的都必须参加统一的招录考试，

研究生打算成为公务员，

所以，研究生也必须参加统一的招录考试。

其中（3）是省略结论。它的完整形式：

任何竞争激烈的考试都必须认真准备，

公务员招录考试是竞争激烈的考试，

公务员考试必须认真准备。

2. 省略形式三段论的恢复

在语言表达上，省略形式的三段论有时显得简洁有力，但是有时也可能将虚假的前提或者错误的推理形式隐藏起来。在必要的情况下，我们需要把省略的部分补充起来。

例 8.3.17

这些鸟都非常美丽，

所以，这些鸟都是国家保护动物。

在上例中，如果我们将其省略的大前提补充进来，如下两种情形：

（1）凡是非常美丽的鸟都是国家保护动物，

这些鸟都非常美丽，

所以，这些鸟都是国家保护动物。

（2）有些非常美丽的鸟是国家保护动物，

这些鸟都非常美丽，

所以，这些鸟都是国家保护动物。

在第一种情形中，推理形式是有效的，但是省略的大前提“非常美丽的鸟都是国家保护动物”是错误的；在第二种情形下，省略的大前提“有些非常美丽的鸟是国家保护动物”是正确的，但是推理形式是错误的，违反了规则二，中项两次不周延。

省略形式三段论的恢复，一般可以按照如下步骤进行：

首先，确定结论是否被省略。这可以根据联结词和推理的语境来加以判断。如果是结论被省略，那么首先找到出现两次的共同项即中项，然后确定大项和小项，进而得出结论。

其次，如果结论没有被省略，那么根据结论不难确定大项和小项，进而确定省略的是大前提还是小前提，如果大项没有在前提中出现，就可知省略的是大前提；如果小项没有在前提中出现，就可知省略的是小前提。

最后，将省略的前提以适当的形式补充进来。补充时要兼顾推理形式的有效性和前提的正确性。

例 8.3.18

（1）所有想成为科学家的都要好好学习数学，

有些技术学院的学生不想成为科学家。

（2）各种哲学都不是经验科学，

所以，各种哲学都不是有实用价值的。

（3）音乐都是需要天赋的，

所以，所有艺术都是需要天赋的。

在上例（1）中，推理省略了结论，两个前提中的共同项“想成为科学家”是中项，剩下的两个项“要好好学习数学”“技术学院的学生”是大项、小项。根据语义，“有些技术学院的学生不要好好学习数学”可作为此推理的结论。这样，上例（1）的完整形式为：

所有想成为科学家的都要好好学习数学，

有些技术学院的学生不想成为科学家，

所以，有些技术学院的学生不要好好学习数学。

这个三段论违反了规则三，前提中不周延的大项“要好好学习数学”在结论中周延了，因此是一个无效的三段论。

在上例（2）中，推理没有省略结论，结论中的大项“有实用价值的”在前提中没有出现，可见是省略了大前提，需要将大项“有实用价值的”和结论中没有出现的中项“经验科学”联结起来形成大前提。如果考虑推理形式的有效性，则可以将“有实用价值的都是经验科学”作为大前提，其完整的推理形式为：

有实用价值的都是经验科学，

各种哲学都不是经验科学，

所以，各种哲学都不是有实用价值的。

这是一个有效的三段论，但是大前提“有实用价值的都是经验科学”是错误的。

如果考虑大前提的正确性，则可以将“有实用价值的有些是经验科学”或者“经验科学是有实用价值的”作为大前提，其完整的推理形式为：

有实用价值的有些是经验科学，

各种哲学都不是经验科学，

所以，各种哲学都不是有实用价值的。

经验科学是有实用价值的，

各种哲学都不是经验科学，

所以，各种哲学都不是有实用价值的。

这两个推理违反了规则三，前提中不周延的大项“有实用价值的”在结论中周延了，因此都是无效的三段论。

在上例（3）中，推理没有省略结论，结论中的小项“艺术”在前提中没有出现，可见是省略了小前提，需要将小项“艺术”和结论中没有出现的中项“音乐”联结起来形成小前提。如果考虑推理形式的有效性，则可以将“艺术都是音乐”作为小前提，其完整的推理形式为：

艺术都是音乐，

音乐都是需要天赋的，

所以，所有艺术都是需要天赋的。

这是一个有效的三段论，但是小前提“艺术都是音乐”是错误的。

如果考虑小前提的正确性，则可以将“音乐都是艺术”作为小前提，其完整的推理形式为：

音乐都是艺术，

音乐都是需要天赋的，

所以，所有艺术都是需要天赋的。

这个推理违反了规则三，前提中不周延的小项“艺术”在结论中周延了，因此是一个无效的三段论。

第四节　关系推理

一、关系推理及其分类

关系推理就是前提中至少有一个是关系判断的推理。一般是根据前提中关系的逻辑性质进行推理的。

例 8.4.1

（1）利川市在恩施市的西边，

恩施市在五峰土家族自治县的西边，

所以，利川市在五峰土家族自治县的西边。

（2）麻城市大于红安县，

红安县不大于麻城市。

上例中的推理都是关系推理。本节主要研究两类常见的关系推理：纯关系推理和混合关系推理。

二、纯关系推理

纯关系推理指的是前提和结论都是关系判断的推理。下面介绍其中的四种：

1. 对称关系推理

对称关系推理就是根据关系的对称性而进行的推理。

例 8.4.2

（1）康保县和张北县相邻，

所以，张北县和康保县相邻。

（2）隆化县和滦平县属于同一个市，

所以，滦平县和隆化县属于同一个市。

上例中的“……和……相邻”以及“……和……属于同一个市”都是对称关系，所以上述推理都是有效的推理。

如果用 R 表示对称关系，则对称关系推理的一般形式是：

aRb，

所以，bRa。

2. 禁对称关系推理

禁对称关系推理就是根据关系的禁对称性而进行的推理。

例 8.4.3

（1）肃南裕固族自治县属于张掖市，

所以，张掖市不属于肃南裕固族自治县。

（2）镇原县人口多于环县，

所以，环县人口不多于镇原县。

上例中的“属于”以及“……人口多于……”都是禁对称关系，所以上述推理都是有效的推理。

如果用 R 表示禁对称关系，用 $\overline{R}$ 表示关系 R 的否定，则禁对称关系推理的一般形式是：

aRb，

所以，b$\overline{R}$a。

3. 传递关系推理

传递关系推理就是根据关系的传递性而进行的推理。

例 8.4.4

（1）玉龙雪山高于点苍山，

点苍山高于哀牢山，

所以，玉龙雪山高于哀牢山。

（2）洞庭湖阔于太湖，

太湖阔于巢湖，

所以，洞庭湖阔于巢湖。

上例中的“……高于……”以及“……阔于……”都是传递关系，所以上述推理都是有效的推理。

如果用 R 表示传递关系，则传递关系推理的一般形式是：

aRb，

bRc，

所以，aRc。

4. 禁传递关系推理

禁传递关系推理就是根据关系的禁传递性而进行的推理。

例 8.4.5

（1）王旷是王羲之的父亲，

王羲之是王献之的父亲，

所以，王旷不是王献之的父亲。

（2）小惠比小兰大 10 岁，

小兰比小芬大 10 岁，

所以，小惠不比小芬大 10 岁。

上例中的“……是……的父亲”以及“……比……大 10 岁”都是

禁传递关系，所以上述推理都是有效的推理。

如果用 R 表示禁传递关系，用 $\overline{R}$ 表示关系 R 的否定，则禁传递关系推理的一般形式是：

aRb，

bRc，

所以，$a\overline{R}c$。

三、混合关系推理

混合关系推理指的是两个前提，分别是关系判断和性质判断，结论是关系判断的推理。

例 8.4.6

（1）所有芝罘区街道都属于烟台市，

凤凰台街道是芝罘区的，

所以，凤凰台街道属于烟台市。

（2）所有比较理性的人都不喜欢追星族，

有些研究生是比较理性的人，

所以，有些研究生不喜欢追星族。

上例中的两个推理都是混合关系推理。混合关系推理的一般形式是：

所有的 a 与 b 有关系 R，

c 是 a，

所以，c 与 b 有关系 R。

混合关系推理的结构类似于三段论。一个混合关系推理包括两个前提、一个结论，在前提和结论中只有三个不同的项，在两个前提中有一个共同的项，这个项也可以称为媒介项。因此，混合关系推理也称作关系三段论。

混合关系推理有以下几条规则：

（1）媒介项在前提中至少要周延一次。

（2）在前提中不周延的项在结论中不得周延。

（3）前提中的性质判断必须是肯定的。

（4）如果前提中的关系判断是肯定的，则结论中的关系判断也应是肯定的；如果前提中的关系判断是否定的，则结论中的关系判断也应是否定的。

（5）如果关系不是对称的，则在前提中关系者的前项（或者后项）在结论中也应作为关系者的前项（或者后项）。

例 8.4.7

（1）所有议员都赞同这个提案，

赫尔不是议员，

所以，赫尔不赞同这个提案。

（2）有些议员赞同这个提案，

赫尔是议员，

所以，赫尔赞同这个提案。

（3）所有议员都赞同这个提案，

赫尔是议员，

所以，赫尔也赞同这个提案。

上例（1）中的推理，违反了第三条规则，前提中的性质判断不是肯定的，是一个无效的推理；上例（2）中的推理，违反了第一条规则，中项在前提中一次都不周延，是一个无效的推理；上例（3）中的推理不违反上述规则，是一个有效的推理。

思考题

1. 推理获得正确结论的条件是什么？

2. 指出下列推理哪些属于演绎推理？哪些属于归纳推理？哪些属于类比推理？

（1）莫见乎隐，莫显乎微。故君子慎其独也[①]。

（2）有些人悲悯所有的人，所以，所有的人都被有些人所悲悯。

（3）人之生也柔弱，其死也坚强。草木之生也柔脆，其死也枯槁。故坚强者死之徒，柔弱者生之徒。[②]

（4）先王之所以为法者，人也，而己亦人也。故察己则可以知人，察今则可以知古。古今一也，人与我同耳。[③]

（5）神之于质，犹利之于刃；形之于用，犹刃之于利。利之名非刃也，刃之名非利也，然而舍利无刃，舍刃无利。未闻刃没而利存，岂容形亡而神在？[④]

3. 下列根据对当关系所进行的推理是否正确？为什么？

（1）所有公民都是选民，所以，并非所有的公民都不是选民。

（2）有些人是理想主义者，所以，有些人不是理想主义者。

（3）有些议员不是博士，所以，并非所有议员都是博士。

（4）所有修道者都不是嗜酒的，所以，有些修道者是嗜酒的。

（5）所有军官都是军校毕业的，所以，有些军官是军事专家。

（6）有些海盗不是非洲的，所以，并非所有海盗都不是非洲的。

4. 由“所有墨者都是义士”能否推出下列结论？为什么？

---

① 《中庸》。
② 《老子》第七十六章。
③ 《吕氏春秋·察今》。
④ 〔南朝齐梁〕范缜：《神灭论》。

（1）有些义士是墨者。

（2）有些非墨者是义士。

（3）有些义士不是墨者。

（4）并非有义士不是墨者。

（5）有些非墨者不是义士。

（6）所有非义士都不是墨者。

5. 判断下列三段论是否正确？为什么？

（1）所有的鸟都会飞，家禽都是鸟，所以，家禽都会飞。

（2）固始白鹅都肉质鲜美，彭州鹅也都肉质鲜美，所以固始白鹅是彭州鹅。

（3）所有的人都是蝴蝶，所有的白菜都是人，所以，所有的白菜都是蝴蝶。

（4）所有兔子都是跑得很快的，跑得很快的有些会飞，所以，有的兔子会飞。

（5）中国人是勤劳勇敢的，滕州人都是中国人，所以，滕州人都是勤劳勇敢的。

（6）所有的诗人都不是会计，所有会计都不是参议员，所以，有些诗人是参议员。

（7）自学青年都是有志青年，有些自学青年处境艰难，所以，有些有志青年处境艰难。

（8）有些砀山梨超过 400 克，有些砀山梨呈金黄色，所以，有些呈金黄色的梨超过 400 克。

（9）所有道士都是淡泊名利的，所有道士都是高洁之士，所以，所有高洁之士都是淡泊名利的。

（10）有些石头是珍贵的玉石，蓝田玉石都是色彩斑斓的极品，所以，有些石头是色彩斑斓的极品。

（11）所有喜剧演员都不是白痴，所有白痴都不是历史剧演员，所以，有些喜剧演员是历史剧演员。

（12）有些逻辑学家也是数学家，有些数学家是菲尔兹奖获得者，所以，有些逻辑学家是菲尔兹奖获得者。

（13）平度天柱山摩崖石刻都非常精美，平度天柱山摩崖石刻是我国稀有的书法刻石艺术瑰宝，所以，我国稀有的书法刻石艺术瑰宝都非常精美。

6. 从实际语料中找出若干省略三段论，指出省略了哪一部分，将其补充完整并判定其是否有效。

7. 从实际语料中找出若干关系推理的例子，并分析其是否有效。

8. 凡有关国家机密的案件都不是公开审理的案件。据此，我们可以推出（　　）。

A. 不公开审理的案件都是有关国家机密的案件

B. 公开审理的案件都不是有关国家机密的案件

C. 有关国家机密的某些案件可以公开审理

D. 不涉及国家机密的有些案件可以不公开审理

9. 某公司员工都具有理财观念。有些购买基金的员工买了股票，凡是购买地方债券的员工都买了国债，但所有购买股票的员工都不买国债。

根据以上前提，以下哪个选项一定为真？（　　）

A. 有些购买了基金的员工没有买地方债券

B. 有些购买了地方债券的员工没有买基金

C. 有些购买了地方债券的员工买了基金

D. 有些购买了基金的员工买了国债

10. 杨明资助过李涛，李涛资助过王伟。如今，王伟比杨明更富有，但是杨明生活得最幸福。

根据以上陈述，能够得出以下哪项结论？（　　）

A. 有人曾资助过现在比自己富有的人

B. 富有的人曾经得到过其他穷人的资助

C. 资助别人可以获得幸福

D. 幸福与财富无关

参考答案

1. 推理获得正确结论的条件是推理的前提是正确的，所运用的推理形式是有效的。

2.（1）、（3）、（4）属于归纳推理；（2）属于演绎推理；（5）属于类比推理。

3.（1）正确，SAP 和 SEP 是反对关系，由 SAP 为真可以得出 SEP 为假。

（2）不正确，SIP 和 SOP 是下反对关系，由 SIP 为真不能得出 SOP 为真。

（3）正确，SOP 和 SAP 是矛盾关系，由 SOP 为真可以得出 SAP 为假。

（4）不正确，SEP 和 SIP 是矛盾关系，由 SEP 为真不能得出 SIP 为真。

（5）正确，SAP 和 SIP 是差等关系，由 SAP 为真可以得出 SIP 为真。

（6）不正确，SOP 和 SEP 是差等关系，由 SOP 为真不能得出 SEP 为假。

4.（1）可以，由 SAP 判断可以换位推出 PIS。

（2）不可以，无法由换质、换位得到。

（3）不可以，无法由换质、换位得到。

（4）不可以，无法由换质、换位得到。

（5）可以，由 SAP 可得 $SE\overline{P}$，可得 $\overline{P}ES$，可得 $\overline{P}A\overline{S}$，可得 $\overline{S}I\overline{P}$，可得 $\overline{S}OP$。

（6）可以，由 SAP 可得 $SE\overline{P}$，可得 $\overline{P}ES$，可得 $\overline{P}A\overline{S}$。

5.（1）正确，不违反三段论规则。

（2）不正确，中项两次均不周延。

（3）不正确，中项两次均不周延。

（4）不正确，中项两次均不周延。

（5）不正确，犯了“四概念”错误。

（6）不正确，两个否定前提无法推出结论。

（7）正确，不违反三段论规则。

（8）不正确，两个特称前提无法推出结论。

（9）不正确，犯了“小项不当周延”的错误。

（10）不正确，犯了“四概念”错误。

（11）不正确，两个否定前提无法推出结论。

（12）不正确，两个特称前提无法推出结论。

（13）不正确，犯了“小项不当周延”的错误。

6. 略。

7. 略。

8. B。

9. A。

10. A。

第九讲
严密推理（二）：基于命题的推理

据说，尤拉苏斯拜普罗泰戈拉为师学习法律。双方签了一个合同，学生首先付给老师一半学费，另一半学费则要等到学生第一次出庭打赢官司后再支付。可是尤拉苏斯毕业后一直没有打到官司，剩下的那一半学费也就迟迟未付。普罗泰戈拉终于等不及了，就向法庭起诉，要求学生支付另一半学费。开庭前，普罗泰戈拉希望协商解决，他对尤拉苏斯说："如果你打赢这场官司，依照合同，你得把另一半学费付给我；如果你打输这场官司，那么根据法庭判决，你也得把另一半学费付给我。所以，不管你这场官司是赢是输，你都要把另一半学费付给我。"哪知尤拉苏斯不接受调解，并且反驳道："如果我打输这场官司，依照合同，我不需要把另一半学费付给你；如果我打赢这场官司，那么根据法庭判决，我也不需要把另一半学费付给你。所以，不管我这场官司是赢是输，我都不需要把学费付给你。"

第一节　联言推理

本讲讨论的推理主要是涉及复合判断的推理，这类推理的有效性主要依赖于命题与命题之间的逻辑联系，我们在分析它们的推理形式时不需要深入到句子内部，只是以命题为基本单位来揭示其推理结构，所以称为基于命题的推理。

一、什么是联言推理

联言推理就是前提或者结论是联言判断的推理。

例 9.1.1

（1）婺源山明水秀，

婺源物产富饶，

所以，婺源不仅山明水秀，而且物产富饶。

（2）司马迁既是文学家，也是史学家，

所以，司马迁是史学家。

上例中的两个推理都是联言推理。其中（1）的结论是一个联言判断，（2）的前提是一个联言判断。

二、联言推理的种类

联言推理主要有两种推理形式：分解式和合成式。

1. 分解式

分解式是前提为联言判断、结论为某一支判断的联言推理。

例 9.1.2

（1）学术领导要品学兼优，

所以，学术领导要学术优秀。

（2）边看电视边喝茶，能减少电视辐射的危害，并能保护视力，

所以，边看电视边喝茶，能保护视力。

联言推理分解式的推理形式是：

p 并且 q，　　　或者　　　p 并且 q，

所以，p。　　　　　　　　所以，q。

也简写为：

p ∧ q ├p，或者 p ∧ q ├q。

2. 合成式

合成式是前提为支判断、结论为联言判断的联言推理。

例 9.1.3

（1）岳飞是军事家，

岳飞是词人，

所以，岳飞既是军事家，又是词人。

（2）这个厂只有 20 人，

这个厂全年利润 200 万美元，

所以，这个厂尽管只有 20 人，但是全年利润 200 万美元。

联言推理合成式的推理形式是：

p，

q，

所以，p 并且 q。

也简写为：

p，q ├p ∧ q。

联言推理分解式、合成式的有效性可以通过下面的真值表得到证明：

p	q	p ∧ q
1	1	1
1	0	0
0	1	0
0	0	0

在上面的真值表中，第一、二列给出了 p、q 所有可能的真值组合。从上面的真值表可以看出，$p \wedge q$ 为真只有第一行，在这一行，p、q 均为真，这说明，如果 $p \wedge q$ 为真，则 p、q 一定真，所以，联言推理的分解式是有效的；从上面的真值表还可以看出，p、q 同时为真只有第一行，在这一行，$p \wedge q$ 为真，这说明，如果 p、q 均为真，则 $p \wedge q$ 一定真，所以，联言推理的合成式也是有效的。

一个推理形式是有效的，指的是如果其前提是真的，则结论一定是真的。由此还可以用一种简单的办法来判定一个基于命题的推理是否有效。这就是首先将推理的前提用“合取”联结起来，然后将前提和结论用“蕴涵”联结起来，如果得到的命题形式在真值表中的每一行都是真的（这样的公式称为永真式），则该推理就是有效式；否则，就是无效式。

例如，联言推理的分解式就是要判定 $p \wedge q \rightarrow p$ 或者 $p \wedge q \rightarrow q$ 是不是永真式。

p	q	$p \wedge q$	$p \wedge q \rightarrow p$	$p \wedge q \rightarrow q$
1	1	1	1	1
1	0	0	1	1
0	1	0	1	1
0	0	0	1	1

由上表看出，$p \wedge q \rightarrow p$ 和 $p \wedge q \rightarrow q$ 都是永真式，所以联言推理的分解式是有效的。

正因为如此，有时我们亦可以将联言推理的分解式直接表示为：$p \wedge q \rightarrow p$ 和 $p \wedge q \rightarrow q$。一般地，在下文中，我们有时也使用 $p \rightarrow q$ 来表示 $p \vdash q$，使用 $p \wedge q \rightarrow r$ 来表示 $p, q \vdash r$，等等。

第二节 选言推理

一、什么是选言推理

选言推理就是前提或者结论包含有选言判断的推理。

例 9.2.1

（1）那个盲人要么戴红帽子要么戴白帽子，

那个盲人戴红帽子，

———————————————

所以，那个盲人没有戴白帽子。

（2）该厂成本降低或者是因为节省开支，或者是因为提高效率，

该厂成本降低不是因为节省开支，

———————————————

所以，该厂成本降低是因为提高效率。

上述两个推理的前提中都有一个是选言判断，它们都是选言推理。

根据前提中所含的选言判断的不同，选言推理可分为两类：相容选言推理和不相容选言推理。

二、相容选言推理

相容选言推理是前提或者结论包含有相容选言判断的选言推理。

相容选言推理常见的推理形式有否定肯定式和析取引入式。根据前述相容选言判断的逻辑性质，这两种推理形式有三条规则：

第一，否定一部分选言支，就要肯定另一部分选言支。

第二，肯定一部分选言支，可以推出包含该选言支的任一选言判断。

第三，肯定一部分选言支，不能否定另一部分选言支。

1. 否定肯定式

否定肯定式推理的结构是：前提一个是相容选言判断、一个是对这个相容选言判断的一部分选言支的否定，结论是对该相容选言判断的另一部分选言支的肯定。

例 9.2.2

（1）燕子或者是党员或者是学生干部，

燕子不是党员，

所以，燕子是学生干部。

（2）该推理得出错误的结论或者是由于前提不正确，或者是由于推理不有效，

该推理得出错误的结论不是由于推理不有效，

所以，该推理得出错误的结论是由于前提不正确。

相容选言推理否定肯定式的推理形式是：

p 或者 q，　　或者　　p 或者 q，

并非 p，　　　　　　　并非 q，

所以，q。　　　　　　所以，p。

也简写为：

$p \vee q, \neg p \vdash q$ 或者 $p \vee q, \neg q \vdash p$。

2. 析取引入式

析取引入式推理的结构是：前提是一个判断，结论是以该判断作为选言支之一的相容选言判断。

例 9.2.3

（1）小敏是启东人，

所以，小敏或者是启东人或者是沿海人。

（2）小赵是硕士，

所以，小赵或者是博士或者是硕士。

相容选言推理析取引入式的推理形式是：

p，　　　　　　或者　　q，

所以，p或者q。　　　　所以，p或者q。

也简写为：

$p \vdash p \vee q$ 或者 $q \vdash p \vee q$。

根据相容选言推理规则三，相容选言推理不能由肯定一部分选言支推出否定另一部分选言支，即相容选言推理的肯定否定式是无效式。

例 9.2.4

这次工作失误或者有客观原因，或者有主观原因，

这次工作失误有客观原因，

所以，这次工作失误没有主观原因。

上述推理其推理形式就是相容选言推理的肯定否定式，是一个无效推理。

相容选言推理否定肯定式、析取引入式的有效性以及肯定否定式的无效性也可以通过下面的真值表得到证明：

p	q	¬p	p ∨ q	(p ∨ q) ∧ ¬p	(p ∨ q) ∧ ¬p → q	¬q	(p ∨ q) ∧ ¬q	(p ∨ q) ∧ ¬q → p
1	1	0	1	0	1	0	0	1
1	0	0	1	0	1	1	1	1
0	1	1	1	1	1	0	0	1
0	0	1	0	0	1	1	0	1

p	q	p ∨ q	p → p ∨ q	q → p ∨ q	(p ∨ q) ∧ p	¬ q	(p ∨ q) ∧ p → ¬ q	(p ∨ q) ∧ q → ¬ p
1	1	1	1	1	1	0	0	0
1	0	1	1	1	1	1	1	1
0	1	1	1	1	0	0	1	1
0	0	0	1	1	0	1	1	1

在上面的真值表中，（p ∨ q）∧ ¬ p → q、（p ∨ q）∧ ¬ q → p 都是永真式，这证明相容选言推理否定肯定式是有效式；p → p ∨ q、q → p ∨ q 都是永真式，这证明相容选言推理析取引入式是有效式；（p ∨ q）∧ p → ¬ q、（p ∨ q）∧ q → ¬ p 都不是永真式，这证明相容选言推理的肯定否定式是无效式。

三、不相容选言推理

不相容选言推理是前提或者结论包含有不相容选言判断的选言推理。

不相容选言推理常见的推理形式有否定肯定式和肯定否定式。根据前述不相容选言判断的逻辑性质，这两种推理形式有两条规则：

第一，否定一部分选言支，就要肯定另一部分选言支。

第二，肯定一部分选言支，就要否定另一部分选言支。

1. 否定肯定式

否定肯定式推理的结构是：前提一个是不相容选言判断、一个是对这个不相容选言判断的一部分选言支的否定，结论是对该不相容选言判断的另一部分选言支的肯定。

例 9.2.5

（1）出生于鲁西北的纯子要么是宁津人要么是夏津人，

出生于鲁西北的纯子不是宁津人，

所以，出生于鲁西北的纯子是夏津人。

（2）这两个概念之间要么是矛盾关系，要么是反对关系，

这两个概念之间不是反对关系，

所以，这两个概念之间是矛盾关系。

不相容选言推理否定肯定式的推理形式是：

要么p，要么q，　　或者　　要么p，要么q，

并非p，　　　　　　　　　并非q，

所以，q。　　　　　　　　所以，p。

也简写为：

$p \dot{\vee} q，\neg p \vdash q$ 或者 $p \dot{\vee} q，\neg q \vdash p$。

2. 肯定否定式

肯定否定式推理的结构是：前提一个是不相容选言判断，一个是对这个不相容选言判断的一部分选言支的肯定，结论是对该不相容选言判断的另一部分选言支的否定。

例 9.2.6

（1）景阳冈上，要么老虎吃了武松，要么武松打死老虎，

景阳冈上，武松打死了老虎，

所以，景阳冈上，老虎没有吃了武松。

（2）该推理要么是有效的，要么是无效的，

该推理是有效的，

所以，该推理不是无效的。

不相容选言推理否定肯定式的推理形式是：

要么p，要么q，　或者　要么p，要么q，

p，　　　　　　　　　　q，

所以，并非q。　　　　所以，并非p。

也简写为：

$p \dot{\vee} q \wedge p \vdash \neg q$ 或者 $p \dot{\vee} q \wedge q \vdash \neg p$。

不相容选言推理否定肯定式、肯定否定式的有效性也可以通过下面的真值表得到证明：

p	q	$\neg p$	$p \dot{\vee} q$	$(p \dot{\vee} q) \wedge \neg p$	$(p \dot{\vee} q) \wedge \neg p \to q$	$(p \dot{\vee} q) \wedge \neg q \to p$
1	1	0	0	0	1	1
1	0	0	1	0	1	1
0	1	1	1	1	1	1
0	0	1	0	0	1	1

p	q	$p \dot{\vee} q$	$(p \dot{\vee} q) \wedge p$	$\neg q$	$(p \dot{\vee} q) \wedge p \to \neg q$	$(p \dot{\vee} q) \wedge q \to \neg p$
1	1	0	0	0	1	1
1	0	1	1	1	1	1
0	1	1	0	0	1	1
0	0	0	0	1	1	1

在上面的真值表中，$(p \dot{\vee} q) \wedge \neg p \to q$、$(p \dot{\vee} q) \wedge \neg q \to p$ 都是永真式，这证明不相容选言推理否定肯定式是有效式；$(p \dot{\vee} q) \wedge p \to \neg q$、$(p \dot{\vee} q) \wedge q \to \neg p$ 也都是永真式，这证明不相容选言推理的肯定否定式也是有效式。

第三节　假言推理

假言推理就是前提中有一个是假言判断并且根据假言判断前后件之

间的关系而推出结论的推理。根据所含假言判断的不同，假言推理可分为充分条件假言推理、必要条件假言推理和充分必要条件假言推理。

一、充分条件假言推理

充分条件假言推理是前提中有一个充分条件假言判断的假言推理。

根据前述充分条件假言判断的逻辑性质，充分条件假言推理有四条规则：

第一，肯定前件就要肯定后件。

第二，否定后件就要否定前件。

第三，否定前件不能否定后件。

第四，肯定后件不能肯定前件。

根据上述规则，充分条件假言推理有肯定前件式、否定后件式。

1. 肯定前件式

肯定前件式推理的结构是：在前提中肯定充分条件假言判断的前件，结论肯定它的后件。

例 9.3.1

（1）如果语嫣姓王，那么她一定知道她的姓氏是中国人口最多的姓氏之一，语嫣姓王，

所以，语嫣一定知道她的姓氏是中国人口最多的姓氏之一。

（2）如果杨环到过浮山岭，那么她一定非常喜欢电白的白糖罂荔枝，杨环到过浮山岭，

所以，杨环一定非常喜欢电白的白糖罂荔枝。

充分条件假言推理肯定前件式的推理形式是：

如果 p，那么 q，

p，

所以，q。

也简写为：

$p \rightarrow q，p \vdash q$。

2. 否定后件式

否定后件式推理的结构是：在前提中否定充分条件假言判断的后件，结论否定它的前件。

例 9.3.2

（1）如果王丽到过大新县，那么她一定见过德天瀑布，

王丽没有见过德天瀑布，

所以，王丽没有到过大新县。

（2）如果你到过广州，那么你一定知道广州大学，

你不知道广州大学，

所以，你没到过广州。

充分条件假言推理否定后件式的推理形式是：

如果 p，那么 q，

并非 q，

所以，并非 p。

也简写为：

$p \rightarrow q，\neg q \vdash \neg p$。

充分条件假言推理否定前件式的推理形式是：

如果 p，那么 q，

并非 p，

并非 p，

所以，并非 q。

根据规则三，这个推理形式不是有效的。

例 9.3.3

如果这件稀世珍藏是滑县木版画，那么它是集收藏、装饰、实用与研究价值于一体的艺术精品，

这件稀世珍藏不是滑县木版画，

所以，这件稀世珍藏不是集收藏、装饰、实用与研究价值于一体的艺术精品。

上述推理就是充分条件假言推理否定前件式，这是一个无效推理。

充分条件假言推理肯定后件式的推理形式是：

如果 p，那么 q，

q，

所以，p。

根据规则四，这个推理形式也不是有效的。

例 9.3.4

只要唐伯虎光临了“巴蜀才子之乡”，他就难忘富顺豆花，

唐伯虎难忘富顺豆花，

所以，唐伯虎光临了“巴蜀才子之乡”。

上述推理就是充分条件假言推理肯定后件式，这也是一个无效推理。

充分条件假言推理肯定前件式、否定后件式的有效性以及否定前件式、肯定后件式的无效性也可以通过下面的真值表得到证明：

p	q	$p \to q$	$(p \to q) \land p$	$(p \to q) \land p \to q$	$\neg q$	$(p \to q) \land \neg q$	$\neg p$	$(p \to q) \land \neg q \to \neg p$
1	1	1	1	1	0	0	0	1
1	0	0	0	1	1	0	0	1
0	1	1	0	1	0	0	1	1
0	0	1	0	1	1	1	1	1

p	q	$p \to q$	$\neg p$	$(p \to q) \land \neg p$	$\neg q$	$(p \to q) \land \neg p \to \neg q$	$(p \to q) \land q$	$(p \to q) \land q \to p$
1	1	1	0	0	0	1	1	1
1	0	0	0	0	1	1	0	1
0	1	1	1	1	0	0	1	0
0	0	1	1	1	1	1	0	1

在上面的真值表中，$(p \to q) \land p \to q$、$(p \to q) \land \neg q \to \neg p$ 都是永真式，这证明充分条件假言推理肯定前件式、否定后件式都是有效式；$(p \to q) \land \neg p \to \neg q$、$(p \to q) \land q \to p$ 都不是永真式，这证明充分条件假言推理的否定前件式、肯定后件式都是无效式。

二、必要条件假言推理

必要条件假言推理是前提中有一个必要条件假言判断的假言推理。

根据前述必要条件假言判断的逻辑性质，必要条件假言推理有四条规则：

第一，否定前件就要否定后件。

第二，肯定后件就要肯定前件。

第三，肯定前件不能肯定后件。

第四，否定后件不能否定前件。

根据上述规则，必要条件假言推理有否定前件式、肯定后件式。

1. 否定前件式

否定前件式推理的结构是：在前提中否定必要条件假言判断的前件，结论否定它的后件。

例 9.3.5

（1）这套涂料只有是镇雄木漆，才配得上这上好的家具，

这套涂料不是镇雄木漆，

所以，这套涂料配不上这上好的家具。

（2）只有去过苍南，你才知道什么叫作“快便肉”，

你没去过苍南，

所以，你不知道什么叫作“快便肉”。

必要条件假言推理否定前件式的推理形式是：

只有 p，才 q，

并非 p，

所以，并非 q。

也简写为：

$p \leftarrow q，\neg p \vdash \neg q$。

2. 肯定后件式

肯定后件式推理的结构是：在前提中肯定必要条件假言判断的后件，结论肯定它的前件。

例 9.3.6

（1）今年只有雨水充足，达县脐橙才能获得大丰收，

今年达县脐橙获得了大丰收，

所以，今年达县雨水充足。

（2）韦光辉只有是平南人，才会那样的竹芒木编工艺，

韦光辉会那样的竹芒木编工艺，

所以，韦光辉是平南人。

必要条件假言推理肯定后件式的推理形式是：

只有 p，才 q，

q，

所以，p。

也简写为：

$p \leftarrow q，q \vdash p$。

必要条件假言推理肯定前件式的推理形式是：

只有 p，才 q，

p，

所以，q。

根据规则三，这个推理形式不是有效的。

例 9.3.7

这篓芽叶只有是春分前后云阳山间的野生幼嫩芽叶，才能做相思茶，

这篓芽叶是春分前后云阳山间的野生幼嫩芽叶，

所以，这篓芽叶可以做相思茶。

上述推理就是必要条件假言推理肯定前件式，这是一个无效推理。

必要条件假言推理否定后件式的推理形式是：

只有 p，才 q，

并非 q，

所以，并非 p。

根据规则四，这个推理形式也不是有效的。

例 9.3.8

不入虎穴，焉得虎子，

未得虎子，

所以，没入虎穴。

上述推理就是必要条件假言推理否定后件式，这也是一个无效推理。

必要条件假言推理否定前件式、肯定后件式的有效性以及肯定前件式、否定后件式的无效性也可以通过下面的真值表得到证明：

p	q	p←q	(p←q)∧q	(p←q)∧q→p	¬p	(p←q)∧¬p	¬q	(p←q)∧¬p→¬q
1	1	1	1	1	0	0	0	1
1	0	1	0	1	0	0	1	1
0	1	0	0	1	1	0	0	1
0	0	1	0	1	1	1	1	1

p	q	p←q	(p←q)∧p	(p←q)∧p→q	¬q	(p←q)∧¬q	¬p	(p←q)∧¬q→¬p
1	1	1	1	1	0	0	0	1
1	0	1	1	0	1	1	0	0
0	1	0	0	1	0	0	1	1
0	0	1	0	1	1	1	1	1

在上面的真值表中，(p←q)∧¬p→¬q、(p←q)∧q→p都是永真式，这证明必要条件假言推理否定前件式、肯定后件式都是有效式；(p←q)∧p→q、(p←q)∧¬q→¬p都不是永真式，这证明必要条件假言推理的肯定前件式、否定后件式都是无效式。

三、充分必要条件假言推理

充分必要条件假言推理是前提中有一个充分必要条件假言判断的假言推理。

根据前述充分必要条件假言判断的逻辑性质，充分必要条件假言推理有四条规则：

第一，肯定前件就要肯定后件。

第二，否定前件就要否定后件。

第三，肯定后件就要肯定前件。

第四，否定后件就要否定前件。

根据上述规则，充分必要条件假言推理有肯定前件式、否定前件式、肯定后件式、否定后件式。

1. 肯定前件式

肯定前件式推理的结构是：在前提中肯定充分必要条件假言判断的前件，结论肯定它的后件。

例 9.3.9

（1）这个四边形是菱形，当且仅当它的四边相等，

这个四边形是菱形，

所以，这个四边形四边相等。

（2）那两个三角形相似，当且仅当，两个三角形的对应边成比例，

那两个三角形相似，

所以，那两个三角形的对应边成比例。

充分必要条件假言推理肯定前件式的推理形式是：

p，当且仅当 q，

p，

所以，q。

也简写为：

$p \leftrightarrow q，p \vdash q$。

2. 否定前件式

否定前件式推理的结构是：在前提中否定充分必要条件假言判断的前件，结论否定它的后件。

例 9.3.10

（1）李娜若曾从台城视角鸟瞰玄武湖，当且仅当她曾登上鸡鸣寺塔，

李娜未曾从台城视角鸟瞰玄武湖，

所以，李娜没曾登上鸡鸣寺塔。

（2）王军知道老君丹的味道，当且仅当他在郸城服了老君丹，

王军不知道老君丹的味道，

所以，王军未在郸城服老君丹。

充分必要条件假言推理否定前件式的推理形式是：

p，当且仅当 q，

并非 p，

所以，并非 q。

也简写为：

$p \leftrightarrow q，\neg p \vdash \neg q$。

3. 肯定后件式

肯定后件式推理的结构是：在前提中肯定充分必要条件假言判断的

后件，结论肯定它的前件。

例 9.3.11

（1）6 是偶数，当且仅当 6 能被 2 整除，

6 能被 2 整除，
___

所以，6 是偶数。

（2）何霞若能体会蒙洱茶制作的严格，当且仅当她曾到湖南新化县奉家山蒙洱冲采摘过新茶，

何霞曾到湖南新化县奉家山蒙洱冲采摘过新茶，
___

所以，何霞能体会蒙洱茶制作的严格。

充分必要条件假言推理肯定后件式的推理形式是：

p，当且仅当 q，

q，
___

所以，p。

也简写为：

$p \leftrightarrow q$，$q \vdash p$。

4. 否定后件式

否定后件式推理的结构是：在前提中否定充分必要条件假言判断的后件，结论否定它的前件。

例 9.3.12

（1）5 是偶数，当且仅当 5 能被 2 整除，

5 不能被 2 整除，
___

所以，5 不是偶数。

（2）张伟惊诧于龙游石窟的壮观，当且仅当他亲历龙游石窟，

张伟没有亲历龙游石窟，
___

所以，张伟不会惊诧于龙游石窟的壮观。

充分必要条件假言推理否定后件式的推理形式是：

p，当且仅当 q，

并非 q，

所以，并非 p。

也简写为：

$p \leftrightarrow q, \neg q \vdash \neg p$。

充分必要条件假言推理肯定前件式、否定前件式、肯定后件式和否定后件式的有效性可以通过下面的真值表得到证明：

p	q	$p \leftrightarrow q$	$(p \leftrightarrow q) \land p$	$(p \leftrightarrow q) \land p \to q$	$\neg p$	$(p \leftrightarrow q) \land \neg p$	$\neg q$	$(p \leftrightarrow q) \land \neg p \to \neg q$
1	1	1	1	1	0	0	0	1
1	0	0	0	1	0	0	1	1
0	1	0	0	1	1	0	0	1
0	0	1	0	1	1	1	1	1

p	q	$p \leftrightarrow q$	$(p \leftrightarrow q) \land q$	$(p \leftrightarrow q) \land q \to p$	$\neg q$	$(p \leftrightarrow q) \land \neg q$	$\neg p$	$(p \leftrightarrow q) \land \neg q \to \neg p$
1	1	1	1	1	0	0	0	1
1	0	0	0	1	1	0	0	1
0	1	0	0	1	0	0	1	1
0	0	1	0	1	1	1	1	1

在上面的真值表中，$(p \leftrightarrow q) \land p \to q$、$(p \leftrightarrow q) \land \neg p \to \neg q$、$(p \leftrightarrow q) \land q \to p$、$(p \leftrightarrow q) \land \neg q \to \neg p$ 都是永真式，这证明充分必要条件假言推理肯定前件式、否定前件式、肯定后件式和否定后件式都是有效式。

第四节　二难推理

一、什么是二难推理

二难推理是以两个充分条件假言判断和一个选言判断为前提，根据充分条件假言判断和选言判断的逻辑性质得出结论的推理。

例 9.4.1

（1）如果你活着，那么你不知道自己已经死了；

如果你死了，那么你也不知道自己已经死了；

你或者活着，或者死了；

所以，你不知道自己已经死了。

（2）如果他的盾最坚固，那么他的矛将不能刺穿他的盾；

如果他的矛最锋利，那么他的矛将能刺穿他的盾；

他的矛或者能够刺穿他的盾，或者不能刺穿他的盾；

所以，或者他的盾不是最坚固的，或者他的矛不是最锋利的。

二难推理的特点是，由选言判断肯定两个充分条件假言判断的前件，结论就肯定两个充分条件假言判断的后件；或者由选言判断否定两个充分条件假言判断的后件，结论就否定两个充分条件假言判断的前件。无论情况如何，推理的结论都将使得论辩的对手陷入左右为难、进退维谷的境地。这是二难推理得名的原因。

二、二难推理的形式

二难推理主要有简单构成式、简单破坏式、复杂构成式和复杂破坏式四种基本的推理形式。

1. 简单构成式

简单构成式就是在前提中选言判断肯定两个充分条件假言判断不同的前件，结论肯定两个充分条件假言判断相同的后件的二难推理。

例 9.4.2

传说，东方朔偷喝了方士送给汉武帝的所谓“不死之酒”，惹得汉武帝大怒，要杀死他。东方朔辩称：“如果这酒真是‘不死之酒’，那么您杀不死我；如果这酒不是‘不死之酒’，那么您何必为假酒而杀我呢？”汉武帝听了，觉得有理，就把他放了。

在这个传说中，就可整理出一个简单构成式的二难推理：

如果这酒真是“不死之酒”，那么不必杀他；

如果这酒不是“不死之酒”，那么也不必杀他；

这酒或者是“不死之酒”，或者不是“不死之酒”；

所以，都不必杀他。

简单构成式的推理形式是：

如果 p，那么 q；

如果 r，那么 q；

p 或者 r；

所以，q。

也简写为：

$p \rightarrow q, r \rightarrow q, p \vee r \vdash q$。

2. 简单破坏式

简单破坏式就是在前提中选言判断否定两个充分条件假言判断不同的后件，结论否定两个充分条件假言判断相同的前件的二难推理。

例 9.4.3

如果某人是罪犯，那么他有作案动机；

如果某人是罪犯，那么他有作案时间；

某人或者没有作案动机，或者没有作案时间；

所以，某人不是罪犯。

简单破坏式的推理形式是：

如果 p，那么 q；

如果 p，那么 r；

并非 q，或者并非 r；

所以，并非 p。

也简写为：

$p \to q$，$p \to r$，$\neg q \lor \neg r \vdash \neg p$。

3. 复杂构成式

复杂构成式就是在前提中选言判断肯定两个充分条件假言判断不同的前件，结论肯定两个充分条件假言判断不同的后件的二难推理。

例 9.4.4

（1）如果张磊工作，他就不能逍遥自在；

如果张磊不工作，他就不能有成就感；

他或者工作，或者不工作；

所以，张磊或者不能逍遥自在，或者不能有成就感。

（2）如果李艳工作，那么她就可以获得成就感；

如果李艳不工作，那么她就可以逍遥自在；

她或者工作，或者不工作；

所以，李艳或者可以获得成就感，或者可以逍遥自在。

复杂构成式的推理形式是：

如果p，那么q；

如果r，那么s；

p或者r；

所以，q或者s。

也简写为：

$p \to q$，$r \to s$，$p \vee r \vdash q \vee s$。

4. 复杂破坏式

复杂破坏式就是在前提中选言判断否定两个充分条件假言判断不同的后件，结论否定两个充分条件假言判断不同的前件的二难推理。

例 9.4.5

如果秦官吏要保持正直，那么不能指鹿为马；

如果秦官吏要保住官职，那么只能指鹿为马；

秦官吏或者指鹿为马，或者不指鹿为马；

所以，秦官吏或者不能保持正直，或者不能保住官职。

复杂破坏式的推理形式是：

如果p，那么q；

如果r，那么s；

并非q或者并非s；

所以，并非p或者并非r。

也简写为：

$p \to q$，$r \to s$，$\neg q \vee \neg s \vdash \neg p \vee \neg r$。

二难推理的简单构成式、简单破坏式、复杂构成式和复杂破坏式的有效性也都可以通过真值表得到证明。下表以简单构成式为例：

p	q	r	p → q	r → q	p ∨ r	（p → q）∧（r → q）∧（p ∨ r）	（p → q）∧（r → q）∧（p ∨ r）→ q
1	1	1	1	1	1	1	1
1	1	0	1	1	1	1	1
1	0	1	0	0	1	0	1
1	0	0	0	1	1	0	1
0	1	1	1	1	1	1	1
0	1	0	1	1	0	0	1
0	0	1	1	0	1	0	1
0	0	0	1	1	0	0	1

p、q、r 这三个命题变项，共有 8 种可能的真值组合情况，在这 8 种可能的情况下，（p→q）∧（r→q）∧（p ∨ r）→q 都为真，即（p→q）∧（r→q）∧（p ∨ r）→q 是永真式，所以，二难推理的简单构成式是有效式。

三、破斥二难推理的方法

一个得出正确结论的二难推理需要满足下列条件：

第一，前提中的假言判断必须是充分条件假言判断；

第二，前提中的选言判断，其选言支应该是穷尽的；

第三，推理规程要符合充分条件假言推理和选言推理的规则。

显然，前两个条件要求的是前提真实，后一个条件要求的是推理有效。不符合上述条件的二难推理，其结论就可能是错误的。破斥二难推理就是指出一个结论错误的二难推理违反上述条件的情况。

例 9.4.6

（1）超市如果明知商品不合格而出售，那就是故意欺骗消费者；

超市如果不知商品不合格而出售，那就是对消费者不负责任；

超市或者明知商品不合格而出售，或者不知商品不合格而出售；

所以，超市或者故意欺骗消费者，或者对消费者不负责任。

（2）如果李伟是故意犯罪，那么应追究他的法律责任；

如果李伟是过失犯罪，那么也应追究他的法律责任；

李伟或者不是故意犯罪，或者不是过失犯罪；

总之，都不应追究李伟的法律责任。

上述例（1）中，其推理形式是有效的，但是其前提之一的选言判断是错误的。因为除了“明知商品不合格而出售”“不知商品不合格而出售”这两种情况外，可能还有“如果商品不合格，就不出售”的情况。所以（1）中的二难推理其前提是虚假的。上述例（2）中，其推理的前提是真实的，但是其推理形式是无效的。因为充分条件假言推理否定前件并不能否定后件。

本讲开篇故事中，普罗泰戈拉和其学生尤拉苏斯运用的都是二难推理，但是都存在同样的错误：前提中的选言判断，其选言支没有穷尽。因为，在他们双方的争议中，至少存在四种可能：（1）尤拉苏斯打赢了官司，双方按照法庭判决执行；（2）尤拉苏斯打赢了官司，双方按照合同执行；（3）尤拉苏斯打输了官司，双方按照法庭判决执行；（4）尤拉苏斯打输了官司，双方按照合同执行。他们师徒两人均只选择了对对方不利的情形进行二难推理，因而都是错误的。

第五节 其他常用的有效推理形式

除了前述复合推理形式之外，还有一些常见的推理形式。这些推理形式的有效性都可以通过前文所述的真值表方法得到证明。

一、假言易位

假言易位的推理形式包括如下四种：

$(p \to q) \to (\neg q \to \neg p)$，

$(p \to \neg q) \to (q \to \neg p)$，

$(\neg p \to q) \to (\neg q \to p)$，

$(\neg p \to \neg q) \to (q \to p)$。

例 9.5.1

（1）这个数如果能被 22 整除，那么它能被 11 整除。因此，这个数如果不能被 11 整除，那么它不能被 22 整除。

（2）这个数如果能被 5 整除，那么它的个位数字就不是 3。因此，如果这个数的个位数字是 3，那么它就不能被 5 整除。

（3）这个正整数如果不是奇数，那么它就是偶数。因此，这个正整数如果不是偶数，那么它就是奇数。

（4）这个数如果不能被 3 整除，那么它就不能被 15 整除。因此，这个数如果能被 15 整除，那么它就能被 3 整除。

假言易位推理形式的有效性可以通过如下真值表得到证明：

p	q	p → q	¬p	¬q	¬q → ¬p	(p → q) → (¬q → ¬p)	(p → ¬q) → (q → ¬p)
1	1	1	0	0	1	1	1
1	0	0	0	1	0	1	1
0	1	1	1	0	1	1	1
0	0	1	1	1	1	1	1

p	q	¬p	¬p → q	¬q	¬q → p	(¬p → q) → (¬q → p)	(¬p → ¬q) → (q → p)
1	1	0	1	0	1	1	1
1	0	0	1	1	1	1	1
0	1	1	1	0	1	1	1
0	0	1	0	1	0	1	1

二、蕴析律

蕴析律指的是蕴涵和析取之间相互转换的规律。其推理形式是：

(p ∨ q) → (¬p → q)，

(¬p → q) → (p ∨ q)。

例 9.5.2

(1) 小明中午或者吃盱眙龙虾，或者吃金湖莲子羹。所以，如果小明中午不是吃盱眙龙虾，那么他就是吃金湖莲子羹。

(2) 这次中国象棋比赛如果不是严军获胜，那么就是余涌获胜。所以，这次中国象棋比赛，或者是严军获胜，或者是余涌获胜。

蕴析律推理形式的有效性可以通过如下真值表得到证明：

p	q	p ∨ q	¬p	¬p → q	(p ∨ q) → (¬p → q)	(¬p → q) → (p ∨ q)
1	1	1	0	1	1	1
1	0	1	0	1	1	1
0	1	1	1	1	1	1
0	0	0	1	0	1	1

三、假言连锁

充分条件假言连锁的推理形式是：

$(p\to q)\land(q\to r)\to(p\to r)$

例 9.5.3

如果你是麻栗坡人，那么你是文山州人；如果你是文山州人，那么你是云南人。所以，如果你是麻栗坡人，那么你是云南人。

充分条件假言连锁推理形式的有效性可以通过如下真值表得到证明：

p	q	r	$p\to q$	$q\to r$	$(p\to q)\land(q\to r)$	$p\to r$	$(p\to q)\land(q\to r)\to(p\to r)$
1	1	1	1	1	1	1	1
1	1	0	1	0	0	0	1
1	0	1	0	1	0	1	1
1	0	0	0	1	0	0	1
0	1	1	1	1	1	1	1
0	1	0	1	0	0	1	1
0	0	1	1	1	1	1	1
0	0	0	1	1	1	1	1

类似地，还有必要条件假言连锁推理和充分必要条件假言连锁推理：

$(p\leftarrow q)\land(q\leftarrow r)\to(p\leftarrow r)$，

$(p\leftrightarrow q)\land(q\leftrightarrow r)\to(p\leftrightarrow r)$。

四、反三段论

反三段论的推理形式是：

$[(p\land q)\to r]\to[(p\land\neg r)\to\neg q]$。

例 9.5.4

如果梁芳菲考试成绩优秀并且体检合格，那么她就将被录用。所以，如果梁芳菲考试成绩优秀但是没有被录用，那么一定是因为她体检不合格。

反三段论推理形式的有效性可以通过如下真值表得到证明：

p	q	r	$p \wedge q$	$p \wedge q \rightarrow r$	$(p \wedge \neg r) \rightarrow \neg q$	$[(p \wedge q) \rightarrow r] \rightarrow [(p \wedge \neg r) \rightarrow \neg q]$
1	1	1	1	1	1	1
1	1	0	1	0	0	1
1	0	1	0	1	1	1
1	0	0	0	1	1	1
0	1	1	0	1	1	1
0	1	0	0	1	1	1
0	0	1	0	1	1	1
0	0	0	0	1	1	1

五、反证法、归谬法

反证法的基本思想是：首先假设 p 不成立，由此推出相互矛盾的结果，从而得出 p 成立。

反证法的推理形式是：

$(\neg p \rightarrow q) \wedge (\neg p \rightarrow \neg q) \rightarrow p$。

归谬法的基本思想是：首先假设 p 成立，由此推出相互矛盾的结果，从而得出 p 不成立。

归谬法的推理形式是：

$(p \rightarrow q) \wedge (p \rightarrow \neg q) \rightarrow \neg p$。

例 9.5.5

（1）假设一个有效三段论的第二格其结论不是否定的，那么其结论必定是肯定的，这样根据三段论的基本规则五，可知两个前提都是肯定的，在三段论的第二格中，中项是两个前提的谓项，这样中项两次不周延；另一方面，根据三段论的基本规则二，中项至少要周延一次，得出矛盾。因此，假设不成立。由此可见，一个有效三段论的第二格其结论是否定的。

（2）如果$\sqrt{2}$是有理数，那么$\sqrt{2}$一定可以表示为一个最简分数的形式 m/n（其中 m、n 为正整数，且两者之间没有公约数），即$\sqrt{2}$=m/n，这样有：$2n^2=m^2$ 由此可见，m 必为偶数；令 $m=2m_1$，进而有：$n^2=2m_1^2$，由此可见，n 必为偶数，这样 m、n 之间有公约数 2，由此得出矛盾。因此，假设不成立，$\sqrt{2}$不是有理数。

上述例子中，（1）运用的是反证法，（2）运用的是归谬法。

反证法和归谬法推理形式的有效性可以通过如下真值表得到证明：

p	q	¬p	¬p→q	¬q	¬p→¬q	（¬p→q）∧（¬p→¬q）→p
1	1	0	1	0	1	1
1	0	0	1	1	1	1
0	1	1	1	0	0	1
0	0	1	0	1	1	1

p	q	p→q	¬q	p→¬q	（p→q）∧（p→¬q）	¬p	（p→q）∧（p→¬q）→¬p
1	1	1	0	0	0	0	1
1	0	0	1	1	0	0	1
0	1	1	0	1	1	1	1
0	0	1	1	1	1	1	1

第六节　模态推理

模态推理就是以模态判断为前提或结论的推理。本节主要介绍几种常见的模态推理。

一、根据对当方阵的模态推理

同素材的“必然 p”“必然并非 p”“可能 p”“可能并非 p”之间具有一种对当关系。依据这些关系，可以进行有效的模态推理。

1. 基于矛盾关系的推理

其推理形式有：

$\Box p \vdash \neg\Diamond\neg p$

$\Box\neg p \vdash \neg\Diamond p$

$\Diamond p \vdash \neg\Box\neg p$

$\Diamond\neg p \vdash \neg\Box p$

$\neg\Box p \vdash \Diamond\neg p$

$\neg\Box\neg p \vdash \Diamond p$

$\neg\Diamond p \vdash \Box\neg p$

$\neg\Diamond\neg p \vdash \Box p$

例 9.6.1

（1）公正必然战胜偏狭，
　　————————————
　　所以，公正不可能不战胜偏狭。

（2）衡山不可能高于华山，
　　————————————
　　所以，衡山必然不高于华山。

2. 基于反对关系的推理

其推理形式有：

$\Box p \vdash \neg\Box\neg p$

$\Box\neg p \vdash \neg\Box p$

例 9.6.2

（1）8 必然大于 5，

所以，并非 8 必然不大于 5。

（2）必然并非这朵花是绿的，

所以，并非必然这朵花是绿的。

3. 基于下反对关系的推理

其推理形式有：

$\neg\Diamond p \vdash \Diamond\neg p$

$\neg\Diamond\neg p \vdash \Diamond p$

例 9.6.3

（1）不可能明天下雪，

所以，可能并非明天下雪。

（2）这朵花不可能不是绿的，

所以，这朵花可能是绿的。

4. 基于差等关系的推理

其推理形式有：

$\Box p \vdash \Diamond p$

$\Box\neg p \vdash \Diamond\neg p$

$\neg\Diamond p \vdash \neg\Box p$

$\neg\Diamond\neg p \vdash \neg\Box\neg p$

例 9.6.4

（1）合理的必然成为现实，

所以，合理的可能成为现实。

（2）不可能夏天下雪，

所以，并非必然夏天下雪。

二、根据模态判断与性质判断之间的关系进行的模态推理

主要有以下一些有效的推理形式：

$\Box p \vdash p$

$p \vdash \Diamond p$

$\Box\neg p \vdash \neg p$

$\neg p \vdash \Diamond\neg p$

例 9.6.5

（1）香草必然还是寿州香，

所以，香草还是寿州香。

（2）唐席是贡品，

所以，可能唐席是贡品。

（3）必然并非人人皆天才，

所以，并非人人皆天才。

（4）并非葡萄都如萧县葡萄好，

所以，可能并非葡萄都如萧县葡萄好。

三、根据包含复合判断的模态判断之间等值关系进行的模态推理

主要有以下一些有效的推理形式（符号“p ⊢⊣ q”表示“p 和 q 可以互推”）：

$\Box(p \land q) \dashv\vdash \Box p \land \Box q$

$\Diamond(p \lor q) \dashv\vdash \Diamond p \lor \Diamond q$

$\neg\Diamond(p \lor q) \dashv\vdash \Box\neg p \land \Box\neg q$

$\neg\Box(p \lor q) \dashv\vdash \Diamond(\neg p \land \neg q)$

$\neg\Diamond(p \land q) \dashv\vdash \Box(\neg p \lor \neg q)$

$\neg\Box(p \land q) \dashv\vdash \Diamond(\neg p \lor \neg q)$

$\neg\Diamond(p \land \neg q) \dashv\vdash \Box(p \rightarrow q)$

例 9.6.6

（1）必然许劭、许靖为临泉人，

所以，必然许劭为临泉人，并且必然许靖为临泉人。

（2）可能前往桃花源或者芦花潭，

所以，可能前往桃花源，或者可能前往芦花潭。

（3）不可能在城东湖或者城西湖做试验，

所以，必然不在城东湖做试验，并且必然不在城西湖做试验。

（4）不可能既是奇数又是偶数，

所以，必然或者不是奇数或者不是偶数。

（5）不可能努力却无所收获，

所以，必然是只要努力就会有所收获。

思考题

1. 分析下述推理是否成立，为什么？

试问：“上帝能创造出一块他搬不动的石头吗？”

如果能，那上帝不能搬动他创造的那块石头，所以上帝不是万能的；如果不能，那么上帝有一件事情做不了，所以上帝也不是万能的。由此可见“上帝不是万能的”。

2. 退休在家的老王今晚在《焦点访谈》《国家记忆》《自然传奇》《人物 · 故事》《纵横中国》这 5 个节目中选择了 3 个节目观看。老王对观看的节目有如下要求：

（1）如果观看《焦点访谈》，就不观看《人物 · 故事》；

（2）如果观看《国家记忆》，就不观看《自然传奇》。

根据上述信息，老王一定观看了如下哪个节目？(　　)

A.《纵横中国》　　B.《国家记忆》

C.《自然传奇》　　D.《人物 · 故事》

E.《焦点访谈》

3. 某小区 2 号楼 1 单元的住户都打了甲公司的疫苗，小李家不是该小区 2 号楼 1 单元的住户，小赵家都打了甲公司的疫苗，而小陈家都没有打甲公司的疫苗。

根据以上陈述，可以得出以下哪项？(　　)

A. 小李家都没有打甲公司的疫苗

B. 小赵家是该小区 2 号楼 1 单元的住户

C. 小陈家是该小区的住户，但不是 2 号楼 1 单元的

D. 小赵家是该小区 2 号楼的住户，但未必是 1 单元的

E. 小陈家若是该小区 2 号楼的住户，则不是 1 单元的

4. 关于张、李、宋、孔 4 人参加植树活动的情况如下：

（1）张、李、孔至少有 2 人参加；

（2）李、宋、孔至多有 2 人参加；

（3）如果李参加，那么张、宋两人要么都参加，要么都不参加。

根据以上陈述，以下哪项是不可能的？（　　）

A. 宋、孔都参加　　　　B. 宋、孔都不参加

C. 李、宋都参加　　　　D. 李、宋都不参加

E. 李参加，宋不参加

5. 某单位有甲、乙、丙、丁、戊、己、庚、辛、壬、癸 10 名新进员工，他们所学专业是哲学、数学、化学、金融和会计 5 个专业之一，每人只学其中一个专业。已知：

（1）若甲、丙、壬、癸中至多有 3 人是数学专业，则丁、庚、辛 3 人都是化学专业；

（2）若乙、戊、己中至多有 2 人是哲学专业，则甲、丙、庚、辛 4 人专业各不相同。

根据上述信息所学专业相同的新员工是（　　）。

A. 乙、戊、己　　　　B. 甲、壬、癸

C. 丙、丁、癸　　　　D. 丙、戊、己

E. 丁、庚、辛

6. 宋、李、王、吴 4 人均订阅了《人民日报》《光明日报》《参考消息》《文汇报》中的两种报纸，每种报纸均有两人订阅，且各人订阅的均不完全相同。另外，还知道：

（1）如果吴至少订阅了《光明日报》《参考消息》中的一种，则李订阅了《人民日报》而王未订阅《光明日报》；

（2）如果李、王2人中至多有1人订阅了《文汇报》，则宋、吴均订阅了《人民日报》。

如果李订阅了《人民日报》，则可以得出以下哪项？（　　）

A. 宋订阅了《文汇报》　　B. 宋订阅了《人民日报》

C. 王订阅了《参考消息》　　D. 吴订阅了《参考消息》

E. 吴订阅了《人民日报》

7. 节日将至，某单位拟为职工发放福利品，每人可在甲、乙、丙、丁、戊、己、庚7种商品中选择其中的4种进行组合且每种组合还需满足如下要求：

（1）若选甲，则丁、戊、庚3种中至多选其一；

（2）若丙、己2种至少选一种，则必选乙但不能选戊。

以下哪项组合符合上述要求？（　　）

A. 甲、丁、戊、己　　B. 乙、丙、丁、戊

C. 甲、乙、戊、庚　　D. 乙、丁、戊、庚

E. 甲、丙、丁、己

8—9题基于以下共同题干。

本科生小刘拟在4个学年中选修甲、乙、丙、丁、戊、己、庚、辛8门课程，每个学年选修其中的1—3门课程，每门课程均在其中的一个学年修完。同时还满足：

（1）后3个学年选修的课程数量均不同；

（2）丙、己和辛课程安排在1个学年，丁课程安排在紧接其后的1个学年；

（3）若第4学年至少选修甲、丙、丁中的1门课程，则第1学年仅选修戊、辛2门课程。

8. 如果乙在丁之前的学年选修，则可以得出以下哪项？（　　）

A. 乙在第 1 学年选修　　B. 乙在第 2 学年选修

C. 丁在第 2 学年选修　　D. 丁在第 4 学年选修

E. 戊在第 1 学年选修

9. 如果甲、庚均在乙之后的学年选修，则可以得出以下哪项？（　　）

A. 戊在第 1 学年选修　　B. 戊在第 3 学年选修

C. 庚在甲之前的学年选修　　D. 甲在戊之前的学年选修

E. 庚在戊之前的学年选修

10—11 题基于以下共同题干。

某电影院制订未来一周的排片计划。他们决定，周二至周日（周一休息）每天放映动作片、悬疑片、科幻片、纪录片、战争片、历史片 6 种类型中的一种，各不重复。已知排片还有如下要求：

（1）如果周二或周五放映悬疑片，则周三放映科幻片；

（2）如果周四或周六放映悬疑片，则周五放映战争片；

（3）战争片必须在周三放映。

10. 根据以上信息，可以得出以下哪项？（　　）

A. 周六放映科幻片　　B. 周日放映悬疑片

C. 周五放映动作片　　D. 周二放映纪录片

E. 周四放映历史片

11. 如果历史片的放映日期，既与纪录片相邻，又与科幻片相邻，则可得出以下哪项？（　　）

A. 周二放映纪录片　　B. 周四放映纪录片

C. 周二放映动作片　　D. 周四放映科幻片

E. 周五放映动作片

12—13 题基于以下共同题干。

某校文学社王、李、周、丁 4 个人每人只爱好诗歌、散文、戏剧、小说 4 种文学形式中的一种，且各不相同；他们每人只创作了上述 4 种形式中的一种作品，且形式各不相同；他们创作的作品形式与各自的文学爱好均不同。已知：

（1）若王没有创作诗歌，则李爱好小说；

（2）若王没有创作诗歌，则李创作小说；

（3）若王创作诗歌，则李爱好小说且周爱好散文。

12. 根据上述信息，可得出以下哪项？(　　)

A. 王爱好散文　　B. 李爱好戏剧

C. 周爱好小说　　D. 丁爱好诗歌

E. 周爱好戏剧

13. 如果丁创作散文，则可以得出以下哪项？(　　)

A. 周创作小说　　B. 李创作诗歌

C. 李创作小说　　D. 周创作戏剧

E. 王创作小说

14. 李佳、贾元、夏辛、丁东、吴悠 5 位大学生暑假结伴去皖南旅游，对于 5 人将要游览的地点，他们却有不同想法。

李佳：若去龙川，则也去呈坎。

贾元：龙川和徽州古城两个地方至少去一个。

夏辛：若去龙川和呈坎，则也去新安江山水画廊。

丁东：若去徽州古城，则也去新安江山水画廊。

吴悠：若去新安江山水画廊，则也去江村。

事后得知，5 人的想法都得到了实现。

根据以上信息，上述5人游览的地点，肯定有以下哪项？（　　）

A. 龙川和呈坎　　B. 江村和新安江山水画廊

C. 龙川和徽州古城　　D. 呈坎和新安江山水画廊

E. 呈坎和徽州古城

15—16题基于以下共同题干。

某特色建筑项目评选活动设有纪念建筑、观演建筑、会堂建筑、商业建筑、工业建筑5个门类的奖项。甲、乙、丙、丁、戊、己6位建筑师均有2个项目入选上述不同门类的奖项，且每个门类有上述6人的2—3个项目入选。已知：

（1）若甲或乙至少有一个项目入选观演建筑或工业建筑，则乙、丙入选的项目均是观演建筑和工业建筑；

（2）若乙或丁至少有一个项目入选观演建筑或会堂建筑，则乙、丁、戊入选的项目均是纪念建筑和工业建筑；

（3）若丁至少有一个项目入选纪念建筑或商业建筑，则甲、己入选的项目均在纪念建筑、观演建筑和商业建筑之中。

15. 根据上述信息，可以得出以下哪项？（　　）

A. 甲有项目入选观演建筑　　B. 丙有项目入选工业建筑

C. 丁有项目入选商业建筑　　D. 戊有项目入选会堂建筑

E. 己有项目入选纪念建筑

16. 若己有项目入选商业建筑，则可以得出以下哪项？（　　）

A. 己有项目入选观演建筑　　B. 戊有项目入选工业建筑

C. 丁有项目入选商业建筑　　D. 丙有项目入选观演建筑

E. 乙有项目入选工业建筑

17. 某公司为员工免费提供菊花茶、绿茶、红茶、大麦茶和咖啡5

种饮品。现有甲、乙、丙、丁、戊5位员工，他们每人都只喜欢其中的2种饮品，且每种饮品都只有2人喜欢。已知：

（1）甲和乙喜欢菊花茶，且分别喜欢绿茶和红茶中的一种；

（2）丙和戊分别喜欢咖啡和大麦茶中的一种。

根据上述信息，可以得出以下哪项？（　　）

A. 甲喜欢菊花茶和绿茶　　B. 乙喜欢菊花茶和红茶

C. 丙喜欢红茶和咖啡　　D. 丁喜欢咖啡和大麦茶

E. 戊喜欢绿茶和大麦茶

18. 某单位拟在椿树、枣树、楝树、雪松、银杏、桃树中选择4种栽种在庭院中。已知：

（1）椿树、枣树至少种植一种；

（2）如果种植椿树，则种植楝树但不种植雪松；

（3）如果种植枣树，则种植雪松但不种植银杏。

如果庭院中种植银杏，则以下哪项是不可能的？（　　）

A. 种植椿树　　B. 种植楝树

C. 不种植枣树　　D. 不种植雪松

E. 不种植桃树

19—20题基于以下共同题干。

某公司甲、乙、丙、丁、戊5人爱好出国旅游。去年，在日本、韩国、英国和法国4国中，他们每人都去了其中的两个国家旅游，且每个国家总有他们中的2—3人去旅游。已知：

（1）如果甲去韩国，则丁不去英国；

（2）丙与戊去年总是结伴出国旅游；

（3）丁和乙只去欧洲国家旅游。

19. 根据以上信息，可以得出以下哪项？（　　）

A. 甲去了韩国和日本　　B. 乙去了英国和日本

C. 丙去了韩国和英国　　D. 丁去了日本和法国

E. 戊去了韩国和日本

20. 如果5人去欧洲国家旅游的总人次与去亚洲国家的一样多，则可以得出以下哪项？（　　）

A. 甲去了日本　　B. 甲去了英国

C. 甲去了法国　　D. 戊去了英国

E. 戊去了法国

21. 某街道的综合部、建设部、平安部和民生部4个部门，需要负责街道的秩序、安全、环境、协调等4项工作，每个部门只负责其中的一项工作，且各部门负责的工作各不相同。已知：

（1）如果建设部负责环境或秩序，则综合部负责协调或秩序；

（2）如果平安部负责环境或协调，则民生部负责协调或秩序。

根据以上信息，以下哪项工作安排是可能的？（　　）

A. 建设部负责环境，平安部负责协调

B. 建设部负责秩序，民生部负责协调

C. 综合部负责安全，民生部负责协调

D. 民生部负责安全，综合部负责秩序

E. 平安部负责安全，建设部负责秩序

22—23题基于以下共同题干。

某园艺公司打算在如下形状的花圃中栽种玫瑰、兰花和菊花3个品种的花卉。该花圃的形状如下所示：

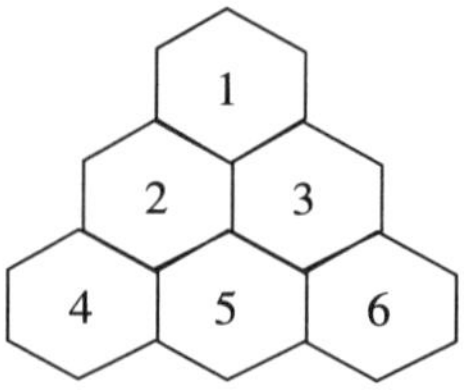

拟栽种的玫瑰有紫、红、白3种颜色，兰花有红、白、黄3种颜色，菊花有白、黄、蓝3种颜色。栽种需满足如下要求：

（1）每个六边形格子中仅栽种1个品种、1种颜色的花；

（2）每个品种只栽种2种颜色的花；

（3）相邻格子中的花，其品种与颜色均不相同。

22. 若格子5中是红色的花，则以下哪项是不可能的？（　　）

A. 格子2中是紫色的玫瑰　　B. 格子1中是白色的兰花

C. 格子1中是白色的菊花　　D. 格子4中是白色的兰花

E. 格子6中是蓝色的菊花

23. 若格子5中是红色的玫瑰，且格子3中是黄色的花，则可以得出以下哪项？（　　）

A. 格子1中是紫色的玫瑰　　B. 格子4中是白色的菊花

C. 格子2中是白色的菊花　　D. 格子4中是白色的兰花

E. 格子6中是蓝色的菊花

参考答案

1. 违反了排中律。因为对于“上帝能创造出一块他搬不动的石头吗？”有两种可能：能或者不能。在能的情况下，又有两种可能：石头实际造出来了或者石头没有造出来。但是证明中，忽略了“石头没有造出来”这种情况。

2.A

3.E

4.B

5.A

6.C

7.D

8.A

9.A

10.B

11.C

12.D

13.A

14.B

15.D

16.A

17.D

18.E

19.E

20.A

21.E

22.C

23.D

第十讲

严密推理（三）：归纳推理和类比推理

《列子·说符》中记载了这样一则故事：

牛缺者，上地之大儒也，下之邯郸，遇盗于耦沙之中，尽取其衣装车，牛步而去。视之欢然无忧吝之色。盗追而问其故。曰："君子不以所养害其所养。"盗曰："嘻！贤矣夫！"既而相谓曰："以彼之贤，往见赵君。使以我为，必困我。不如杀之。"乃相与追而杀之。

燕人闻之，聚族相戒，曰："遇盗，莫如上地之牛缺也！"皆受教。俄而其弟适秦，至关下，果遇盗；忆其兄之戒，因与盗力争。既而不如，又追而以卑辞请物。盗怒曰："吾活汝弘矣，而追吾不已，迹将箸焉。既为盗矣，仁将焉在？"遂杀之，又傍害其党四五人焉。

第一节　归纳推理概述

前两讲所讨论的基于词项的推理和基于命题的推理都属于演绎推理，本讲讨论归纳推理和类比推理。

一、什么是归纳推理

归纳推理就是根据一类事物中若干对象具有某种属性推出该类事物的所有对象都具有该属性的推理。

例 10.1.1

（1）天鹅会飞，

老鹰会飞，

大雁会飞，

野鸭会飞，

……

天鹅、老鹰、大雁、野鸭等都是鸟，

因此，鸟都会飞。

（2）自然界的变化是有规律的，

人类社会的发展是有规律的，

思维意识的活动是有规律的，

自然界的变化、人类社会的发展、思维意识的活动都是事物的运动形态，

所以，事物的运动都是有规律的。

上例中的两个推理都属于归纳推理。归纳推理一般是由一类事物的若干对象具有某种属性推出该类事物的所有对象都具有该属性。

二、归纳推理的种类

依据前提是否涉及某类事物的全体，归纳推理可分为完全归纳推理和不完全归纳推理。不完全归纳推理又可以分为简单枚举法和科学归纳法。

第二节　完全归纳推理

完全归纳推理就是根据一类事物中的每一个对象都具有某种属性，推出该类事物所有对象都具有该种属性的归纳推理。

例 10.2.1

（1）北京市人口超过一千万，

重庆市人口超过一千万，

上海市人口超过一千万，

天津市人口超过一千万，

北京市、重庆市、上海市、天津市是我国的全部直辖市，

因此，我国直辖市人口都超过一千万。

（2）锂可与氧分子发生化学反应，

钠可与氧分子发生化学反应，

钾可与氧分子发生化学反应，

铷可与氧分子发生化学反应，

铯可与氧分子发生化学反应，

钫可与氧分子发生化学反应，

锂、钠、钾、铷、铯、钫是全部的碱金属，

所以，碱金属都可与氧分子发生化学反应。

上例中的两个推理都属于完全归纳推理。

完全归纳推理的基本形式是：

S_1 是 P，

S_2 是 P，

……

S_{n-1} 是 P，

S_n 是 P，

S_1，S_2，……，S_{n-1}，S_n 是 S 中的全部对象，

所以，所有 S 都是 P。

对完全归纳推理而言，其结论所断定的范围并没有超出前提所断定的范围，它只是将前提中的特殊知识概括为一般知识。如果其前提是真的，则结论一定真。因此，完全归纳推理是一种必然性推理。

要通过完全归纳推理获得正确的结论，必须做到以下两点：

第一，每个前提都是正确的；

第二，必须穷尽该类事物的全部对象。

巧妙地运用完全归纳推理不仅可以简化我们的知识，而且具有特殊的认识作用。

例 10.2.2

高斯 10 岁那年，有一次老师让学生将 1，2，3，……，连续相加，一直加到 100，即 1+2+3+……+100。高斯没有像其他同学那样急着相加，而是仔细观察、思考，结果发现：

1+100=101，2+99=101，3+98=101，……，50+51=101 一共有 50 个 101，于是立刻得到：

$1+2+3+\cdots\cdots+98+99+100=50\times101=5050$

老师看着小高斯的答卷，惊讶得说不出话来。

在上例中，高斯在计算中巧妙地运用了完全归纳推理，快速、准确

地获得了答案。

第三节　不完全归纳推理

不完全归纳推理就是根据一类事物中部分对象具有某种属性推出该类事物的所有对象都具有该属性的推理。

对不完全归纳推理而言，其结论所断定的范围超出了前提所断定的范围。如果其前提是真的，则结论可能真。因此，不完全归纳推理是一种或然性推理。

一、简单枚举法

简单枚举法就是根据一类事物中部分对象具有某种属性，并且没有遇到与之相反的情况，从而推出该类事物所有对象都具有某种属性的归纳推理。

例 10.3.1

（1）2001 年 2 月某日，月晕而风，

2001 年 3 月某日，月晕而风，

……

2004 年某月某日，月晕而风，

2005 年某月某日，月晕而风，

……

未遇反例，即未曾遇到月晕而无风，

因此，月晕而风。

（2）在镇江金山寺发现，础润而雨，

在镇江报恩塔发现，础润而雨，

……

在九华山百岁宫发现，础润而雨，

在北京回龙观发现，础润而雨，

……

未遇反例，即未曾遇到础润而无雨，

因此，础润而雨。

上例中的两个推理都属于简单枚举法。我们生活中的诸多谚语，如“日落胭脂红，无雨也有风”“今冬麦盖三层被，来年枕着馒头睡”“若要人不知，除非己莫为”“刀不磨要生锈，人不学要落后”等都是通过简单枚举法获得的。

简单枚举法的基本形式是：

S_1 是 P，

S_2 是 P，

……

S_{n-1} 是 P，

S_n 是 P，

S_1，S_2，……，S_{n-1}，S_n 是 S 中的部分对象，并且没有遇到反例，

所以，所有 S 都是 P。

简单枚举法获得的结论是不可靠的，要提高简单枚举法结论的可靠性，需要注意以下几点。

第一，每个前提都要是正确的，因为简单枚举法遇到一个反例，结论就不正确了；

第二，考察的对象数量要尽可能多；

第三，被考察的对象范围要尽可能广，所涉及的对象之间差异要尽可能大。

简单枚举法作为一种不完全归纳推理，无论如何它都属于或然性推理，下面的故事非常典型地说明了这一点。

例 10.3.2

著名逻辑学家伯特兰·罗素曾说过一个关于归纳主义者——火鸡的故事。在火鸡饲养场里，有一只火鸡发现，第一天上午 9 点钟主人给它喂食。然而，作为一个卓越的归纳主义者，这只聪明的火鸡并不马上做出结论。它一直等到已收集了有关上午 9 点给它喂食这一经验事实的大量观察；而且，它是在多种情况下进行这些观察的：雨天和晴天，热天和冷天，星期三和星期四……它每天都在自己的记录表中加进新的观察陈述。最后，它的归纳主义良心已经得到极大的满足，它进行归纳推理，得出了下面的结论："主人总是在上午 9 点钟给我喂食。"可是，事情并不像它所想象的那样简单和乐观。在圣诞节前夕，当主人没有给它喂食，而是把它宰杀的时候，它通过归纳概括而得到的结论终于被无情地推翻了。大概火鸡临终前也会因此而感到深深的遗憾。

简单枚举法如果使用不当，就会犯"轻率概括"的逻辑错误。上例中那只可怜的火鸡就犯了这种致命的逻辑错误。本讲开头故事中的燕人之弟及其随从之所以死于强盗，其兄的"轻率概括"是原因之一。

二、科学归纳法

科学归纳法就是根据一类事物中部分对象具有某种属性，并且该部分对象与该种属性之间具有因果联系，从而推出该类事物所有对象都具有某种属性的归纳推理。

例 10.3.3

金热胀冷缩，

银热胀冷缩，

铜热胀冷缩，

铁热胀冷缩，

铝热胀冷缩，

金、银、铜、铁、铝是部分金属。金属加热后，组成金属的微粒动能增加，微粒的运动速度加快，微粒间的距离增大，从而导致金属体积增大；反之，金属体积缩小。

因此，金属热胀冷缩。

科学归纳法的基本形式是：

S_1 是 P，

S_2 是 P，

……

S_{n-1} 是 P，

S_n 是 P，

S_1，S_2，……，S_{n-1}，S_n 是 S 中的部分对象，并且与 P 之间有因果联系，

所以，所有 S 都是 P。

科学归纳法依据的不仅仅是部分对象都具有某种属性，更主要的是它探究了对象与属性之间的因果联系，因此，其结论的可靠性程度一般要高于简单枚举法。

第四节　探求因果联系的逻辑方法

事物之间的因果联系指的是事物之间存在的先后相继、引起与被引起之间的一种恒常出现的确定关系。

事物之间的因果联系具有以下特点：

第一，时间上是先后相继的，即总是原因在先，结果在后。

第二，可重复性，即当符合特定条件的作为原因的事物一旦出现，那么作为结果的事物必定出现。

第三，因果联系的形式是多样的。有“一因一果”“一因多果”“一果多因”“多因多果”等情况。

科学归纳法依据于对象与属性之间的因果联系，那么如何探求因果联系呢？英国逻辑学家穆勒在总结培根等人的研究成果的基础上提出了探求因果联系的五种方法，史称“穆勒五法”，即求同法、求异法、求同求异并用法、共变法和剩余法。

一、求同法

求同法是这样一种探求因果联系的逻辑方法：在被研究现象出现的若干场合中，如果仅有唯一的一个情况是在这些场合中共同具有的，那么这个唯一共同的情况就与被研究现象之间有因果联系。求同法也叫契合法。

例 10.4.1

（1）苹果为什么落地？地球为什么绕太阳旋转？……宇宙间的现象是如此纷繁复杂、各不相同。它们背后有什么共同的规律吗？1687 年英国天才科学家牛顿在他的不朽巨著《自然哲学的数学原理》中告诉我们，世间万物尽管千姿百态，但是它们有一个共同的特点："万物彼此吸引，力量的大小与参加的物质的质量成正比例，并且与它们之间距离的平方成反比例。"①——这就是著名的万有引力定律。

（2）火焰无色本生灯的发明人本生发现：把食盐（氯化钠）放到火焰中，无色的火焰变成了亮黄色；把苏打（碳酸钠）放到火焰中，无色的火焰也变成了黄色；把芒硝（硫酸钠）放到火焰中，无色的火焰也变成了黄色。在这些不同的情况下，唯一共同的情况是钠的出现。他由此推断：钠可以使火焰变黄。

上例中，牛顿探求万有引力定律的方法、本生发现"钠可以使火焰变黄"的方法都是求同法。

求同法的形式是：

场合	相关情况	被研究现象
（1）	ABC	a
（2）	ADE	a
（3）	AFG	a
……	……	……

所以，情况 A 与现象 a 之间有因果联系。

为了提高求同法的准确性，必须注意以下两点：

第一，要仔细研究在各种场合除了已发现的共同情况外，是否还有其他共同情况。只有将尽可能多的共同情况考虑进来，才能最大限度地保持规律的正确性。

① 转引自［法］G. 伏古勒尔：《天文学简史》，李珩译，广西师范大学出版社 2003 年版，第 31 页。

例 10.4.2

某人第一天晚上上了 3 个小时网，喝了许多浓茶，结果整夜睡不着；

某人第二天晚上上了 3 个小时网，喝了几杯咖啡，结果整夜睡不着；

某人第三天晚上上了 3 个小时网，抽了几支香烟，结果整夜睡不着；

所以，某人上了 3 个小时网是整夜睡不着的原因。

上例运用的就是求同法，但是结论却是错误的，因为在三个不同的场合中，除了“上了 3 个小时网”这一共同情况外，还有一个共同的情况，就是都“吸食了有兴奋作用的物质”。所以，“上了 3 个小时网，并吸食了有兴奋作用的物质”这一共同情况，才是“整夜睡不着”的真正原因。

第二，要注意从尽可能多的角度进行比较。

例 10.4.3

太阳系的行星有水星、金星、地球、火星、木星、土星……，它们都围绕太阳进行公转，但是它们的公转周期各不相同，分别为 87.9 天、224.7 天、1 年、1.9 年、11.8 年、29.5 年……，它们离太阳的距离也各不一样，分别为 0.387、0.723、1.00、1.52、5.2、9.5 ……，它们之间究竟存在着什么样的规律呢？天文学家开普勒经过 16 年的辛勤劳动，经过大量观察和繁复计算，终于发现了它们的共同规律：“行星公转周期的平方和它们轨道的长轴的立方是成正比例的。”①

二、求异法

求异法是这样一种探求因果联系的逻辑方法：在被研究现象出现和

① 转引自［法］G. 伏古勒尔：《天文学简史》，李珩译，广西师范大学出版社 2003 年版，第 29—30 页。

不出现的两个不同场合中，如果其他情况均相同，只有一个情况不同，它在被研究现象出现的场合中存在，而在被研究现象不出现的场合中不存在，那么这个唯一不同的情况就与被研究现象之间有因果联系。求异法也叫差异法。

例 10.4.4

测试者在斯坦福大学附属幼儿园里选择了一群 4 岁的孩子，这些孩子大多数是斯坦福大学教职员工及研究生的子女，他们的基本情况相差不大。测试者让这些孩子走进一个大厅各自坐下，然后在每一位孩子的座位前放一块软糖。测试老师对孩子们说：老师出去一会儿，如果你能坚持到老师回来还没有把自己面前的软糖吃掉，老师就再奖励你一块。如果你没等到老师回来就把软糖吃掉了，你就只能得到你面前的这一块。

在十几分钟的等待中，有些孩子缺乏控制能力，经不住糖的甜蜜诱惑，把糖吃掉了。而有些孩子领会了老师的要求，尽量使自己坚持下来，以得到两块糖。他们用各自的方式使自己坚持下来。有的把头放在手臂上，闭上眼睛，不去看那诱人的软糖；有的自言自语、唱歌、玩弄自己的手脚；有的努力让自己睡着。最后，这些有控制能力的小孩如愿以偿，得到了两块软糖。

研究者对接受这次实验的孩子进行了长期跟踪调查。中学毕业时的评估结果是，4 岁时能够耐心等待的人在校表现优异，考试成绩普遍较好。而那些控制不住自己，提前吃掉软糖的人，则表现相对较差。进入社会后，那些只得到一块软糖的孩子普遍不如得到两块软糖的孩子取得的成就大。

测试者由此得出：控制力的强弱与成就的大小之间存在因果联系。

测试者在上述实验中所使用的方法就是求异法：孩子们的总体智力

水平、孩子们所接受的教育、孩子们所处的社会环境以及其他诸多因素都基本相同，但是他们的学习成绩、工作成就却存在差异。造成这种差异的原因只能是两组孩子之间唯一不同的情况：自控力存在差异。

求异法的形式是：

场合	相关情况	被研究现象
（1）	ABC	a
（2）	—BC	—

所以，情况 A 与现象 a 之间有因果联系。

为了提高求异法的准确性，必须注意以下两点。

第一，要仔细研究在两种不同的场合中有无其他差异情况。

例 10.4.5

一百多年前，一艘远洋帆船，载着五个中国人和几个外国人由中国开往欧洲。途中，除了五个中国人外，其余的人都患了坏血病而奄奄一息。同坐一条船，同样是人，同样风餐露宿，受苦挨饿，漂洋过海，而反应却截然不同。由此可见，不同的国籍是是否得坏血病的原因。

上例运用的就是求异法，但是结论是错误的。因为，在这两种不同的场合中，除了国籍不同这一不同情况外，还有一个不同的情况，就是船上五个中国人都有每天喝茶的习惯，而那些外国人没有喝茶的习惯，而喝茶才是不患坏血病的根本原因。因为根据进一步的研究表明：茶叶中含有丰富的维生素 C，具有抗坏血病的功效。

第二，要注意在两种不同场合中存在的唯一不同的情况是被研究现象的整个原因，还是被研究现象的部分原因。如，通过求异法，我们可以知道阳光充足是植物生长良好的原因，但是进一步的研究可以发现，阳光充足只是植物生长良好的部分原因。

三、求同求异并用法

求同求异并用法是这样一种探求因果联系的逻辑方法：如果在被研究现象出现的若干场合（正事例组）中，只有一个共同的情况；在被研究现象不出现的若干场合（负事例组）中，都没有这个共同的情况，那么这个情况就与被研究现象之间有因果联系。求同求异并用法也叫契合差异并用法。

例 10.4.6

（1）曾经有人做过这样一个实验：将六只蜜蜂和六只苍蝇装进一个玻璃瓶中，然后将瓶子平放，让瓶底朝着窗户。结果，蜜蜂不停地想在瓶底上找到出口，一直到它们力竭倒毙或饿死；而苍蝇则会在不到两分钟之内，穿过另一端的瓶颈逃逸一空……

事实上，正是由于蜜蜂对光亮的喜爱，由于它们的智力，蜜蜂才灭亡了。

蜜蜂以为，囚室的出口必然在光线最明亮的地方；它们不停地重复着这种似乎合理的行动。对蜜蜂来说，玻璃是一种超自然的神秘之物，它们在自然界中从没遇到过这种突然不可穿透的大气层；但它们的智力越高，这种奇怪的障碍就越显得无法接受和不可理解。

那些愚蠢的苍蝇则全然不顾亮光的吸引，四下乱飞，结果误打误撞地碰上了好运气，并因此获得自由和新生。

（2）人们在生产实践中发现，种植大豆、豌豆、蚕豆等豆科植物时，不仅不需要给土壤施氮肥，而且这些豆科植物还可以使土壤中的含氮量增加。但在种植小麦、玉米、水稻等非豆科植物时却没有这种现象。经过研究后人们发现，这些豆科植物的根部都长有根瘤，但其他植物则没有。人们因此得出结论：豆科植物的根瘤能使土壤的含氮量增加。

上例中运用的都是求同求异并用法。在上例（1）中，尽管每一只蜜蜂（苍蝇）都不相同，但是它们的智力大抵相当，这导致它们选择了几乎相同的逃生方式，从而导致了相同的逃生结果，这是求同。另外，蜜蜂和苍蝇的智力差异又导致了大相径庭的逃生结果，这是求异。在上例（2）中，被研究的现象是“土壤中含氮量增加”，在这一现象出现的不同场合，只有一个共同的情况，就是种植的都是豆科植物，而豆科植物都有根瘤；在这一现象不出现的若干场合，种植的是小麦、玉米、水稻等，这些都不是豆科植物，都没有根瘤。由此得出，豆科植物的根瘤是土壤含氮量增加的原因。

求同求异并用法的形式是：

场合	先行（或后行）情况	被研究现象	
（1）	ABCD	a	正事例组
（2）	ADEF	a	
（3）	AFGB	a	
……	……	……	
（1）	－BCH	－	一个或一组负事例场合
（2）	－CDN	－	
（3）	－FDO	－	
……	……	……	

所以，A 情况是 a 现象的原因（或结果）

求同求异并用法中有求同法的因素：在正事例组中求同，得出 A 情况与 a 现象之间有因果联系；在负事例组中求同，得出 A 情况不出现与 a 现象不出现之间有因果联系。求同求异并用法中也有求异法的因素：正事例组有 A 情况也有 a 现象，负事例组无 A 情况也无 a 现象，两相对照，由求异法得出结论。但求同求异并用法中求同法不是严格意义上的求同法：在正事例组的各个场合，除共同有 A 情况外，其他并不完全不同；在负事例组的各个场合，除共同没有 A 情况外，其他也并不完全不同。求同求异并用法中求异法也不是严格意义上的求异法：正负事例组除有无 A 情况不同外，其他并不完全相同。契合差异并用法是求同法和求异法的综合运用。但是可以看出，它和单纯地先使用求同法后使用求异法是不同的。

为了提高求同求异并用法的准确性，必须注意以下两点：

第一，正事例组与负事例组的组成场合愈多，结论的可靠程度就愈高；

第二，对于负事例组的各个场合，应选择与正事例组相应场合较为相似的来进行比较。两者情况愈相似，结论的可靠程度就愈高。

四、共变法

共变法是这样一种探求因果联系的逻辑方法：如果在被研究现象发生变化的各个场合中，只有一种情况是与之相应变化的，那么这个唯一变化的情况就与被研究现象之间有因果联系。

例 10.4.7

（1）1 世纪的时候，人们对于钱塘江潮起潮落的原因不太清楚，但是有一种比较流行的说法：战国时期，吴国相国伍子胥因为规劝吴王夫差拒绝越国求和并停止伐齐，而渐渐被吴王疏远。并最终被吴王屈杀，抛尸江中。他的冤魂从此便有规律地驱逐波浪，发出周期性的怒吼和冲击，以此申述他的愤懑不平。但是汉代思想家王充并不这样认为，他经过长期的观察，指出："涛之起也，随月盛衰，大小、满损不齐同。"意思是钱塘江海潮起落的原因是月亮的圆缺。月圆时海潮最为波涛汹涌，月亮渐缺时海潮也随之渐渐减弱。这就比较符合今天科学的说法了。①

（2）对地磁学的研究表明，除了地磁场有规则的变化之外，还周期性地发生强烈的磁性扰动，这就是磁暴现象。科学家在研究这一现象时发现，磁暴的周期经常与太阳黑子数量多少的周期相吻合，每一周期为11年。即随着太阳黑子数目的增加，磁暴的强烈程度也增高；随着太阳黑子数目的减少，磁暴的强烈程度也减弱。研究者由此得出结论：太阳上黑子数目的增加是地球上磁暴的原因。

在上例中，王充发现潮汐原因所使用的方法、科学家发现地球磁暴现象原因所使用的方法都是共变法。

共变法的形式是：

场合	相关情况	被研究现象
（1）	A_1BC	a_1
（2）	A_2BC	a_2
（3）	A_3BC	a_3
……	……	……

所以，情况 A 与现象 a 之间有因果联系。

在具体考察现象间的共变关系时，要注意区分三种情况：第一种是同向共变。它指的是两种情况的量同时增加或同时减少。例如，在其他条件不变的情况下，对一定质量的气体加热，当温度不断升高时，其体积就会不断膨胀。第二种是逆向共变。它指的是如果一种量在增加，那

① 转引自［英］李约瑟原著，［英］柯林·罗南改编：《中华科学文明史》第二卷，上海交通大学科学史系译，上海人民出版社 2002 年版，第 252 页。

么另一种情况的量反而随着减小。例如，在其他条件不变的情况下，对一定质量的气体加压，当压力不断增加时，其体积就会不断减小。第三种是复合共变。它指的是一种情况的量在增加，另一种情况的量在一定的界限内随之增加，但是一旦超过这个界限反而随之减小；也可能是一种情况的量在增加，另一种情况的量在一定的界限内随之减小，但是一旦超过这个界限就随之增加。例如，多参加体育活动，在一定限度内可以增进人的身体健康；但是如果超出了这一限度，过度的运动，则会损害人的身体健康。

为了提高共变法的准确性，必须注意以下几点。

第一，要注意与被研究现象发生共变的情况是不是唯一的。如果与被研究现象发生共变的情况不是唯一的，那么运用共变法得出的结论就可能出错。

例 10.4.8

小王为了减肥，从 10 月 1 日起，每天在傍晚时分坚持爬山，持续了 10 天之后，一称体重，发现体重不但没有减少，反而增加了 200 克；他又持续坚持了 10 天，一称体重，发现体重又增加了 250 克；他耐心地继续坚持了 10 天，一称体重，发现体重再次增加 300 克。小王由此得出结论：每天在傍晚时分爬山是他体重增加的原因。

在上例中，小王利用共变法推理时忽略了另一个同时发生变化的情况，那就是由于他每天傍晚时分爬山，导致了晚餐食量增加；并且由于爬山劳累，常常是吃了晚餐后，就不再运动而提前休息了。正是由于这一情况的变化才导致了他体重的增加。

第二，要注意被研究对象与情况间的共变关系，常常是在一定的范围和限度之内的，超出了这个范围和限度，共变关系就可能消失。例如，在贫瘠的土地上种庄稼，适当地增加肥料，可以致使粮食增产；但是如果施肥过量，也可能发生烧苗现象，导致作物枯死。

第三，要注意被研究对象与情况间的共变关系是不可逆的单向作用，还是可逆的双向作用。

例 10.4.9

某课题组经过长期潜心研究，获得了一系列的科研成果；由于这些科研成果，他们获得了相关部门的科研奖励；有了这些奖励经费，课题组成员的研究热情更高了，该课题组又获得了新的科研成果；基于这些新的科研成果，相关部门加大了资助的力度；因之，课题组的研究条件得到了极大的改善，创新性成果也随之增加。

在上例中，科研成果与奖励资助之间就存在着双向作用，因之，就不能简单地运用共变法得出结论：科研成果是奖励资助的原因，或者奖励资助是得出科研成果的原因，这都是不正确的。

五、剩余法

剩余法是这样一种探求因果联系的逻辑方法：如果已知某一被研究的复合现象与某个复合情况之间存在因果联系，同时，又知道这个复合现象中的一部分与该复合情况中的一部分有因果联系，那么，被研究的复合现象中的剩余部分就与该复合情况中的剩余部分有因果联系。

例 10.4.10

（1）居里夫人已知纯铀发出的放射线的强度，并知道一定量的沥青矿石所含纯铀的数量。但是她观察到一定量的沥青矿石所发出的放射线强度要比它所含有的纯铀发出的放射线强许多倍。由此她推断，在沥青矿石中一定含有其他放射性极强的元素，经过艰苦的研究，她终于发现了镭。

（2）1781年，英国天文学家赫歇尔发现了天王星，但之后对它运行轨道的实际观测却与根据牛顿力学理论所做的计算不符。当时已知的行星对天王星的影响只能解释部分现象，这时，英国的亚当斯和法国的勒维耶认为，天王星还受到一颗未知行星的影响。1846年9月23日晚，德国的加勒果然在勒维耶所指出的位置附近找到了这颗行星，它就是海王星。

在上例中，居里夫人发现放射性物质镭的方法、亚当斯和勒维耶预测未知行星的方法都是剩余法。

剩余法的形式是：

被研究的复合现象A、B、C、D与复合情况a、b、c、d之间有因果联系，并且已知：

B现象与b情况有因果联系；

C现象与c情况有因果联系；

D现象与d情况有因果联系；

所以，情况A与现象a之间有因果联系。

以上介绍了五种探求因果联系的方法，在实际运用的过程中，往往是若干种方法综合运用。另外，这些方法都是或然性方法，所得出的因果联系也都仅仅是可能的因果联系，一旦遇到反例，这些因果联系就需要及时修正。

第五节　类比推理

一、什么是类比推理

类比推理就是根据两个（或两类）对象在某些属性上相同或相似，

推出它们在另一些属性上也相同或相似的推理。

例 10.5.1

（1）我国著名的地质学家李四光，在对我国的地质结构进行长期、深入的调查研究后发现，我国东北松辽平原的地质结构与中亚细亚的地质结构极其相似。他推断，既然中亚细亚蕴藏大量的石油，那么，我国的松辽平原也很可能蕴藏着大量的石油。后来，大庆油田的开发证明了李四光的推断是正确的。

（2）乌兹别克斯坦盛产长绒棉。通过考察发现，我国新疆的塔里木河流域与乌兹别克斯坦在日照情况、霜期长短、气温高低、降雨量等方面均相似，受此启发，将长绒棉移植到我国新疆的塔里木河流域，果然获得了成功。

在上述两例中，李四光对石油蕴藏的推断、塔里木河流域长绒棉的成功移植都使用了类比推理。

类比推理的一般形式是：

A 对象具有属性 a、b、c、d，

B 对象具有属性 a、b、c，

所以，B 对象也具有属性 d。

其中，A 和 B 表示两个（或两类）对象，a、b、c 表示 A、B 间的相同或相似的属性，d 表示类推的属性。

类比推理的两个对象，可以是两个不同的个体，如火星和地球；也可以是两个不同的类，如大猩猩和人；还可以是一类中的若干个体与另一个类的所有个体，如一群受试的小白鼠和人类。但绝不会是某个体与该个体所属类中的所有个体，如果是由某个体的属性推出该个体所属类中的所有个体的属性，则是归纳推理；反之，则是演绎推理。

类比推理的结论超出了前提断定的范围。如果其前提真，则结论仅仅可能真，因此，类比推理也属于或然性推理。

二、如何提高类比推理结论的可靠性

第一，类比对象之间相同的属性越多，则结论的可靠程度就越高。如，一种新药研制成功，人们先在动物种群中做试验。这时试验的对象一般选择的都是高等动物，因为与其他动物相比，高等动物与人有着更多的相同属性，这样得出的结论比用其他动物做试验得出的结论要可靠得多。一般情况下，新药正式使用之前，还有一个临床试验阶段，之所以如此，一个重要原因是，人的个体与个体之间所存在的相同属性，又多于高等动物的个体与人的个体之间所存在的相同属性，经过这个阶段，所得出的结论就更加可靠了。

第二，类比对象之间已知的相同属性与未知的类推属性其联系愈密切，则结论的可靠程度就愈高。如，我国浙江省和美国加利福尼亚州在地形、土壤、日照、温度、湿度、降雨量等自然条件方面存在诸多相似之处，而我国浙江黄岩盛产蜜橘，由此推知，如果加利福尼亚州种植蜜橘也可能获得高产。该推理结论的可靠性就比较高，因为植物的高产与自然条件密切相关。再如，如果我们由地球和水星都是球形、都绕太阳飞行，从而推知水星和地球一样可能存在生物。该推理结论的可靠性就很弱，因为生命存在的条件与星体的形状、是否绕太阳飞行没有必然联系。

类比推理如果使用不当，就可能犯“机械类比”的逻辑错误。

例 10.5.2

鸿胪卿孔群好饮酒，丞相王导劝导他说：“你为什么经常饮酒呢？

你难道没有看到，那些盖在酒坛口的布总是很快就烂掉了吗？”孔群回答道：“没关系，你没见放在酒坛中的糟肉，保存很长时间都不会变质啊！”[①]

在上例中，王导和孔群都运用了类比推理，但是由于类比所依据的相同属性与推出属性之间的关系不够密切，所以，得出的结论都不可靠。他们都犯了“机械类比”的逻辑错误。

三、类比推理的作用

首先，运用类比推理，可以帮助我们由已知推断未知。对此，《吕氏春秋》中有一段非常好的说明：

先王之所以为法者，何也？先王之所以为法者，人也，而己亦人也。故察己则可以知人，察今则可以知古。古今一也，人与我同耳。有道之士，贵以近知远，以今知古，以所见知所不见。故审堂下之阴，而知日月之行，阴阳之变；见瓶水之冰，而知天下之寒，鱼鳖之藏也。[②]

在这里，作者指出，由于人与人之间存在诸多相同属性，所以这成为先王“为法”的根据，由此，运用类比推理，可以由己知人、由今知古、由近知远、由所见知所未见。

其次，运用类比推理可以启发人的思路，有助于提出创造性假说。

例 10.5.3

（1）富兰克林发现，带有不同性质电荷的两个物体接触时，会产生火花、有爆炸声；电闪雷鸣时，也有火花、爆炸声。不同性质电荷的两个物体接触产生放电现象，由此他推断，雷电也是一种自然放电现象。

① 参见《世说新语 · 任诞第二十三》。
② 《吕氏春秋 · 察今》。

（2）法国科学家德布罗意发现，光在运动中具有能量和质量，实物粒子在运动中也具有能量和质量；在运动的过程中，光和实物粒子一样，都遵循类似的数学原理；光具有波粒二象性。由此，德布罗意推测，实物粒子也具有波粒二象性。

富兰克林提出雷电本质的假说、德布罗意提出物质波的假设都运用了类比推理，他们的假说后来都被实验所证实。

最后，运用类比推理，有助于说理。

例 10.5.4

客谓梁王曰："惠子之言事也善譬，王使无譬，则不能言矣。"王曰："诺。"明日见，谓惠子曰："愿先生言事则直言耳，无譬也。"惠子曰："今有人于此而不知弹者，曰：'弹之状何若？'应曰：'弹之状如弹'，则谕乎？"王曰："未谕也。""于是更应曰：'弹之状如弓，而以竹为弦。'则知乎？"王曰："可知矣。"惠子曰："夫说者，固以其所知谕其所不知，而使人知之。今王曰：'无譬'，则不可矣。"王曰："善！"[①]

在上例中，惠施运用"譬"（类比推理）非常巧妙地指出了"譬"（类比推理）的解释说明作用。

思考题

1. 归纳推理与演绎推理有何区别？它们各有什么作用？

2. 试找出日常生活中运用归纳推理和类比推理的若干事例。

3. 分析下列各题运用了何种探求因果联系的方法。

（1）把一个带有火星的木片放在一个有氧气的玻璃瓶里，它就燃烧起来；把它放在没有氧气的玻璃瓶里，它就燃烧不起来，所以，氧

① 〔西汉〕刘向：《说苑 · 善说》。

气和木片燃烧有因果联系。

（2）在温度不变的情况下压力和体积呈反比关系。压力越大，体积越小；压力减小，体积增大。

（3）棉花能保温，积雪也能保持地面温度。据测定，新降积雪有40% 到 50% 的空气间隙。棉花是植物纤维，雪是水的结晶，很不相同，但两者都是疏松多孔的。由此可见，疏松多孔的东西能够保温。

（4）科学家发现，雨后天空出现虹；太阳光线通过三棱镜也出现类似虹的各种颜色；在瀑布的水星中，在船桨打起的水花中，晴天也可看到类似虹的各种颜色。在这些不同的场合中，有一点是共同的，那就是光线都通过球形或菱形的透明体。由此可以认定，这一点正是虹形成的原因。

（5）种植马铃薯是选用大个的薯块做种好，还是选用小个的好？有一个农业科研小组对此做了一个试验：用 10 克、20 克、40 克、80 克、160 克重的薯块分别播种在同一块田里，实施同样的田间管理。结果，10 克的产量是 245 克，20 克的产量是 430 克，40 克的产量是 565 克，80 克的产量是 940 克，160 克的产量是 1090 克。这说明薯块大小和产量之间存在因果联系。

（6）两条渔船在同一个水域钓鱼。船上渔民的钓鱼技术、所使用的工具等基本上没有差别，但是收获差距却很大。收获较少的渔船上的船长经过认真比对发现，他们船上有部分渔民抽烟，而另一个船上的渔民都不抽烟。于是，船长推测，他们船收获少的原因也许是渔民在装鱼饵时没有洗手，从而使得鱼饵沾上了烟味。他让船员们用肥皂洗了手，重新装上鱼饵，果然，鱼儿纷纷上钩了。

参考答案

1. 演绎推理如果前提真，则结论一定真；而归纳推理前提真，结论未必真。演绎推理断定的内容未超出前提的范围，而归纳推理断定的内容超出了前提的范围。归纳推理在日常生活、知识发现、科学创新方面具有重要的启发价值；演绎推理在理论整理和建构方面具有重要的价值。

2. 略。

3.（1）差异法。（2）共变法。（3）求同法。（4）求同法。（5）共变法。（6）求同求异共用法。

第十一讲
有效论证

有个美国人买了一盒极为稀少并且很昂贵的雪茄，还为这盒雪茄投保了火险。结果他在一个月内就把这盒雪茄抽完了，保险费一分也没有交，却提出要保险公司赔偿的要求。在申诉中，这个人说雪茄是在“一连串的小火”中受损。保险公司当然不愿意赔偿，理由是：这个人是以正常的方式抽完雪茄的。结果这个人将保险公司告到法庭。法官在判决中表示，他同意保险公司的说法，认为这场诉讼非常荒谬，但是原告手上确实有保险公司同意承保的保单，证明保险公司保证赔偿任何火险，并且保单中并没有限定性地指出什么样的“火”不在保险范围内，因此，保险公司必须赔偿。与其忍受漫长昂贵的上诉过程，不如接受这项判决，保险公司赔偿了原告 1.5 万美元。当这个人将支票兑现之后，保险公司马上报警将这个人逮捕，罪名是涉嫌 24 起“纵火案”。根据他先前的申诉和证词，这个人立即被以“蓄意烧毁已经投保之财产”的罪名定罪，要入狱服刑 24 个月，并处罚金 2.4 万美元。

第一节 论证概述

一、什么是论证

论证就是用若干已知为真的判断确定另一个判断的真实性的思维过程。

例 11.1.1

（1）无论多么可怕，也要赢得胜利。无论道路多么遥远和艰难，也要赢得胜利。因为没有胜利，就不能生存。大家必须认识到这一点：没有胜利，就没有英帝国的存在，就没有英帝国所代表的一切，就没有促使人类朝着自己目标奋勇前进，这一世代相因的强烈欲望和动力。[①]

（2）行文之道，神为主，气辅之。曹子桓、苏子由论文，以气为主，是矣。然气随神转，神浑则气灏，神远则气逸，神伟则气高，神变则气奇，神深则气静，故神为气之主。[②]

上述两例都是论证。例（1）中，以“没有胜利，就不能生存”“没有胜利，就没有英帝国的存在”等判断，论证“要赢得胜利”；例（2）中，以“气随神转”“神浑则气灏”等判断，论证“行文之道，神为主，气辅之”。

二、论证的组成

论证由论题、论据和论证方式三个要素构成。

例 11.1.2

（1）真理是不怕批评的，因为怕批评的不是真理。

（2）臣诚知不如徐公美。臣之妻私臣，臣之妾畏臣，臣之客欲有求于臣，皆以美于徐公。今齐地方千里，百二十城。宫妇左右，莫不私王；朝廷之臣，莫不畏王；四境之内莫不有求于王。由此观之，王之蔽甚矣！[③]

（3）不唤醒广大公民的参与意识，真正的民主国家就建立不起来。

---

① ［英］丘吉尔：《我有的只是热血、辛劳、眼泪和汗水》。这是丘吉尔 1940 年 5 月 13 日的就职演说。

② 〔清〕刘大櫆：《论文偶记》。

③ 《战国策 · 齐策一 · 邹忌讽齐王纳谏》。

因为，要建立真正的民主国家，必须进行政治体制的改革；要进行政治体制改革，必须建立依法行政制度；只有唤醒广大公民的参与意识，依法行政制度才能建立起来。

（4）世界的真正的统一性在于它的物质性。地质学、天文学、物理学、生命科学等自然科学证明：地球是一个圈层结构的物质实体；宇宙天体和星际空间充满了各种物质形态，没有无物质的“虚空”；微观粒子和场都是客观存在的物质形态；生命也只是物质运动的特殊形式。社会科学和思维科学证明了人类社会的物质性：首先，人类社会是自然界长期发展的产物，是最高级、最复杂的物质形态；其次，人类社会的发展是生产力和生产关系矛盾运动的结果，而生产力和生产关系是物质性的力量和关系；再次，全部社会生活的本质——社会实践是物质性的活动；最后，意识是人脑这种特殊物质的机能和属性。

1. 论题

论题是通过论证要确定其真实性的判断。在上例中，“真理是不怕批评的”“王之蔽甚矣”“不唤醒广大公民的参与意识，真正的民主国家就建立不起来”“世界的真正的统一性在于它的物质性”等都是论题。

在一个论证中，一般论题都放在论证的开头，如上例中的（1）、（3）和（4）；也有少数是放在结尾的，如上例中的（2）；当然，特殊情况下，也可能放在论证的中间。

论题可以分为两类，一类是已经得到证明的判断，一类是尚待证明的判断。对前一类判断进行论证，是为了更好地阐明真理；对后一类判断进行论证，是为了探索真理。

2. 论据

论据是论证中用来确定论题真实性的判断。简单地说，论据就是使论题成立的理由或者依据。在上例中，“怕批评的不是真理”就是论据；在上例中，“臣诚知不如徐公美。臣之妻私臣，臣之妾畏臣，臣之客欲有求于臣，皆以美于徐公。今齐地方千里，百二十城。宫妇左右，莫不私王；朝廷之臣，莫不畏王；四境之内莫不有求于王”是论据。

3. 论证方式

论证方式是在论证中论据和论题之间的联系方式。即由论据得出论题的推理方式。

上例（1）中，论据“怕批评的不是真理”的形式是 SEP，论题“真理是不怕批评的”的形式是 $PA\overline{S}$，其推理方式是性质判断的换位法和换质法的综合运用，具体地讲，就是：$SEP \vdash PA\overline{S}$。这是一个演绎推理。

上例（2）中，其论证方式是类比推理。

上例（3）中，其论证方式是演绎推理。如果我们用 p 表示“唤醒广大公民的参与意识”，用 q 表示“建立真正的民主国家”，用 r 表示“进行政治体制改革”，用 s 表示“建立依法行政制度”，那么其具体的论证方式可表示为：$q \to r，r \to s，p \leftarrow s \vdash p \leftarrow q$。

上例（4）中，其论证方式是归纳推理。

在一个具体的论证中，可能包含多个层次，即第一层次的论据可能是第二层次的论题，第二层次的论据又可能是第三层次的论题。

例 11.1.3

士不可以不弘毅，任重而道远。仁以为己任，不亦重乎？死而后已，不亦远乎？非弘不能胜其重，非毅无以致其远。

在上述论证中，在第一层次中，论题是“士不可以不弘毅”，论据是“任重而道远，非弘不能胜其重，非毅无以致其远”，其论证方式是一个演绎推理。在第二层次的论证中，论题是“任重而道远”，其论据是“仁以为己任，不亦重乎？死而后已，不亦远乎？”，其论证方式是归纳论证。

我们可以将上述论证结构展示如下：

士不可以不弘毅，

　　任重而道远。

　　　　仁以为己任，不亦重乎？

　　　　死而后已，不亦远乎？

非弘不能胜其重，

非毅无以致其远。

突出的判断表示的是论题，推后两格的判断表示的是该论题的论据。还可以更形象地展示如下：

$$\left.\begin{array}{l}\left.\begin{array}{r}\text{仁以为己任，不亦重乎？}\\ \text{死而后已，不亦远乎？}\end{array}\right\}\Rightarrow \text{任重而道远}\\ \qquad\qquad\qquad\qquad\qquad\quad\ \text{非弘不能胜其重}\\ \qquad\qquad\qquad\qquad\qquad\quad\ \text{非毅无以致其远}\end{array}\right\}\Rightarrow \text{士不可以不弘毅}$$

三、论证和推理的关系

论证和推理密切相关。推理是论证的工具，而论证是推理的综合运用。一般而言，论题相当于推理的结论，论据相当于推理的前提，而论证方式相当于推理方式。它们之间的关系可表示如下：

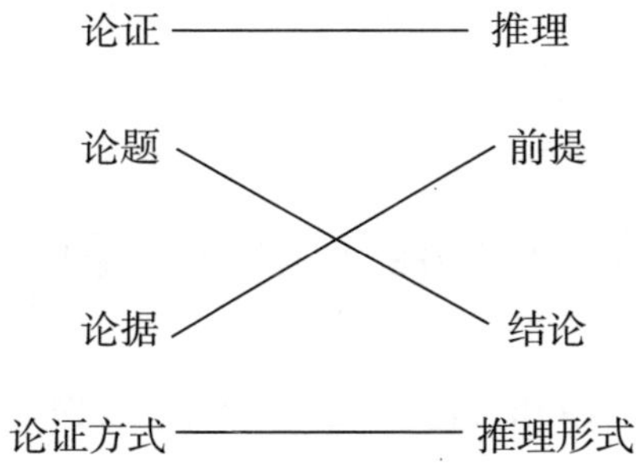

推理和论证又有区别。第一，二者的思维进程不同。推理是由前提推出结论；论证一般是前有论题，然后再使用适当的论据来进行论证。第二，二者的要求不同。推理强调的是形式有效性，即假定前提是真的，则结论一定真；而论证强调的是论题的正确性，这就不仅要求其中的推理是有效的，而且要求论据也必须是正确的。第三，二者逻辑结构不同。论证的结构比推理复杂，往往是多种推理形式或者一系列推理的综合运用。

例 11.1.4

（1）所有怀远人都会表演花鼓灯，而荆芡人都是怀远人，所以，荆芡人都会表演花鼓灯。

（2）荆芡人都会表演花鼓灯。因为，所有怀远人都会表演花鼓灯，而荆芡人都是怀远人。

在上例中，（1）是三段论第一格的 AAA 式，尽管前提之一“所有怀远人都会表演花鼓灯”是假的，但是作为一个推理，（1）是一个有效的推理；（2）作为一个论证，其论证形式是三段论第一格的 AAA 式，尽管其推理是有效的，但是因为前提之一“所有怀远人都会表演花鼓灯”是假的，所以作为一个论证，（2）是一个不正确的论证。

第二节 论证的种类

依据不同的标准，可以将论证分为演绎论证、归纳论证和类比论证，也可以分为直接论证和间接论证等。

一、演绎论证、归纳论证和类比论证

根据论证中所使用的推理形式的不同，可以将论证分为演绎论证、归纳论证和类比论证。

1. 演绎论证

演绎论证就是运用演绎推理形式所进行的论证。

例 11.2.1

（1）有些茶不是绿茶，因为红茶是茶，而红茶不是绿茶。

（2）逻辑学不属于社会意识形态。因为，只有那些为特定经济制度和政治制度服务的上层建筑，才属于社会意识形态；而逻辑学是人类所有知识的共同基础，它不属于上层建筑，它可以为任何经济制度和政治制度服务。

上例中的两个论证都是演绎论证。在（1）中，所使用的推理形式是三段论第三格 EAO 式；在（2）中，所使用的推理形式是必要条件否定前件式。

演绎论证属于必然性论证，具有充分的说服力，只要论据正确、推理有效，则论题一定正确。

2. 归纳论证

归纳论证就是运用归纳推理形式所进行的论证。

例 11.2.2

（1）青壮年时期是发明创造的黄金时期。据说，牛顿 23 岁创立微积分；爱迪生 27 岁发明电灯；爱因斯坦 26 岁创立相对论；瓦特 28 岁发明蒸汽机；而巴达捷芙斯卡创作经典名曲《少女的祈祷》时只有 18 岁。

（2）命题：n^3-n 是 6 的倍数，其中 n 为正整数。

证明：

归纳基始：当 $n=1$ 时，$n^3-n=0$，命题成立。

归纳步骤：假设当 $n=k$ 时命题成立，即 k^3-k 是 6 的倍数，

则当 $n=k+1$ 时，$(k+1)^3-(k+1)=(k^3-k)+3k(k+1)$，命题也成立。

上例中的两个论证都是归纳论证。在（1）中，所使用的推理形式是不完全归纳推理；在（2）中，所使用的推理形式是完全归纳推理。

完全归纳论证属于必然性论证，具有充分的说服力，只要论据正确，则论题一定正确；不完全归纳论证属于或然性论证，尽管不能作为严格证明，但是运用得当，也具有一定的说服力。

3. 类比论证

类比论证就是运用类比推理形式所进行的论证。

例 11.2.3

（1）君王还是正大光明行事为好。因为，放火焚烧山林，尽管暂时能获得很多野兽，但是最终会发展到无兽可猎的地步。用欺诈手段对付人，虽然一时能获得很多利益，但最终一定会无利可图。

（2）兰生幽谷，不为莫服而不芳；舟在江海，不为莫乘而不浮；君子行义，不为莫知而止休。[①]

上例中的两个论证都使用了类比论证。

类比论证属于或然性论证。

在实际论证过程中，既有只使用一种推理形式的，也有综合使用两种或两种以上推理形式的。

例 11.2.4

臣闻音以比耳为美，色以悦目为欢。是以众听所倾，非假北里之操；万夫婉娈，非俟西子之颜。故圣人随世以擢佐，明主因时而命官。[②]

在上例中，中心论题是“圣人随世以擢佐，明主因时而命官”，其论据是“音以比耳为美，色以悦目为欢”，论据和论题之间使用的是类比推理；但是“音以比耳为美，色以悦目为欢”和“众听所倾，非假北里之操；万夫婉娈，非俟西子之颜”之间使用的又是演绎推理。

二、直接论证和间接论证

根据论证方法的不同，可以将论证分为直接论证和间接论证。

1. 直接论证

直接论证就是使用真实的论据直接证明论题的真实性的论证。

例 11.2.5

臣闻朋党之说，自古有之，惟幸人君辨其君子小人而已。大凡君子与君子，以同道为朋；小人与小人，以同利为朋。此自然之理也。

---

① 〔西汉〕刘安：《淮南子·说山训》。
② 〔西晋〕陆机：《演连珠五十首》。

然臣谓小人无朋，惟君子则有之。其故何哉？小人所好者，利禄也；所贪者，货财也。当其同利之时，暂相党引以为朋者，伪也。及其见利而争先，或利尽而交疏，则反相贼害，虽其兄弟亲戚，不能相保。故臣谓小人无朋，其暂为朋者，伪也。君子则不然：所守者道义，所行者忠信，所惜者名节。以之修身，则同道而相益；以之事国，则同心而共济。终始如一。此君子之朋也。故为人君者，但当退小人之伪朋，用君子之真朋，则天下治矣。

尧之时，小人共工、驩兜等四人为一朋，君子八元、八恺十六人为一朋。舜佐尧，退四凶小人之朋，而进元、恺君子之朋，尧之天下大治。及舜自为天子，而皋、夔、稷、契等二十二人，并立于朝，更相称美，更相推让，凡二十二人为一朋，而舜皆用之，天下亦大治。[①]

在上例中，欧阳修使用若干判断直接论证了“为人君者，但当退小人之伪朋，用君子之真朋，则天下治矣”这一论题。

2. 间接论证

间接论证就是通过论证与原命题不能同假的判断为假，从而得出论题为真的论证。间接论证最常用的有反证法和选言证法。

（1）反证法

反证法就是通过假设原论题不成立由此推出矛盾，从而得出论题为真的间接论证。

例 11.2.6

命题：素数有无穷多个。

证明：

① 〔北宋〕欧阳修：《朋党论》。

假设素数不是有无穷多个，那么素数只有有限多个，则可设所有的素数为 a_1，a_2，……，a_{n-1}，a_n。

此时，令 $N= a_1 \times a_2 \times \cdots\cdots \times a_n+1 \times a_{n+1}$，那么所有的 a_i（i=1，2，……，n）显然都不是 N 的因子，那么有两个可能：或者 N 有另外的素数真因子，或者 N 本身就是一个素数。如果 N 有另外的素数真因子，这与假设矛盾；如果 N 本身就是一个素数，显然有 $N > a_i$（i=1，2，……，n），这同样与假设矛盾。无论是哪种情况，都将和假设矛盾。

由此可得，假设不成立。所以原命题成立。

上述论证使用的就是反证法。

反证法的论证过程可表示为：

论题：p。

证明：

假设并非 p，

如果非 p，则 q，

并非 q，

所以，并非（并非 p），

所以，p。

（2）选言证法

选言证法就是通过论证与原命题相关的其他几种可能情况为假，从而得出论题为真的间接论证。

例 11.2.7

（1）这件好事必定是张丽所为。因为，有确凿证据表明，这件好事或者是张丽所为，或者是王静所为，或者是李强所为；但是王静没有对方的账号，所以可以排除是她所为；李强那几天出差在外地，对此事并不知情，也可以排除是他所为。所以，这件好事必定是张丽所为。

（2）论题：如果一个有效三段论其小前提和结论均为O判断，那么该三段论必定为第二格。

证明：

该三段论或者为第一格，或者为第二格，或者为第三格，或者为第四格。

如果该三段论为第一格或者第三格，那么因为结论为O判断，大项在结论中周延，根据三段论规则三，则大项在前提中必须周延，而在第一格或者第三格中，大项是大前提的谓项，因此，大前提必须为否定判断，这样大、小前提均为否定判断，违反了三段论规则四。所以，该三段论不是第一格或者第三格。

如果该三段论为第四格，那么中项是小前提的主项，因为小前提是O判断，中项在小前提中不周延，根据三段论规则二，中项在大前提中必须周延，在第四格中，中项是大前提的谓项，因此，大前提必须为否定判断，这样大、小前提均为否定判断，违反了三段论规则四。所以，该三段论不是第四格。

因此，该三段论必定为第二格。

上述论证使用的都是选言证法。

选言证法的论证过程可表示为：

论题：p。

证明：

p或者q或者r，

并非q，

并非r，

所以，p。

第三节　论证的规则

论证要有说服力，必须遵守下列五条论证规则。

规则一：论题必须明确

论题必须明确指的是论题表达的含义必须清楚、确切，不能含糊其辞。

为了保证论题的明确，必要时需要对论题中的关键性概念进行定义、解释，以消除歧义或者可能的误解。

例 11.3.1

（1）士不可以不弘毅。任重而道远。弘，宽广也；毅，强忍也。非弘不能胜其重，非毅无以致其远。弘而不毅，则无规矩而难立；毅而不弘，则隘陋而无以居之。弘大刚毅，然后能胜重任而远到。仁以为己任，不亦重乎？死而后已，不亦远乎？仁者，人心之全德，而必欲以身体而力行之，可谓重矣。一息尚存，此志不容少懈，可谓远矣。

（2）中庸之为德也，其至矣乎！民鲜久矣。中者，无过、无不及之名也；庸，平常也。不偏之谓中，不易之谓庸。中者天下之正道，庸者天下之定理。自世教衰，民不兴于行，少有此德久矣。

上例（1）对于论题“士不可以不弘毅”中的关键性概念“弘”“毅”进行了解释说明，这样使得论题更加明确；上例（2）对于论题“中庸之为德也，其至矣乎！”中的关键性概念“中”“庸”进行了重点的解释说明，使得论题更加清楚、无歧义。

违反这一规则所犯的逻辑错误，叫作“论题模糊”。

例 11.3.2

对待传统文化我们既要继承其精华，又要剔除其糟粕。不过，究竟什么是精华，什么是糟粕，有时是很难分清的。我们要防止既倒掉了洗澡水，又将洗澡盆中的孩子也倒掉的情况。因此，对待传统文化要么全盘继承，要么全盘否定，并不存在所谓的“扬弃”之路。而全盘否定是不合适的，也是做不到的，所以，对待传统文化只能是全盘继承，走一步看一步，车到山前必有路！

上述关于传统文化的论证，就犯了“论题模糊”的逻辑错误。该论证中对待传统文化究竟是什么态度，不明确。

规则二：论题必须保持同一

论题必须保持同一指的是一个论证中其中心论题只能有一个，不能开始设定一个论题，在论证过程中又转变为另外一个论题。当然这并不排斥在中心论题之外，根据证明的需要设立若干个分论题，这种情况在多层次的论证中是经常出现的。

违反这一规则所犯的逻辑错误，叫作“转移论题”。

例 11.3.3

对待传统文化，发展比继承更重要。这是因为，文化都是在一定的历史时期、特定的民族、地理环境、生产力发展水平等条件下产生的；随着历史的发展，这些条件在变化，如果文化不能随着这些条件的变化而发展，那么它将会成为一种没有生命力的僵化的教条，就将成为这个民族发展振兴的桎梏。

上述论证就犯了“转移论题”的逻辑错误，因为论题是“对待传统文化，发展比继承更重要”，而其后论证却是“文化必须发展”。

规则三：论据必须真实

论据是确立论题真实性的根据，如果论据虚假，那么论证也就失去了它的作用。这条规则要求论据应当是被证明为真的判断，不能是虚假的或者是想当然的。违反这一规则，就会犯“论据虚假”或者“预期理由”的逻辑错误。

“论据虚假”指的是在论证中使用了已知的不真实的论据；“预期理由”指的是在论证中使用了真实性尚待证实的论据。

例 11.3.4

高级领导干部必须从基层选拔。一个人如果没有基层工作经验，那么他就不可能有丰富的领导经验和处理问题的艺术，一个人如果没有丰富的领导经验和处理问题的艺术，他就不可能胜任高级领导职务。

上例中的论证就犯了“论据虚假”的逻辑错误，因为，尽管一个人没有基层工作经验，但是他却可能具有丰富的领导经验和处理问题的艺术。

规则四：论据的真实性不能依靠论题来证明

在论证中，论题的真实性依赖于论据的真实性，如果论据的真实性又依靠论题来证明，那就犯了“循环论证”的逻辑错误。

例 11.3.5

（1）逻辑是没有阶级性的。因为逻辑是全人类的工具性科学。为什么说逻辑是全人类的工具性科学？因为它没有阶级性。

（2）不良信息有害身心健康。这是因为不良信息包含着对人的身心健康不利的信息。

上述两例都犯了“循环论证”的逻辑错误。

规则五：从论据应能推出论题

从论据应能推出论题指的是论据和论题之间必须有逻辑联系，论据的真实性应该可以成为论题真实性的充足理由。违反这一规则的逻辑错误称为“推不出”。

常见的“推不出”有如下几种表现形式：

1. 论据和推理不相干

例 11.3.6

据传，翰林院庶吉士徐骏是康熙朝刑部尚书徐乾学的儿子，也是顾炎武的甥孙。雍正八年（1730），徐骏在奏章里，把“陛下”的“陛”字错写成“狴”字，雍正见了，马上把徐骏革职。后来再派人一查，在徐骏的诗集里找出了如下诗句“清风不识字，何故乱翻书”“明月有情还顾我，清风无意不留人”，于是雍正认为这是存心诽谤，照大不敬律斩立决。

清代的“文字狱”很多是牵强附会的冤案。在上例中，“清风不识字，何故乱翻书”“明月有情还顾我，清风无意不留人”与“存心诽谤，大不敬”之间并不相干，在逻辑上就犯了“推不出”的错误。

2. 论据不足

例 11.3.7

从前有个国王，他有两个仆人。一天，国王吩咐这两个仆人去皇宫旁边的井边，把一个竹篮放进深井里，再把竹篮拿回来给他。两个仆人马上去了井边，但竹篮上有好多窟窿，在篮子里灌上再多的水也不能留住啊。第一个仆人说：“国王肯定是搞错了，我不干这傻事。”第二个仆人说：“我也觉得没有用，但我还是遵命吧。”于是，他把竹篮放进水中，再提起竹篮时，里面的水就都流光了。回到皇宫交差时，第一个仆人说竹篮不能盛水，这不合常理，所以他没有做。第二个仆人也说这不合理，但他照做了。国王对第二个仆人说：“你做得对，我想让你们洗洗竹篮。”

在上例中，第一个仆人认为，国王是让他“竹篮打水”，但是由国王的吩咐“把一个竹篮放进深井里，再把竹篮拿回来”并不足以得出

“竹篮打水”，第一个仆人在逻辑上就犯了“推不出”的错误。

3. 以人为据

例 11.3.8

这个证明肯定是正确的。因为著名数学家希尔伯特、哥德尔等人都看过这个证明，他们没有指出其中存在错误。

在上例中，论证就是以人为据，在逻辑上就犯了“推不出”的错误。因为判定一个证明是否正确的标准是看该证明是否符合一个理论的公理和推理规则，而不是以名人是否发现其中的错误为标准。有时也称这样的逻辑错误为“诉诸权威”。

4. 违反推理规则

例 11.3.9

你说甲生疮。甲是中国人，你就是说中国人生疮了。既然中国人生疮，你是中国人，就是你也生疮了。你既然也生疮，你就和甲一样。而你只说甲生疮，则竟无自知之明，你的话还有什么价值？倘你没有生疮，是说诳也。卖国贼是说诳的，所以你是卖国贼。我骂卖国贼，所以我是爱国者。爱国者的话是最有价值的，所以我的话是不错的，我的话既然不错，你就是卖国贼无疑了！[①]

在上例中，论证违反了诸多推理规则，均犯了“推不出”的错误。例如，如果其中的“中国人生疮了”指的是“中国人都生疮了”，那么上述论证中有如下的三段论：

① 鲁迅：《论辩的魂灵》。

甲生疮，

甲是中国人，

所以，中国人都生疮了。

这是一个第三格的三段论，违反了三段论的规则三，前提中不周延的小项到了结论中周延了。

如果其中的“中国人生疮了”指的是“有些中国人生疮了”，那么上述论证中有如下的三段论：

有些中国人生疮了，

你是中国人，

所以，你也生疮了。

这是一个第一格的三段论，违反了三段论的规则二，中项在大、小前提中均不周延。

显然，上述五条论证中，规则一、规则二是针对论题的，规则三、规则四是针对论据的，规则五是针对论证方式的。

第四节　反驳及其方法

一、什么是反驳

反驳就是用若干已知为真的判断确定另一个判断的虚假性或者确定对某一判断的论证不能成立的思维过程。根据定义可以知道，反驳包括反驳一个判断和反驳一个论证两种形式。

例 11.4.1

（1）臣闻吏议逐客，窃以为过矣！昔穆公求士，西取由余于戎，东得百里奚于宛，迎蹇叔于宋，求丕豹、公孙支于晋，此五子者，不产于秦，而穆公用之，并国二十，遂霸西戎。孝公用商鞅之法，移风易俗，民以殷盛，国以富强，百姓乐用，诸侯亲服，获楚、魏之师，举地千里，至今治强。惠王用张仪之计，拔三川之地，西并巴、蜀，北收上郡，南取汉中，包九夷，制鄢、郢，东据成皋之险，割膏腴之壤，遂散六国之众，使之西面事秦，功施到今。昭王得范雎，废穰侯，逐华阳，强公室，杜私门，蚕食诸侯，使秦成帝业。此四君者，皆以客之功。由此观之，客何负于秦哉？向使四君却客而不内，疏士而不用，是使国无富利之实，而秦无强大之名也。

今陛下致昆山之玉，有随、和之宝，垂明月之珠，服太阿之剑，乘纤离之马，建翠凤之旗，树灵鼍之鼓。此数宝者，秦不生一焉，而陛下说之，何也？必秦国之所生然后可，则是夜光之壁，不饰朝廷；犀、象之器，不为玩好；郑、卫之女，不充后宫；而骏马駃騠不实外厩；江南金锡不为用，西蜀丹青不为采。所以饰后宫、充下陈、娱心意、说耳目者，必出于秦然后可，则是宛珠之簪、傅玑之珥、阿缟之衣、锦绣之饰，不进于前；而随俗雅化、佳冶窈窕赵女，不立于侧也。夫击瓮叩缶，弹筝搏髀，而歌呼呜呜，快耳目者，真秦之声也。郑、卫桑间，韶、虞、武、象者，异国之乐也。今弃击瓮叩缶而就郑、卫，退弹筝而取韶、虞，若是者何也？快意当前，适观而已矣。今取人则不然。不问可否，不论曲直，非秦者去，为客者逐。然则是所重者，在乎色乐珠玉；而所轻者，在乎人民也。此非所以跨海内、制诸侯之术也。

臣闻地广者粟多，国大者人众，兵强则士勇。是以太山不让土壤，故能成其大；河海不择细流，故能就其深；王者不却众庶，故能明其德。是以地无四方，民无异国，四时充美，鬼神降福，此五帝、三王之所以无敌也。今乃弃黔首以资敌国，却宾客以业诸侯，使天下之士，退而不敢向西，裹足不入秦，此所谓藉寇兵而赍盗粮者也。

夫物不产于秦，可宝者多；士不产于秦，而愿忠者众。今逐客以资敌国，损民以益仇，内自虚而外树怨于诸侯，求国之无危，不可得也。[①]

（2）或曰："罪大恶极，诚小人矣；及施恩德以临之，可使变而为君子。盖恩德入人之深，而移人之速，有如是者矣。"曰："太宗之为此，所以求此名也。然安知夫纵之去也，不意其必来以冀免，所以纵之乎？又安知夫被纵而去也，不意其自归而必获免，所以复来乎？夫意其必来而纵之，是上贼下之情也；意其必免而复来，是下贼上之心也。吾见上下交相贼以成此名也，乌有所谓施恩德与夫知信义者哉？不然，太宗施德于天下，于兹六年矣。不能使小人不为极恶大罪，而一日之恩，能使视死如归，而存信义，此又不通之论也。"[②]

在上例（1）中，李斯以大量事实驳斥了"逐客之议"；在上例（2）中，针对唐太宗释放死囚与家人团聚，死囚如期返回的事件，欧阳修以可能之理和事实情况驳斥了"施恩德以临之，可使变而为君子。盖恩德入人之深，而移人之速，有如是者矣"这种痴人说梦的观点。

反驳的结构与论证类似，也包括三部分：被反驳的论题，即将要被确定为假的判断；反驳的论据，即用来确定被反驳论题为假的判断；反驳方式，即反驳中所运用的推理形式。

二、反驳一个判断的方法

与论证类似，依据不同的标准，可以将反驳分为演绎反驳、归纳反

① 〔秦〕李斯：《谏逐客书》。
② 〔北宋〕欧阳修：《纵囚论》。

驳和类比反驳；也可以分为直接反驳和间接反驳等。

1. 直接反驳

直接反驳就是使用真实的论据直接证明所反驳的判断的虚假性。在直接反驳中，可以使用演绎反驳、归纳反驳和类比反驳等方法。

例 11.4.2

（1）有人可能认为，“所有的天鹅都是白的”，但是这种观点是错误的。因为在澳大利亚和新西兰生活着大量的黑天鹅，因此，并非所有的天鹅都是白的。

（2）有一种观点认为，早慧一定早亡。这种观点是错误的。9 岁就通晓音律的唐代大诗人白居易活了 74 岁；德国大诗人歌德 8 岁即能使用多国语言，但是他活了 83 岁……，由此可见，早慧未必早亡。

（3）有人认为，人要想健康长寿，那么吃两足的不如吃多足的，吃多足的不如吃无足的。例如，吃鸡不如吃虾，吃虾不如吃海参。这种观点显然值得商榷。因为，照此推理，喂养蚯蚓的鸡应该比喂养昆虫的鸡更加健康长寿，可是事实未必如此。

上述例子中的反驳都是直接反驳。其中（1）运用的是演绎反驳，（2）运用的是归纳反驳，（3）运用的是类比反驳。

归谬法是直接反驳中比较常用的一种反驳方法。所谓归谬法就是为了反驳某个判断，首先假定它是真的，然后由它推出荒谬的结论，最后根据充分条件假言推理的否定后件式，得出该判断是假的。

例 11.4.3

亚里士多德认为，重量不同的两个物体同时从高处落下，重的物体先落地。伽利略推断这个观点是错误的。因为，按照这种观点来考虑将重量不同的两个铁球绑在一起，那么结果会如何呢？一方面，由于小铁球下降的速度比大铁球下降的速度慢，那么大铁球下降时受到小铁球的牵制，这样，绑在一起的两个铁球下降的速度应该比单独的一个大铁球下降的速度要慢；但是，另一方面，由于两个铁球绑在一起的重量要大于单独的一个大铁球，因此，它的下降速度又应该比单独的一个大铁球下降的速度要快。这是相互矛盾的。因此，这种观点是错误的。

上例中，伽利略运用的是归谬法。在本讲开头的故事中，法官和保险公司运用的也是归谬法。

归谬法的反驳过程可以表示如下：

（1）反驳：p，

（2）假设：p真，

（3）证明：如果p真，那么q，

（4）非q，

（5）因此，并非p真，

（6）所以，p假。

2. 间接反驳

间接反驳就是先论证与被反驳的判断相矛盾或者相反对的判断为真，然后根据矛盾律确定被反驳的判断为假。

例 11.4.4

有人认为，科学技术不是生产力，这种观点是错误的。我们的观点是：科学技术是生产力。因为在劳动生产力的两个最主要的因素（人和工具）里，都凝聚着科学和技术。而随着生产的社会化程度的提高，科学技术在生产力中的地位也越来越高，比重也越来越大。实践证明，劳动生产力中包括“科学的发展水平和它在工艺上应用的程度”。[①]

间接反驳的反驳过程可以表示如下：

（1）反驳：p，

（2）假设：q（q 与 p 之间是矛盾关系或者反对关系），

（3）证明：q 真，

（4）所以，p 假。

三、反驳一个论证的途径

1. 反驳论题

反驳论题就是确定对方论题的虚假性。

例 11.4.5

盖儒者所争，尤在名实，名实已明，而天下之理得矣。今君实所以见教者，以为侵官、生事、征利、拒谏，以致天下怨谤也。某则以谓受命于人主，议法度而修之于朝廷，以授之于有司，不为侵官；举先王之政，以兴利除弊，不为生事；为天下理财，不为征利；辟邪说，难壬人，不为拒谏。至于怨诽之多，则固前知其如此也。[②]

在上例中，王安石逐条批驳了司马光“侵官、生事、征利、拒谏，以致天下怨谤也”这一论题。

2. 反驳论据

反驳论据就是确定对方论据的虚假性。

① 南开大学哲学系逻辑学教研室编著：《逻辑学基础教程》，南开大学出版社 2008 年版，第 207 页。
② 〔北宋〕王安石：《答司马谏议书》。

例 11.4.6

上海的教授对人讲文学，以为文学当描写永远不变的人性，否则便不久长。例如英国，莎士比亚和别的一两个人所写的是永久不变的人性，所以至今流传，其余的不这样，就都消灭了云。

这真是所谓“你不说我倒还明白，你越说我越胡涂了”。英国有许多先前的文章不流传，我想，这是总会有的，但竟没有想到它们的消灭，乃因为不写永久不变的人性。现在既然知道了这一层，却更不解它们既已消灭，现在的教授何从看见，却居然断定它们所写的都不是永久不变的人性了。[①]

在上述例子中，鲁迅就是通过驳斥对方的论据“其余的不这样，就都消灭了云”来驳斥对方的论点“文学当描写永远不变的人性，否则便不久长”。

3. 反驳论证方式

反驳论证方式就是指出某一论证的论据和论题之间没有逻辑关系，犯了“推不出”的逻辑错误。

例 11.4.7

（1）有位美国参议员对逻辑学家贝尔克说：“所有的共产党人都反对我，你也反对我，所以你是共产党人。”贝尔克当即答道：“亲爱的参议员先生，您的推论真是妙极了！如果您的推论能够成立，那么下面的推论也能成立：所有的鹅都吃白菜，您也吃白菜，所以您是鹅。”[②]

（2）尧有不慈之毁，舜有不孝之谤。殊不知尧慈被天下而不在于子，

① 鲁迅：《文学与出汗》。
② 杨树森：《如何用归谬法反驳论证方式》，《逻辑与语言学习》1994 年第 2 期。

舜孝及万世乃不在于父。[①]

在上例（1）中，贝尔克就是利用对方的论证方式证明了一个非常荒谬的结论，从而揭露出对方的论证方式是错误的。在上例（2）中，有一种观点认为，“尧不慈，舜不孝”，其理由是：尧没有将天下传给儿子，所以不慈；舜为父所疾恶，所以不孝。在上例中，皮日休反驳道：这些人实在不知道，尧的仁慈之心覆盖整个天下，而不仅仅在于对待自己的儿子；舜的孝心润泽万代，而不仅仅在于对待自己的父亲。从而得出，上述论证是不成立的。

反驳论题、反驳论据、反驳论证方式均可以证明所反驳的论证不成立。同时，必须指出，反驳了一个论证的论题，则同时证明了对方论证中的论据或者论证方式至少有一样不成立；但是反驳了论据或者论证方式，则仅仅证明对方的论证是不成立的，并不能证明对方论题的虚假性。

思考题

1. 论证由哪些要素组成？论证的规则有哪些？为什么？

2. 反驳一个论证有哪些途径？为什么说驳倒了对方的论据还不能说就驳倒了对方的论题？

3. 归谬法和反证法有什么区别？

4. 分析下列论证的结构，指出其论题、论据和论证方式。

（1）六国破灭，非兵不利，战不善，弊在赂秦。赂秦而力亏，破灭之道也。或曰：六国互丧，率赂秦耶？曰：不赂者以赂者丧，盖失强援，不能独完。故曰：弊在赂秦也。[②]

---

① 〔唐〕皮日休：《原谤》。
② 〔北宋〕苏洵：《六国论》。

（2）世称纣力能索铁伸钩；又称武王伐之，兵不血刃。夫能索铁伸钩之力当人，则是孟贲、夏育之匹也；以不血刃之德取人，是则三皇、五帝之属也。以索铁之力，不宜受服；以不血刃之德，不宜顿兵。今称纣力则武王德贬；誉武王则纣力少。索铁、不血刃，不得两立，殷、周之称，不得二全。不得二全，则必一非。[①]

（3）已知：△ABC 中，∠B > ∠C，如右图：

求证：AC > AB

证明：如果 AC 不大于 AB，那么或者 AC = AB，或者 AC < AB。

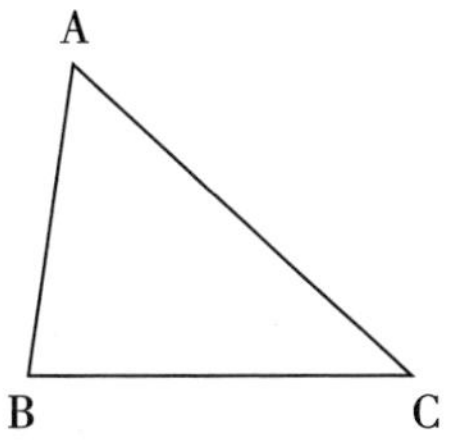

如果 AC = AB，则∠B = ∠C；如果 AC < AB，则根据三角形中大边对大角的性质，将有∠B < ∠C。这两种情况均与已知条件∠B > ∠C 相矛盾。所以假设不成立。由此可见，AC > AB。

（4）你不能在有限的时间内越过无穷的点。在你穿过一定距离的全部之前，你必须穿过这个距离的一半。这样做下去就会永无止境，所以，在任何一定的时间内，你永远也无法到达终点。

（5）如果一个东西占据一个与它自身相等的空间，那么它是静止的。而飞着的箭在任何一个瞬间总是占据一个与它自身相等的空间，所以，它是不动的。

（6）嫁女于病消者，夫死则后难复处也。故沮舍之下不可以坐，倚墙之傍不可以立。[②]

① 〔东汉〕王充：《论衡·语增》。
② 〔西汉〕刘安：《淮南子·说山训》。

（7）鉴于对人类家庭所有成员的固有尊严及其平等的和不移的权利的承认，乃是世界自由、正义与和平的基础，鉴于对人权的无视和侮蔑已发展为野蛮暴行，这些暴行玷污了人类的良心，而一个人人享有言论和信仰自由并免于恐惧和匮乏的世界的来临，被宣布为普通人民的最高愿望，鉴于为使人类不致迫不得已铤而走险对暴政和压迫进行反叛，有必要使人权受法治的保护，鉴于有必要促进各国间友好关系的发展，鉴于各联合国国家的人民已在联合国宪章中重申他们对基本人权、人格尊严和价值以及男女平等权利的信念，并决心促成较大自由中的社会进步和生活水平的改善，鉴于各会员国业已誓愿同联合国合作以促进对人权和基本自由的普遍尊重和遵行，鉴于对这些权利和自由的普遍了解对于这个誓愿的充分实现具有很大的重要性，因此现在，大会，发布这一世界人权宣言，作为所有人民和所有国家努力实现的共同标准，以期每一个人和社会机构经常铭念本宣言，努力通过教诲和教育促进对权利和自由的尊重，并通过国家的和国际的渐进措施，使这些权利和自由在各会员国本身人民及在其管辖下领土的人民中得到普遍和有效的承认和遵行。[①]

5. 分析下列论证或者反驳中的逻辑错误。

（1）科学技术也是有阶级性的。因为，科学技术被统治阶级所利用，为统治阶级服务。为统治阶级服务还能没有阶级性？

（2）脑子用多了也会受到损害，因为辩证唯物主义认为人脑也是物质的。机器用久了都会磨损，人脑也不例外。

6. 分析下列反驳的结构，指出其中被反驳的论题和反驳的方法。

（1）某国外交官朗宁出生于我国湖北省，小时吃过中国奶妈的乳

① 世界人权宣言。参见《联合国核心人权文件汇编》，中国财富出版社 2013 年版，第 66 页。

汁，长大回国后参加州议员竞选时，反对派诋毁他说："朗宁是喝中国人的奶长大的，他身上一定有中国人的血统。"依照该国的法律，有外国血统的人不能竞选州议员。针对这种无耻的诽谤，朗宁在一次竞选演讲中反驳道："现在有人说我是喝中国人的奶长大的，因此身上有中国人的血统。据我所知，说这些话的人都是喝牛奶长大的，按照他们的逻辑，他们身上一定有牛的血统。"

（2）空雄之遇，秦赵相与约，约曰："自今以来，秦之所欲为，赵助之；赵之所欲为，秦助之。"居无几何。秦兴兵攻魏，赵欲救之。秦王不说，使人让赵王曰："约曰：'秦之所欲为，赵助之；赵之所欲为，秦助之。'今秦欲攻魏，而赵因欲救之，此非约也。"赵王以告平原君，平原君以告公孙龙。公孙龙曰："亦可以发使而让秦王曰：'赵欲救之，今秦王独不助赵，此非约也'。"①

（3）宋代王安石写过一部《字说》，认为从每个字的笔画都能看出字的本义。一天，苏东坡去拜访他，问："'坡'是什么意思？"王安石说："'坡'是'土'的'皮'。"苏东坡说："照此类推，那'滑'是'水'的'骨'，'舍'是'人'的'舌'了？"王安石无言以对。

参考答案

1. 论证由论题、论据和论证方式三个要素构成。论证的规则包括：规则一，论题必须明确；规则二，论题必须保持同一；规则三，论据必须真实；规则四，论据的真实性不能依靠论题来证明；规则五，从论据应能推出论题。

2. 反驳一个论证包括：反驳论题、反驳论据、反驳论证方式。驳

① 《吕氏春秋·淫辞》。

倒了对方的论据还不能说就驳倒了对方的论题，因为对方的论证方式有可能是正确的，这样，虽然对方论据错误，但论题还可能是正确的。

3. 归谬法的出发点是假定某观点是正确的，由此推出荒谬的结论，进而驳斥该观点；而反证法是假定某观点是错误的，由此推出荒谬的结论，进而证明该观点是正确的。

4.（1）论题："六国破灭，非兵不利，战不善，弊在赂秦"；论据："赂秦而力亏，破灭之道也。或曰：六国互丧，率赂秦耶？曰：不赂者以赂者丧，盖失强援，不能独完"；论证方式：演绎论证。

（2）论题："殷、周之称，不得二全。不得二全，则必一非。"论据："世称纣力能索铁伸钩；又称武王伐之，兵不血刃。夫能索铁伸钩之力当人，则是孟贲、夏育之匹也；以不血刃之德取人，是则三皇、五帝之属也。以索铁之力，不宜受服；以不血刃之德，不宜顿兵。今称纣力则武王德贬；誉武王则纣力少。索铁、不血刃，不得两立"论证方式：反证法。

余略。

5.（1）违反了排中律，因为科学技术既可以为统治阶级所利用，也可以为被统治阶级所利用。

（2）类比不当。人脑和机器是两种不同的物质，人脑具有生物活性，能够新陈代谢；而机器不具有生物活性，不能进行新陈代谢。

6.（1）反驳的论题"喝中国人的奶长大的，因此身上有中国人的血统"，使用的反驳方法是归谬法。

（2）反驳的论题"赵救魏，非约也"，使用的反驳方法是归谬法。

（3）反驳的论题"从每个字的笔画都能看出字的本义"，使用的反驳方法是归谬法。

第十二讲
辨识谬误

一个农场主在他的粮仓里放了老鼠夹子。

老鼠发现了去告诉母鸡。

母鸡看了看老鼠说："这和我有什么关系，你的事，自己小心吧。"

母鸡说完走了。

老鼠又跑去告诉肥猪。

肥猪淡淡地说："这是你的事，还是自己小心为好。"

说完慢悠悠地走了。

老鼠又跑去告诉大黄牛。

大黄牛表情冷漠地说："你见过老鼠夹子能夹死一头牛的吗？祝你好运。"

说完也骄傲地走了。

后来老鼠夹子夹到了一条毒蛇。

晚上女主人到粮仓里取粮食时被这条毒蛇咬了一口并住进了医院。

男主人为了给女主人补身体把母鸡杀了。

女主人出院后亲戚都来看望，男主人把肥猪宰了招待客人。

为了给女主人看病欠下了很多钱，没办法的男主人把大黄牛卖给了屠宰场宰了。

一个人无论是在社会中，还是在企业里，抑或是在团队中，都不能抱着事不关己高高挂起的心态，要懂得担当。维护别人、维护团队，就是维护自己。成就他人，才能成就自己。[①]

第一节 什么是谬误

在日常交流和思考过程中，我们经常会遇到各种各样的谬误。广义的谬误泛指与客观实际不一致的认识。本讲所涉的谬误指的是与论证有关的谬误，即错误的或者不合理的论证。谬误可能是有意识导致的，也可能是无意识导致的。诡辩指的是有意识地使用错误的或者不合理的论证企图误导别人或者为自己辩解，诡辩是一种特殊的谬误。

和论证相关的谬误主要包括两种大的类型。一类是该论证的形式是一个无效的论证形式。

例 12.1.1

许多贪图小便宜的人被骗了，

他们被骗了，

所以，他们贪图小便宜。

该推理的形式结构是：

PIM，

SAM，

所以，SAP。

该推理形式是一个三段论，其中中项两次不周延，这是一个无效的推理形式。因为该形式不能保证所有具有该形式的推理从真前提一定能够得出真结论。

① 参见闫桂伦、贾宁宁主编：《大学生思想政治教育基础》，经济日报出版社 2019 年版，第 193 页。

例 12.1.2

许多昆虫会飞，

布谷鸟会飞，

所以，布谷鸟是昆虫。

上例中两个前提是真的，但是结论是假的。

这类谬误被称为形式谬误。这类谬误只要检查一下其论证的形式结构就可以发现其论证的漏洞。这类谬误作为一个论证而言，其形式结构特征比较明显，并且该形式结构是否为有效推理形式也作了比较充分的研究，人们只要通过分析其形式结构就可以揭示其推理是否有效。

还有一类谬误，仅仅通过分析其形式结构尚不能清楚地揭示其论证错误，其论证错误主要还必须考察其形式之外的实质内容才能呈现出来。

例 12.1.3

人是由细胞构成的，

而细胞是没有意识的，

所以，人也是没有意识的。

该论证的错误主要与“构成的”这一词语的内容或者实际意义相关。一构成物的组成元素不具有某一属性，得不出作为整体的该构成物也不具有这一属性。

这类谬误被称为非形式谬误。

对于谬误的分类有很多种，古希腊哲学家亚里士多德就将谬误分为依赖语言的谬误和不依赖语言的谬误。依赖语言的谬误指的是该谬误是由于具体语言的内容理解造成的，而不依赖语言的谬误指的是该谬误是由于推理或者论证形式上的原因造成的。这和通常的形式谬误和非形式谬误存在一定的关联性。

特别需要说明的是，在“人”和“非人”、“正义”和“非正义”的区分中，两个词语所涉对象是不同的，即外延上是不相交的。一个动物不可能既是“人”，又是“非人”；具体一方的一个具体行动不可能既是“正义”的又是“非正义”的。但是对于谬误分类的“形式谬误”和“非形式谬误”，却与之不尽相同，即在一个具体的论证谬误中，它可能既存在形式的谬误，也存在非形式的谬误。

例 12.1.4

汉族人口众多，

我们家都是汉族，

所以，我们家人口众多。

对于上例，一方面，如果从推理形式上分析，“汉族人口众多”，其中“汉族”是和其他民族相对的、作为特定民族概念的一个单独的族群概念，“汉族人口众多”说的是作为个体的“汉族”的特性；而“我们家都是汉族”，其中的“汉族”实际是“汉族人”的意思，此时“汉族”是一个普遍概念。两个前提中的“汉族”不是同一个概念，从三段论的基本形式要求“一个三段论只能有三个概念”来说，这违反了三段论的形式规则，犯了“四概念”的形式谬误。

另一方面，前提“我们家都是汉族”中“我们家”是“我们家人”的简略说法，或者更准确地说是“我们家的每一个人”的简略说法，而结论“我们家人口众多”中的“我们家”是一个整体概念，显然不是“我们家的每一个人”的意思，否则句子不通顺，因为不能说“我们家的每一个人人口众多”。这犯了“偷换概念”的非形式谬误。

论证中的形式谬误和非形式谬误正如身体的疾病，一个人可能只罹患非重大疾病，也可能只罹患重大疾病，还可能既患非重大疾病也患重大疾病，当然我们更希望既不患重大疾病也不患非重大疾病。

在各种非形式谬误之中，本讲主要介绍和分析的是和逻辑有关的非形式谬误，涉及具体事实、宗教、哲学、科学等学科专业性的谬误则不在讨论范围之内。

例 12.1.5

李阳和张辰的 DNA 检测相似度达到 99.8%。

所以，他们之间一定存在亲子关系。

这一谬误涉及具体的生物学检测技术，当下一般亲权指数必须达到 99.95% 以上才能推断两者之间存在亲子关系。这一谬误属于非形式谬误，但是谬误的原因涉及的不是逻辑因素，而是具体的专业知识，所以这类谬误一般也不在本讲讨论之中。

关于形式谬误的识别，读者可以通过前面各讲中对推理形式的专业学习提高自己的辨识能力，本讲不再做专门介绍，下面主要介绍几类常见的非形式谬误。

第二节　相关谬误

一个好的论证，前提和结论必须有相关性。这和逻辑中纯粹形式的有效推理有所区别。

例 12.2.1

项羽是西楚霸王，刘邦是汉高祖。

所以，光武帝刘秀和阴丽华或者是夫妻，或者不是夫妻。

作为一个推理而言，这是一个有效的推理，因为结论是一个真命题。但是作为一个论证，却是不恰当的，因为前提和结论之间缺乏关联性。

再如有些逻辑学教科书作为有效推理典型例子的如下推理：

例 12.2.2

水的分子式是 HO_2，

所以，1+2=3。

作为一个论证而言，也存在同样的谬误。

当一个论证的前提和结论之间缺乏相关性时，该论证就犯了“相关性谬误”。下面我们列举一些典型的相关性谬误。

一、诉诸无知

例 12.2.3

既然宇宙中还有 95% 的我们不知道的物质，

那灵魂、鬼都可以存在。

因为对相关信息的无知，当然也就不可能存在支持论点的相关论据。上例就犯了不相关谬误。对于相关信息的无知，合理的论证态度应该是：既然我们对相关信息无知，那么对与之相关的事物的存在性应该保持审慎而合理的怀疑，而不是断定其肯定存在。

类似的例子还有：

例 12.2.4

你能证明神不存在吗？显然不能，

所以，神是存在的。

还有一类诉诸无知的例子是利用人们对某些高深、玄乎或者抽象概念的无知来进行论证。

例 12.2.5

既然量子能纠缠，

那么第六感、特异功能也可以存在。

究竟什么是量子纠缠，一般人是不了解的，特别是量子纠缠与第六感、特异功能（其实，什么是第六感、特异功能等也没有公认明确的概念）之间是否存在关联性，如果存在，存在什么样的关联性等这些问题，非专业人士是不了解的，所以，这实际上是诉诸玄虚。即使将来证明量子纠缠和第六感、特异功能之间真的存在关联性，但是在当下尚未弄清其中的关联性之前，就“随意”地将两者关联起来，作为论证来说，就是犯了“诉诸无知”的谬误。

一些无良商家常常喜欢使用一些玄乎的概念来蒙骗部分容易轻信的消费者。

例 12.2.6

6G 都提出来了，

5G 你还在等什么？

6G 是什么？即使 6G 提出来了，这与必须使用 5G 存在关联性吗？

例 12.2.7

深海纳米水，

健康永相随。

纳米只是一种长度的度量单位，1 纳米约 4 倍原子大小。“纳米水”是什么？这甚至都不是一个合理的词语，就像“10 米水”“1 千克空间”一样令人费解。[①] 它和健康存在关联性吗？

① 因为水不是用长度来度量的，正如空间不是用质量来度量的一样。

例 12.2.8

万年算学神相，

保你逢凶化吉。

“万年算学神相”是什么？它和“麻布神相”“黑衣神相”一样玄虚莫测，它预测的合理性何在？如果预测能改变未来应该发生的“凶”，也许未来本身就不是所谓的“凶”，而恰恰是“吉”。

二、诉诸不当权威

权威人士在其专业领域范围内对相关问题的看法具有更高的可信度，这是比较客观的。但是一旦超出其专业范围，其观点的可靠性就与常人无异了，有时还可能受专业影响，判断发生偏差。即使是在其专业领域范围内，在论证的时候也必须依据其有所长的专业学术理论，而不是依据其权威身份。

例 12.2.9

这是由著名物理学家塔尔斯基早在 20 世纪末就提出的问题，

由此可见，这个问题多么值得探讨。

这个问题是否值得探讨，关键是看这个问题本身在今天是否在理论上有值得探讨的价值，而不是看是由谁提出来的，也不是看在什么时候提出来的。况且物理学家在数学上也许可能提出一个非常幼稚可笑的问题，如果这个问题是数学问题。

生活中，许多缺乏独立思考的人会不自觉地诉诸权威，这一点常常被广告所利用。不少商品使用影视剧明星代言，其中至少利用了人们的这一心理。影视剧明星在演艺上也许非常具有专业性，但是对其代言的产品是否具有专业发言权，这是很值得怀疑的。

三、诉诸情感

在论证中，不是依据前提和结论之间的关联性来进行论证，而是依据与结论没有关联性或者关联性不强的情感因素，这就犯了“诉诸情感”的谬误。

例 12.2.10

在才艺比赛中，虽然李芳的表演比陈薇稍逊一筹，但是李芳来自农村，她比来自城市干部家庭的陈薇付出了更多的艰辛和努力。

所以，我认为李芳应该胜出，我支持李芳！

既然是才艺比赛，就应该以才艺水平作为评判标准。

在许多才艺比赛的电视节目中，部分参赛者常常突出其收养流浪小动物等背景信息以显示其爱心，这也存在诉诸情感的嫌疑。

四、诉诸怜悯

同情和怜悯是一个人应该具备的伦理情怀，但是作为一个论证，我们需要以理服人，个体可以秉持道德情怀，扶贫济弱；但是不能以此裹挟别人乐善好施。

例 12.2.11

老师，您的这门课程论文无论如何请您给我打“优”，因为如果我得不到“优”，我的出国留学申请就可能泡汤了。

课程论文是否能够得“优”，应该依据的是论文的质量，而不能参考其是否有助于留学申请。

五、诉诸强力

如果一个论证含有对表述对象具有威胁性质的证据，作为一个论证就犯了“诉诸强力”的谬误。尽管在有些情况下的说服（这往往不是客观理性的论证）诉诸强力可能非常有效果，但是在一个追求理性的健康社会中，合理的论证是不允许诉诸强力的。

例 12.2.12

你觉得领导说得有没有道理？如果你觉得没有道理，那么很简单，你就是不想在这里干了。

领导说得是否有道理，应该根据领导陈述本身来进行判断，而不是根据领导的权力和身份来决定。

六、人身攻击

论证不是以恰当的理由来论证观点，而是以某人的身份、职业、道德等方面存在的问题来作为论证的依据，如果这些证据实际上和所要论证的观点不存在关联性，就是犯了“人身攻击”的谬误。

例 12.2.13

甲：尽量不要离婚。为了维持家庭的稳定，为了给孩子更好的成长环境，夫妻双方应该互相包容，而不是相互指责，动辄离婚。

乙：不要骗人了。你都结 4 次婚了。

上例中，乙的论证就属于“人身攻击”。对于甲的观点，如果要反驳，应该从勉强维系的婚姻关系并不能给孩子提供一个良好的成长环境等角度来进行反驳，而不是以甲结了多少次婚来进行反驳。甲结婚的次数和他的观点之间是中立的。也许他正是从前 3 次失败的婚姻中切身体会到了家庭稳定对于孩子成长的重要性。另外，乙的反驳可能还暗含一个假设的前提，离婚次数多的人可能赞成（喜欢）离婚，如果是这样，那么这一假设的前提显然是不成立的。

第三节　歧义谬误

一个词项很少只有一个意思。一般而言，甚至可以说，任何一个词项都不只有一个意思，理论上说，任一词项至少存在自名用法和正常的指称用法这两种用法。自名用法指的是叙述涉及词语自身，例如"'红色'在汉语中是由'红''色'两个汉字构成"，自名用法一般加引号使用，如前述的"红色"；正常的指称用法指的是一个词语所陈述的事物或者属性、关系等，例如"有些牡丹是红色的"，其中的"红色"指的是一种颜色，这是"红色"这个词语正常的指称用法。即使就正常的指称用法而言，很多词语也不止一个意思，因此，词语的歧义现象是非常普遍的现象。但是在一个具体的语言环境中，一个词语的意思往往可以通过语句、句群得以确定，从而避免歧义。

一个恰当的论证要尽量避免词语的歧义性，这样才能合理地陈述论据并进行有效的论证。

一、混淆概念

公孙龙子在《公孙龙子·白马论》中提出了一个著名的辩题"白马非马"，并对此给出了一个著名的论证：

马者，所以命形也。白者，所以命色也。命色者非命形也，故曰白马非马。

在这个论证中，“马者，所以命形也。白者，所以命色也”其中的“马”“色”都是自名用法，指的是“马”“色”这两个概念本身所具有的属性，而不是“马”“色”正常的指称用法，其中的“马”“色”不是指称外部世界的骏马和颜色。但是结论“白马非马”中的“白马”“马”，人们一般理解为现实世界中的马，这是正常的指称用法。两个用法不一致，混淆了同一个词语所表达的不同的概念。再如：

谓鸡足一，数足二，二而一故三。

这是公孙龙子在《公孙龙子·通变论》的一段论述，也存在同样的概念混淆，其中“鸡足一”是抽象的“鸡足”；“数足二”是正常的指称用法，其中的“足”指的是“鸡的左腿和右腿”。

发生争论时，如果大家都有消除争论的意愿，那么争论双方不要急于辩论出谁是谁非，更不需辩论个你死我活。大家不妨心平气和地坐下来，首先明确一下各自观点中的主要概念，在澄清了概念之后，可能会发现双方的观点实际上是一致的；当然，即使不一致，在弄清楚了各自的概念之后，也有助于进一步进行更加有针对性的讨论。

例 12.3.1

汉人有适吴，吴人设笋，问是何物，语曰“竹也”。归煮其床箦而不熟，乃谓其妻曰：“吴人轹辘，欺我如此。”[①]

上述“汉人煮箦”大意是说：汉中地区有一个人到吴郡去。吴郡的人用竹笋来招待他。他不认识，问是什么东西，吴郡人回答说：“这是竹子。”他觉得味道不错，回家后便拿着床上的竹席去煮，却怎么也煮不烂。于是对他妻子说：“吴郡人真狡诈啊，竟然这么欺骗我！”

① 〔三国魏〕邯郸淳：《笑林》。

今天人们常用“汉人煮箦”这个成语来比喻仅靠肤浅的知识去生搬硬套而不认真学习真知的荒唐行为。

在这个成语故事中，“吴人”和“汉人”其实都存在过错，“吴人”将竹笋说成竹子，而“汉人”又将竹席当成竹子。“吴人”在语言表达上不够精确，而“汉人”在思维上不够精确，竹席和竹子怎么能是一回事呢？

由此可见，我们在日常生活中，无论是语言表达还是思考问题，都要力求精确，避免误解，否则就可能成为上面的“吴人”或者“汉人”。

二、偷换概念

在论证或者说理的过程中，故意将一个概念替换为另一个概念，就犯了“偷换概念”的谬误。

例 12.3.2

豆浆是人们的常用饮品，但是喝豆浆未必有益健康。没有煮熟的豆浆对人体有害。生豆浆中含有皂角素，能引起恶心、呕吐、消化不良，还有一些酶和其他物质，如胰蛋白酶抑制物，能降低人体对蛋白质的消化能力。

上例中，将人们日常饮用的煮熟的“豆浆”替换为“没有煮熟的豆浆”，属于“偷换概念”。

例 12.3.3

你认识那个藏起来的人？不认识。而他是你父亲，

所以，你不认识你的父亲。

尽管那个“藏起来的人”是“你的父亲”，但是“藏起来的人”和“你的父亲”不是一个概念，尽管外延上是同一个人，但是其内涵并不相

同，因而不能随意混淆。

三、转移论题

在论证中，回避双方讨论的问题或者主旨，而将其有意或无意地替换成其他话题，就犯了“转移论题”或者“偷换论题”的谬误。

例 12.3.4

孟子谓齐宣王曰：“王之臣有托其妻子于其友而之楚游者，比其反也，则冻馁其妻子，则如之何？”王曰：“弃之。”曰：“士师不能治士，则如之何？”曰：“已之。”曰：“四境之内不治，则如之何？”王顾左右而言他。[①]

上例中，当孟子讨论“四境之内不治”该如何处置时，因为涉及齐宣王的治理责任，所以齐宣王故意转移论题。

例 12.3.5

小明：“我比你长得高。”

小王：“你再高能有姚明高？”

上例中，小王就是转移论题，小明说的是“小明比小王高”，小王说的是“小明不如姚明高”。

四、偷换论题

例 12.3.6

经理提醒净菜的服务员：“小姐，你的头发掉了。”服务员回答：“没关系，我的头发长得快。”

---

① 《孟子·梁惠王下》。

上例中，经理提醒服务员，意思是注意卫生，别把头发落到菜里面。而服务员故意偷换论题。

五、极端化

例 12.3.7

儿子带母亲去看病，医生对糖尿病人母亲说：您平时要留意三点：（1）饮食要注意少盐少油；（2）要多吃蔬菜；（3）平时要坚持多散步。

陪母亲看完病回到家，儿子对父亲重复了医生的上述三点建议。父亲一听就火了："上次在另一家医院医生也是这么说的。他们没有好办法就这样敷衍。你妈本来就体质虚弱，不吃盐不吃油怎么行；光吃蔬菜，哪里有什么营养；上次散步都走得迈不动步子了，差一点晕倒，几乎是抬回家的，如果能天天散步，哪里还用得着上医院。"

上例中，医生的三条建议均被"父亲"极端化了："少盐少油"被极端化为"不吃盐不吃油"，"多吃蔬菜"被极端化为"光吃蔬菜"，"坚持多散步"被极端化为"走到迈不动步子"。极端化谬误从某种意义上说，也是一种偷换概念或者偷换论题。

六、合成谬误

由个体具有某种属性来论证由这些个体构成的整体也具有该属性，这就犯了"合成谬误"。

例 12.3.8

有女生投诉某大学在今年文、史、哲学院工作人员的招聘录用中重男轻女：100 名应聘男生录用了 35 人，而 100 名应聘女生只录用了 29

人。该大学人事部门反驳说：在今年文、史、哲 3 个学院招聘中，具体情况如下：

	文学院		史学院		哲学院	
	男生	女生	男生	女生	男生	女生
应聘人数	20	50	30	40	50	10
录用人数	3	10	9	14	23	5
录用比例	15%	20%	30%	35%	46%	50%

各学院招聘录用的比例女生录用率均超过男生，不存在重男轻女的情况。

各个学院女生录用比例均高于男生，由此不能得出 3 个学院总体上女生录用比例也高于男生，学院的解释犯了“合成谬误”。

如果将个体具有的若干不同属性机械地进行叠加，也同样会犯“合成谬误”。

例 12.3.9

这是一条狗，它是个父亲，而它是你的，

所以，它是你父亲。

七、分解谬误

与合成谬误相反，由整体具有某种属性来论证构成该整体的诸个体也具有该属性，这就犯了“分解谬误”。

例 12.3.10

小区这块绿地属于业主，我是业主，

所以，这块绿地属于我。

例 12.3.11

甲县今年的高考成绩数一中三（5）班最好，程丽是一中三（5）班的，

所以，今年的高考成绩程丽最好。

第四节 论据不足谬误

一、虚假理由

论据真实或者合理可靠是一个论证的基本要求，如果论据本身就是虚假的，则犯了“虚假理由”的谬误。

例 12.4.1

你拥有你没有丢掉的东西，你没有丢掉角，

所以，你有角。

在上述论证中，论据“你拥有你没有丢掉的东西”是不成立的，因为任一东西，如果你本身有，那么你如果没有丢掉，则你拥有；但是如果你本身没有，那么你即使没有丢掉（实际上也不存在丢掉的问题），则你并不拥有。

例 12.4.2

命题：6>8。

证明：

（1）18>16

（2）3>2

（3）$\frac{18}{3} > \frac{16}{2}$

（4）6>8

上例中的证明，就犯了“论据虚假”的逻辑错误，因为，上述证明的步骤（3）中，运用了“同向不等式两边相除不等号方向不变”这一隐含条件，而这一条件并不成立。

例 12.4.3

你这样做可能会引起同事的不快，同事如果心有不快，可能影响班组整体积极性的发挥，而这又可能影响到我们每个人的绩效。所以你不能这样做。

上例中，论据都仅仅是“可能”的情况，而不是已经发生的事实，至少需要进一步加强论证。

二、预期理由

例 12.4.4

看她艳如桃李，岂能无人勾引？年正青春，怎会冷若冰霜？她与奸夫情热，必想长做夫妻；继父阻拦，因而盗财杀父。这案情不必细问，也就明白十之八九了。[①]

上例中知县论证的前提是一种想当然的结果，就犯了“预期理由”的逻辑错误。

三、轻率概括

例 12.4.5

汝有田舍翁，家资殷盛，而累世不识之乎。一岁，聘楚士训其子。楚士始训之搦管临朱。书一画训曰一字，书二画训曰二字，书三画训曰

① 张友鸾编写:《十五贯》，中国戏剧出版社 1982 年版，第 23 页。

三字。其子辄欣欣然掷笔，归告其父曰："儿得矣，儿得矣！可无烦先生，重费馆谷也，请谢去。"其父喜从之，具币谢遣楚士。

逾时，其父拟征召姻友万氏姓者饮，令子晨起治状。久之不成。父趣之。其子恚曰："天下姓字夥矣，奈何姓万？自晨起至今，才完五百画也。"

初机士偶一解，而即以訑訑自矜有得。殆类是已。[①]

这个故事中的富家子就是犯了归纳推理中轻率概括的错误。

归纳方法本身无所谓对错。合理地使用归纳，可以使我们的生活变得轻松愉快，如果不使用归纳，不借助归纳得到的各种经验，对任何经验都持怀疑态度，那我们的生活将变得多么艰辛啊。但是我们也该时刻注意，归纳得出的结论只能是对未来的指导，而不能把它当作教条。

四、选择性证据

例 12.4.6

这两份名单你认识多少？ 第一份名单：傅以渐、王式丹、毕沅、林召堂、王云锦、刘子壮、陈沆、刘福姚、刘春霖。第二份名单：曹雪芹、胡雪岩、李渔、顾炎武、金圣叹、黄宗羲、吴敬梓、蒲松龄、洪秀全、袁世凯。哪份名单上你认识的人多一些？ 答案揭晓：前者全是清朝科举状元；后者全是当时落第秀才。人生无限！ 真正的考场其实从来就不在学校！

上例中，为了证明"真正的考场其实从来就不在学校"，选择了状元中不广为人知的一些人以及广为人知的落第秀才来进行对比性论证，

① 选自〔明〕刘元卿：《应谐录》。

在证据的选择上就存在偏颇。其实，历代状元中不乏名扬天下的人物，如王维、郭子仪、柳公权、文天祥、陈亮、翁同龢、张謇等，即使在上述列举的状元中，他们的成就也不亚于其中的一些落第秀才，例如毕沅经略陕西40余年，曾任湖广总督，编纂《续资治通鉴》，代表作品还有《传经表》《经典文字辨正书》等。如果要比较状元和落第秀才哪个群体中的个体更加出色，其中一个比较合理的论证方式是统计历史上的杰出人物、状元人数和落地秀才人数，然后计算状元总数中杰出人物所占的比例、落地秀才总数中杰出人物所占比例，最后再比较一下这两个比例的高低。

例 12.4.7

天时不如地利，地利不如人和。三里之城，七里之郭，环而攻之而不胜。夫环而攻之，必有得天时者矣；然而不胜者，是天时不如地利也。城非不高也，池非不深也，兵革非不坚利也，米粟非不多也；委而去之，是地利不如人和也。故曰：域民不以封疆之界，固国不以山溪之险，威天下不以兵革之利。得道者多助，失道者寡助。寡助之至，亲戚畔之；多助之至，天下顺之。以天下之所顺，攻亲戚之所畔，故君子有不战，战必胜矣。①

在上述论证中，孟子的论证也存在选择性证据的问题，因为历史上也存在大量的天时胜过地利，地利胜过人和的案例。

五、机械类比

类比如果使用不当，就可能犯“机械类比”的错误。

① 《孟子·公孙丑下》。

例 12.4.8

昔者海鸟止于鲁郊，鲁侯御而觞之于庙。奏《九韶》以为乐，具太牢以为膳。鸟乃眩视忧悲，不敢食一脔，不敢饮一杯，三日而死。此以己养养鸟也，非以鸟养养鸟也。[①]

在上例中，鲁侯以人之喜好类比鸟之喜好，犯了“机械类比”的错误。

六、强盗逻辑

《吕氏春秋》中记载了这样一个故事。

例 12.4.9

宋国有个人叫澄子，丢了一件黑色衣服。他在路上寻找，看见一个妇女身穿黑衣，便拉住不放，想要拿她的衣服，说：“现在我丢了黑衣。”妇女说：“你虽然丢了黑衣，但这件确实是我自己做的衣服。”澄子说：“你不如赶紧把衣服给我。先前我丢失的那件是纺丝做的黑衣，现在你的这件是麻葛做的黑衣。用麻葛做的黑衣补偿纺帛做的黑衣，你不是很合算吗？”[②]

在上述故事中，澄子显然是在强词夺理：

（1）我丢了黑衣，你穿着黑衣，所以，你穿的是我丢的。

（2）我丢的是纺丝做的黑衣，你穿的是麻葛做的黑衣，用麻葛的赔偿纺丝的，你讨了便宜。

---

① 《庄子·至乐》。

② 这则故事的原文是：宋有澄子者，亡缁衣。求之涂，见妇人衣缁衣，援而弗舍，欲取其衣，曰：“今者我亡缁衣。”妇人曰：“公虽亡缁衣，此实吾所自为也。”澄子曰：“子不如速与我衣。昔吾所亡者，纺缁也；今子之衣，禅缁也。以禅缁当纺缁，子岂不得哉？”（《吕氏春秋·淫辞》）

这两个推理，显然都不成立，是典型的“强盗逻辑”！

我们经常会遇到强盗逻辑，兹再举几例如下。

例 12.4.10

（1）秦桧是汉奸，你同情秦桧，所以，你是汉奸。

（2）你们国家的军费预算越来越多，这将使你们变得越来越强大，你们强大就是对邻国的威胁，所以，你们应该削减军费预算。

（3）尽管我国有核武器，但是核武器是对人类的巨大威胁，所以，你们不应该拥有核武器。

（4）你们应该减少二氧化碳排放量，因为你们国家人口那么多，如果也像我们这样排放，那全球的环境污染将更加严重。

七、数字陷阱

一般人对数字往往缺乏分析，看到数字就会不加深究，甚至犯晕，这就容易落入“数字陷阱”，第三节合成谬误中招聘的例子同时也存在数字陷阱。

例 12.4.11

这是2000年的一则新闻报道。

新疆：10万鸭子灭蝗虫

作为蝗虫危害严重地区的新疆草原，在10万“鸭子大军”全力以赴投入战斗后，至少有100万亩优质草原上地毯般覆盖的蝗虫被彻底歼灭。

鸭子现在成了新疆抗蝗救灾的“英雄”。这批今年以来首次投入灭蝗的鸭子“部队”，以辉煌的战绩得到新疆治蝗灭鼠指挥办公室的首肯。这个机构的官员在考察了鸭子的战斗力后说：鸭子捕蝗能力强、捕食量大、“军纪”严明，出动鸭子是草原上清剿蝗虫、保护生态行之有效的好办法。

鸭子的指挥官——养殖户们也成了草原上最受欢迎的人物之一。牧人马永刚带着他的5000只鸭子受邀转战在乌鲁木齐东山区芦草沟乡的2万多亩草场，以每天200亩的速度推进。现在已有1.5万亩草原得到解救，重现旺盛生机，而在鸭子到来以前，这里每平方米的草地上有400只以上的蝗虫。

草场上，鸭掌踏过之处，蝗虫纷纷跳起来，鸭子用它弹簧般灵活的脖颈在空中啄食，犹如探囊取物。马永刚说："一只鸭子一口气能吃100多只蝗虫。""鸭子每天进餐两次，早上四五点钟，天刚露明，鸭子们就自己出去吃蝗虫了，八九点钟后，就到附近的小河沟里喝水、休息。下午七点再出去，九点多钟太阳落山时，又回来露营。"以前放羊的马永刚第一次在草原上牧鸭，"鸭子太自觉了，我几乎就不用费心，它们出去、回来全是分成四到五个纵队，每个队中鸭子一个跟着一个，真的像训练有素的部队，我的事情就是用拖拉机把它们运到较远的地方，开辟新的战场"。

……

在上述报道中，使用了许多具体的数字来说明鸭子灭蝗的威力。但是仔细想一想，你一定可以发现其中存在着令人费解之处。在标题和第一段中，10万只鸭子彻底消灭了100万亩优质草原上地毯般覆盖的蝗虫，也就是说，平均每只鸭子要消灭10亩草原上地毯般覆盖的蝗虫，这可能吗?

再看第三段，200亩地上的蝗虫大约是多少呢？一亩约666.7平方米，每平方米有400只蝗虫，那么200亩合计有蝗虫：200×666.7×400=53336000只，从鸭子"探囊取物般的啄食"和"彻底消灭"来看，保守估计要消灭蝗虫的 80%，总计就有 42668800 只蝗虫，5000 只鸭子平均每天每只鸭子大约要吃蝗虫 8530 只，这些鸭子确实够给力的。

我们要审慎地对待文献中出现的数字，不要被数字“眩晕”了我们的思维。

八、错误预设

有些论证，假定了一些预设的前提，而这些前提有可能是存在问题的。如果预设的前提是错误的，就犯了“错误预设”的谬误。

例 12.4.12

李主任：冯婉瑜同志，你相不相信组织？

冯婉瑜：相信。

李主任：我是不是代表组织？

【冯婉瑜点头】

李主任：那你是不是应该相信我？

冯婉瑜：相信。[①]

在上例中，李主任的论述就存在一个预设“如果你相信组织，你就相信组织的代表”，而这个预设是不成立的。

例 12.4.13

有这样一道小学数学题：

一条船上有 73 头牛、37 头羊。已知河水深 10 米，河宽 150 米。问船长多少岁？

如果你觉得这道题非常难，不知道船长多少岁，那么你的思维很可

① 赵彬彬主编：《影视剧片段改编教程》，中国电影出版社 2016 年版，第 49—50 页。

能被一个潜在的“预设”锁住了。这个“预设”就是：每道数学题都有答案。

其实这个问题很简单，它是没有答案的。仅仅知道一个船上有多少头牛、多少头羊以及河水多深、河多宽，是无法得出船长多大年纪的。

九、虚假二难

例 12.4.14

对于人性，究竟是性本善，还是性本恶？如果是性本善，则不需要教育；如果是性本恶，则不用教育，因为大家都是恶的。

上例所谓二难推理，存在三个方面的错误：（1）在人性问题上，从逻辑可能性看，就不只是“性本善”“性本恶”两种可能，至少存在：所有人性本善，所有人性本恶；有些人性本善有些人性本恶，有些人性既不是善的也不是恶的；（2）由性本善，得不出不需要教育；（4）由性本恶也得不出“不用教育”。该例属于“虚假二难”。

十、循环论证

在论证中，论题的真实性依赖于论据的真实性，如果论据的真实性又依靠论题来证明，那就犯了“循环论证”的逻辑错误。

例 12.4.15

甲：玩扑克牌没意义。

乙：什么有意义？

甲：我二哥就是玩牌玩得不大回家了，但我倒不觉得像爸说的那样，他变坏了。

乙：可是什么有意义呢？人这辈子绝大多数时候都在做没意义的事情。

甲：有意义就是好好活。

乙：那什么是好好活呢？

甲：好好活就是做有意义的事情，做很多很多有意义的事情。[①]

上例就犯了“循环论证”的谬误。

十一、强为因果

将两个并无因果关联的事件人为地联系在一起，就会犯“强为因果”的谬误。

例 12.4.16

蚓无爪牙之利，筋骨之强，上食埃土，下饮黄泉，用心一也。蟹六跪而二螯，非蛇鳝之穴无可寄托者，用心躁也。[②]

蚓、蟹的行为多是其生物本能，是否“用心一”“用心躁”不得而知。

思考题

1. 指出下列论证中存在的谬误，并说明理由。

（1）中华鲟是国家一级保护动物，这家养殖场养殖的是中华鲟，你吃它，就是在吃国家一级保护动物。

（2）媳妇：我和你妈同时掉到水里，你是救你妈，还是救我？

① 改编自《士兵突击》。

② 《荀子·劝学》。

2. 试分析开篇故事中存在的谬误。

3. 从日常语料中找出本讲论及的各类谬误若干例。

参考答案

1.（1）违反了同一律，“中华鲟是国家一级保护动物”中的“中华鲟”指的是野生中华鲟，和“这家养殖场养殖的中华鲟”不是一个概念。

（2）违反了排中律。因为“救媳妇”和“救妈”不是只有二选一的可能，还存在同时都救和都不救两种可能。

2. 轻率概括。

3. 略。